Macht und Magie der Bäume

Gerd und Marlene Haerkötter

Macht und Magie der Bäume

Sagen – Geschichte – Beschreibungen

Eichborn Verlag

Marlene Haerkötter, geboren 1929 auf einem Bauernhof in Schleswig-Holstein. Wenn auch seit langem in die Stadt verschlagen, blieb sie der Natur eng verbunden. Sie beschäftigt sich gern mit Blumen und Kräutern und zeichnet sie für Buchillustrationen o. ä. — wenn ihr Beruf als Hausfrau und Lehrerin dazu Zeit läßt.

Gerd Haerkötter, Jahrgang 1926. Studium der Landwirtschaft und danach vornehmlich mit Fragen der Pflanzenernährung und -zucht befaßt. Seit 1970 Lehrer für Biologie und Chemie. Einige Bücher zum Thema Pflanzen — vor allem Heilkräuter — wurden veröffentlicht.

CIP-Titelaufnahme der Deutschen Bibliothek

Haerkötter, Gerd:
Macht und Magie der Bäume : Sagen – Geschichte – Beschreibungen /
Gerd und Marlene Haerkötter. – Frankfurt am Main : Eichborn,
1989
ISBN 3-8218-1226-5
NE: Haerkötter, Marlene:

Umschlaggestaltung: Uwe Gruhle / Dö van Volxem.
Gesamtherstellung: Fuldaer Verlagsanstalt GmbH. ISBN 3-8218-1226-5.
Verlagsverzeichnis schickt gern: Eichborn Verlag, Sachsenhäuser Landwehrweg 293,
D-6000 Frankfurt 70.

INHALT

Vorwort

Wer möchte leben ohne den Trost der Bäume! *(G. Eich)*

Der Tode der Bäume ist angesagt. In den Tropen werden riesige Waldareale dem schnellen Profit geopfert und in unseren Breiten verabschiedet sich der Wald, weil er dem Industrie- und Zivilisationsdreck nicht mehr standhalten kann. Der Forstmann W. Hockenjos beklagt in seinem Buch »Tännlefriedhof«, daß mit dem Wald Schreckliches geschehe, sein Bild »hat sich unversehens in sein Gegenteil verkehrt, aus dem Urbild des Lebens ist ein Gegenstand des Mitleids und der Trauer geworden«.

Werden wir also leben müssen ohne den Trost der Bäume? Der Bäume, die dem Menschen wesensverwandt sind? Der Abschied der Bäume von den Menschen bringt einen Verlust an Lebensqualität, der weit über den Verlust an romantischen Erinnerungen hinausgeht. Der Mensch verliert mit dem Baum ein Symbol des ordnenden Kosmos. Er muß auf seinen Lebensbaum verzichten, der seine Kräfte auf magische Weise auf ihn überträgt. Langsam geht das Verständnis dafür verloren, daß die Bäume in den Mythen und Sagen unserer Ahnen eine so hilfreiche, tröstliche Rolle übernehmen konnten. Mit dem Verlust des Lebendigen werden auch die folgenden Wort von Hermann Hesse zur Erinnerung:

»Ein Baum spricht: In mir ist ein Kern, ein Funke, ein Gedanke verborgen, ich bin Leben vom ewigen Leben. Einmalig ist der Versuch und Wurf, den die ewige Mutter mit mir gewagt hat, einmalig ist meine Gestalt und das Geäder meiner Haut, einmalig das kleinste Blätterspiel meines Wipfels und die kleinste Narbe meiner Rinde. Mein Amt ist, im ausgeprägten Einmaligen das Ewige zu gestalten und zu zeigen.

Ein Baum spricht: Meine Kraft ist das Vertrauen. Ich weiß nichts von meinen Vätern, ich weiß nichts von den tausend Kindern, die in jedem Jahr aus mir entstehen. Ich lebe das Geheimnis meines Samens zu Ende, nichts anderes ist meine Sorge. Ich vertraue, daß Gott in mir ist. Ich vertraue, daß meine Aufgabe heilig ist. Aus diesem Vertrauen lebe ich.

Bäume haben lange Gedanken, langatmige und ruhige, wie sie ein längeres Leben haben als wir. Sie sind weiser als wir, solange wir nicht auf sie hören. Aber wenn wir gelernt haben, die Bäume anzuhören, dann gewinnt gerade die Kürze und Schnelligkeit und Kinderhast unserer Gedanken eine Freudigkeit ohnegleichen. Wer gelernt hat, Bäumen zuzuhören, begehrt nicht mehr, ein Baum zu sein. Er begehrt nichts zu sein, als was er ist. Das ist Heimat, das ist Glück.«

Eine winzige Hoffnung bleibt: Das Baumsterben könnte ein Menetekel sein, das die Richtungsänderung erzwingt. Der Tod der Bäume gibt den Hinweis darauf, daß die Grenzen des Wachstums erreicht sind; er erscheint als Preis zu hoch für das, was wir an materiellen Gütern dafür eintauschen können. Der kranke Wald steht als Symbol für ein aus den Fugen geratenes Wirtschaftssystem. Er kann den Anstoß zur Umkehr geben und damit seine eigene Heilung einleiten.

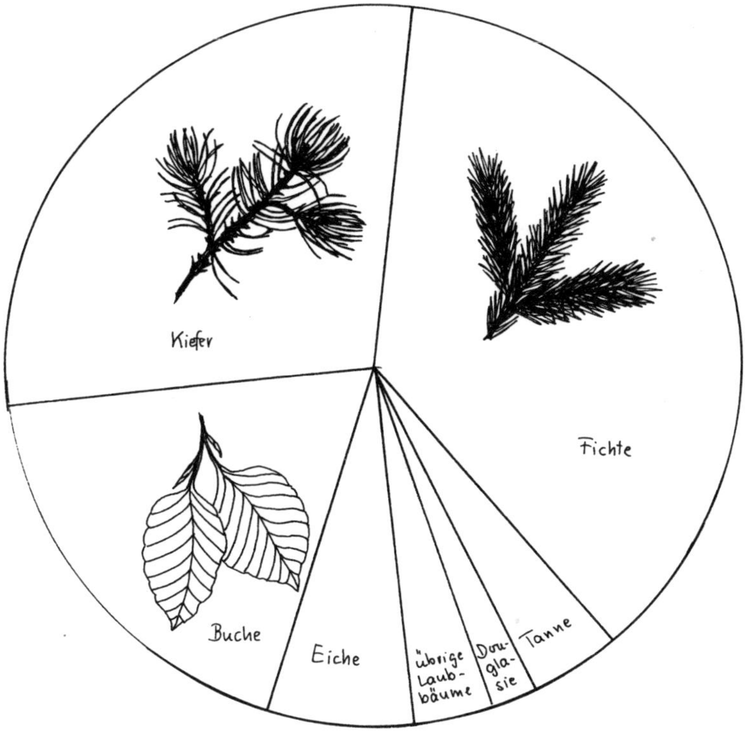

Der deutsche Wald
Anteil der verschiedenen Baumarten
an Gesamtfläche

Biologie und Ökologie des Baumes

Wie lebt der Baum?

**Ich höre schon alle sagen, ein Baum,
was ist das schon,
ein Stamm, Blätter, Wurzeln,
Käferchen in der Rinde und eine
manierlich ausgebildete Krone, wenn's
hochkommt – na und?** *(Jurek Becker)*

Wie alle Pflanzen sind auch Bäume autotroph, d.h. sie sind »Selbstversorger« und nicht auf die Hilfe anderer Lebewesen bei der Nahrungsversorgung angewiesen. Sie benötigen lediglich Kohlendioxid, Wasser, einige Mineralien und das Sonnenlicht, um »satt« zu werden, besser gesagt, um ihren Energie- und Baustoffbedarf zu decken. Dies geschieht durch die Photosynthese, bei der aus einfachen chemischen Bausteinen komplizierte, energiereiche Moleküle wie Zucker, Stärke, Zellulose, Eiweiß und Fett aufgebaut werden. Dieser für das gesamte Leben auf der Erde grundlegende Vorgang spielt sich in den Blättern aller grünen Pflanzen ab, weil das Blattgrün (Chlorophyll) die Energie des Sonnenlichtes einzufangen und in chemische Energie umzuwandeln vermag.

Bäume nehmen in der Pflanzenwelt im Laufe der Evolution eine Sonderstellung ein, da sie eine um vieles größere Blattoberfläche ausbilden als andere Pflanzen – ein Baum kann bis zu 1.000 qm Blattoberfläche erreichen – und dieses Blätterdach zur Energiegewinnung weit nach oben heben, wo ihm kein Konkurrent das lebensnotwendige Sonnenlicht streitig macht. Daher beherrscht überall dort, wo genügend Wasser, mineralische Nährstoffe und Wärme vorhanden sind, der Baum die Szene.

Auch andere Pflanzen wollen hoch hinaus. Sie schaffen an Höhenwachstum in einem Jahr viel mehr als Bäume (Sonnenblume, Mais u.a.); sie sterben aber im Herbst ab und nutzen diesen Vorteil nicht auf Dauer. Bäume wachsen zwar langsamer, dennoch sind sie effizienter, weil sie in jedem Jahr auf bereits Erbrachtem aufbauen können.

Damit Bäume alljährlich weiter wachsen können, müssen die Fragen der Stabilität und des Stofftransports gelöst sein. Die Bäume können ihre blattreiche Krone nur dann in großer Höhe ausbreiten und tragen, wenn sie über einen außergewöhnlichen Unterbau verfügen. Dieser Unterbau, der Stamm, ist im Kern tot. Das eigentliche Leben des Baumes spielt sich unmittelbar unter der äußeren Oberfläche des Stammes ab. Sowohl Stamm, Astwerk als auch Wurzeln werden von einem Zellgürtel umgeben, der so dünn ist, daß man ihn mit bloßem Auge gar nicht sehen kann: das Kambium. Die Kambiumzellen behalten zeitlebens die Fähigkeit, sich zu teilen; aus diesem Teilungsprozeß gehen die Bauelemente des Baumes hervor. Sie lagern jedes Jahr neue Holzzellen an ihrer Innenseite ab und vergrößern damit den Umfang des Stammes (»Jahresringe«). Das so nach innen abgelagerte »Holz« besteht in der Hauptsache aus Zellulose und Lignin; erstere gewährleistet eine genügende Zugfestigkeit, letzteres ist für ausreichende Druckfestigkeit im Gesamtverband des Stammes und der Äste verantwortlich. Beide Eigenschaften wirken zusammen und geben dem Holz wie kaum einem anderen Material seine hohe Stabilität und eben auch die Möglichkeit, das mächtige Blätterdach zu tragen und den Biegekräften von Wind und Sturm zu widerstehen.

Das Kambium muß zudem ständig neue Innenrinde (Phloem) produzieren. Wächst das Phloem zu stark an, so wird die nach außen gerichtete Spannung auf die Baumrinde so stark, daß sie schließlich platzt, in der Rinde entstehen Risse. Diese Wunden werden aber sofort wieder geschlossen. Schon vorbereitete dickwandige Zellen flicken die Risse und liegen nun als Pflaster auf der Wunde, es entsteht die Borke.

In der schmalen Zone zwischen Rinde, Kambium und neugebildetem Holzteil (Xylem) ist das gesamte Leitungssystem eines Baumes untergebracht. Der »Saft« (Wasser mit den darin gelösten Nährstoffen) steigt im jungen Holz, also auf der Innenseite des Kambiums, hoch. In den Leitungsbahnen des Phloems fließt ein anderer »Saft« zurück, der enthält die in den Blättern gebildeten Kohlenhydrate und andere Produkte der Photosynthese.

Wie kommt es zum Saftstrom nach oben? Früher war man der Meinung, die Wurzeln drückten die Wassersäule hoch, eine Erklärung dafür blieb man schuldig. Die Wurzeln kurbeln zwar im Frühjahr den Kreislauf an, aber die eigentliche Regulierung des Wasserstroms übernehmen die Blätter. Ihre große Oberfläche und ihr besonderer Bauplan setzen sie in die Lage, viel Wasserdampf abzugeben, so daß der Innendruck (Turgor) in den Blattzellen sinkt. Sie müssen sich per Osmose neues Wasser besorgen, die Nachbarzellen werden angezapft. Die wiederum versorgen sich aus ihren Nachbarzellen, und so pflanzt sich die Wassersuche fort, bis die feinsten Ausläufer des Xylems erreicht sind. Dort besteht unmittelbarer Anschluß an die Hauptwasserleitung, die das Wasser aus den Wurzeln hochzieht. Das geschieht nach einem anderen physikalischen Prinzip. In der Hauptleitung steht eine zusammenhängende Wassersäule, der »Wasserfaden«: Er wird im Normalfall nicht abreißen, da Kohäsionskräfte die Wassermoleküle aneinanderbinden. Geschieht das trotzdem, indem z.B. Luft in das Röhrensystem gelangt, so ist der Wasserstrom unterbrochen. Das ist der Grund dafür, daß manche Schnittblumen schnell welken, auch wenn man sie in Wasser stellt. Auch bestimmte Pilze, die auf Bäumen siedeln, können den Wasserstrom blockieren – so geschehen bei der Amerikanischen Kastanie, die deshalb vom Untergang bedroht ist. Ähnliches könnte auch unseren heimischen Ulmen zustoßen.

Die großen Wassermengen, die die Baumwurzel dem Boden entnimmt, sind im wesentlichen dazu bestimmt, verdunstet zu werden. »Nebenbei« werden mit dem Wasser die gelösten Mineralsalze (Stickstoff-, Phosphor-, Calcium- und Kalium-Ionen) zu den Blättern noch in den äußersten Winkel der Krone transportiert, und das mit einer Steiggeschwindigkeit von 45 m in der Stunde, wie man an einer Eiche gemessen hat. Das ist eine beachtliche Leistung, wenn man bedenkt, daß das Wasser in den Gefäßleitungen, die auch noch mit Querwänden ausgestattet sind, hohe Reibungswiderstände überwinden muß.

Das meist sehr umfangreiche Wurzelwerk der Bäume hat mehrere Aufgaben zu erfüllen. Zunächst muß es dem Baum Halt geben. Die Wurzeln graben sich tief in den Boden ein und sorgen so für eine feste Verankerung der mächtigen oberirdischen Baumgestalt. Die starken Belastungen durch die Biege- und Zugkräfte des Windes machen es erforderlich, daß die dem Wind zugekehrten Wurzelstränge auf Zug reagieren können und die dem Wind abgekehrten Wurzeln auf Biegefestigkeit angelegt sind. Dennoch ist der Wurzelstock nicht so stabil wie der Stamm; nach heftigen Sturmböen sieht man mehr Bäume, die mit dem ganzen Wurzelwerk abgerissen wurden, als solche, die der Wind abknickte.

Der Wurzel kommt eine weitere wichtige Aufgabe zu, sie muß das Wasser und die darin gelösten Nährsalze aus dem Boden aufnehmen und dem Baum zuführen. Das geschieht über feinste Wurzelhärchen, dünne, langgestreckte Zellpartien, die sich zwischen die kleinsten Bodenteilchen schieben und in die Kapillarröhrchen eindringen. Dort saugen sie das Wasser auf und leiten es in die Wurzelstränge. Die Arbeit der Wurzelhärchen wird vielfach noch unterstützt durch die Tätigkeit bestimmter Pilze, die sich an den Wurzelenden ansiedeln; für ihre Arbeit bekommen die Pilze die Photosyntheseprodukte der Blätter zur Verfügung gestellt. Man nennt diese Symbiose zwischen Pilz und Baumwurzel Mykorrhiza. Wurzelhärchen und Pilze schaffen es immerhin, pro Hektar Buchenwald täglich dem Boden 40.000 l Wasser zu entnehmen und über die Wurzeln dem Xylem zuzuführen. Mit dem Wasser werden die in Ionenform vorliegenden Mineralsalze transportiert. Für den Baum lebensnotwendig sind die Elemente Stickstoff, Phosphor, Kalium, Calzium, Magnesium und Eisen; dazu kommen noch einige Spurenelemente. Fehlt einer dieser Stoffe, kann sich der Baum nicht normal entwickeln. Auch für den Waldboden haben diese Elemente in ihrer Gesamtheit große Bedeutung: sie verhindern eine Versauerung des Bodens. Tritt eine solche Versauerung nämlich auf – z.B. durch zu hohe Immissionen von Schwefel- und Stickstoffsalzen aus Industrie, Kraftwerken, Haushalten und Autos –, werden große Mengen an anderen Nährstoffen ausgewaschen und gehen den Bäumen verloren. Gleichzeitig werden Stoffe aus dem Bodenstubstrat herausgelöst, die für den Baum giftig sind (Aluminium- und Schwermetallionen). Diese chemischen Vorgänge im Waldboden sind ein Grund dafür, daß unsere Bäume krank werden und sterben müssen.

Aus dem bisher Gesagten geht hervor, daß der Bauplan der Bäume für eine lange Lebensdauer ausgelegt ist. Unter günstigen Bedingungen können Bäume sehr alt werden. Birken, Erlen und Pappeln bringen es auf 100 Jahre; Buchen, Walnußbäume und einige Nadelbäume erreichen ein Alter von mehr als 300 Jahren und Eichen und Linden werden sogar 1.000 und mehr Jahre alt.

Die ältesten Baumpatriarchen in unserem Gebiet sind die 2.000-jährigen Eiben, die vereinzelt in den Alpen anzutreffen sind. In Amerika hielt man lange Zeit die Redwoods (Sequoia sempervirens) für die ältesten Bäume der Welt, sie erreichen immerhin ein Alter von über 3.000 Jahren. Im Jahre 1950 entdeckte man jedoch im amerikanischen Westen eine Kiefernart, die noch viel älter, dafür aber unscheinbarer als die Sequia waren. Diese Grannenkiefern wachsen unter denkbar ungünstigen Bedingungen in 3.000 m Höhe in den kalifornischen White Montains, wo kaum Regen fällt – aber sie erreichen ein Alter von 4.900 Jahren!

»Wüßt ich genau, wie dies Blatt
Aus seinem Zweig hervorkam,
Schwieg ich auf ewige Zeit
Still, denn ich wüßte genug.« *H.v.Hoffmannsthal*

Wie stirbt der Baum?

»Ein alter Baum, das wird immer seltener, und man wird alte Bäume bald besichtigen gehen wie heute irgendeine alte Kapelle« *(Claude Goretta)*

Es gab Zeiten, da starben die Bäume langsam, es dauerte Jahrzehnte oder gar Jahrhunderte, ehe ein Baum endgültig stürzte oder vom Blitz niedergestreckt wurde. Das ist heute anders, Bäume sterben eher und nicht an Altersschwäche. Lange bevor sie ihre Leistungsgrenze erreicht haben, beginnen sie zu kränkeln; die dicke Luft aus Schloten und Auspüffen setzt ihnen so zu, daß über die Hälfte unserer heimischen Bäume krank und vom schleichenden Baumtod bedroht sind. Am stärksten hat es die Tannen getroffen, sie sind fast alle sterbenskrank; auch die übrigen Nadelhölzer tun sich schwer mit den Luftschadstoffen.

Bisher galt die Fichte als besonders anpassungsfähig an den jeweiligen Standort; magerster Boden, Dürre und Kälte konnten ihr nichts anhaben. Aber der »saure Regen« hat ihr so zugesetzt, daß auch sie mehr und mehr dahinsiecht. Die Laubbäume litten zunächst weniger unter der Luftverschmutzung. Sie werfen jedes Jahr ihre Blätter ab und sind deshalb weniger angreifbar als die Nadelbäume. Mit dem Vordringen der Schadstoffe in tiefere Bodenregionen hat aber auch die Schädigung der Laubbäume seit etwa 1984 stark zugenommen: zwei von drei Buchen und mindestens jede zweite Eiche sind krank. Die in den Boden eingewaschenen Immissionen können sie nicht mehr verkraften.

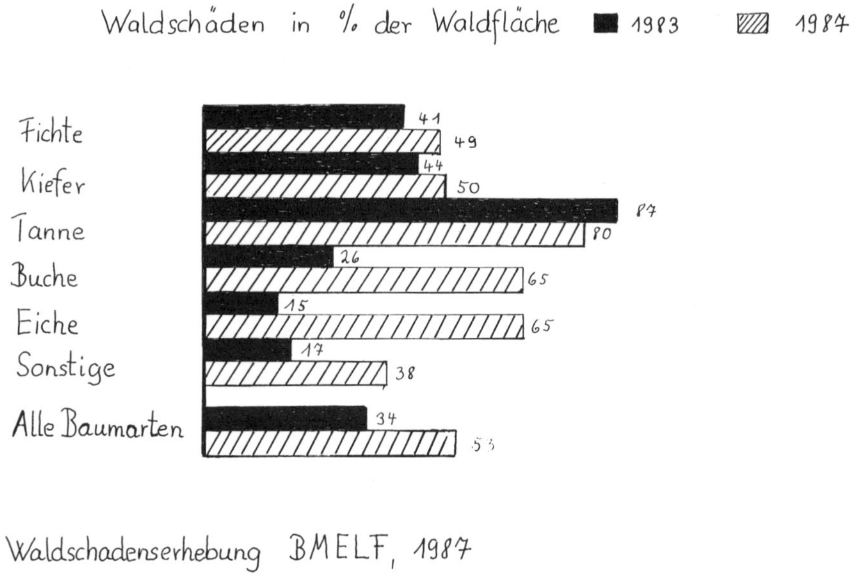

Erst stirbt der Baum, dann stirbt der Mensch

Eine gesunde Buche, die ein Alter von 100 Jahren und dabei eine Höhe von 25 m erreicht hat, bringt dem Waldbesitzer zwei bis drei Festmeter Holz, das er für etwa 300 DM verkaufen kann. Das sind nüchterne Zahlen, die den wirtschaftlichen Wert eines Baumes dokumentieren. Man weiß aber inzwischen, daß der Wald mehr als die Summe seiner Bäume ist, und daß Bäume mehr können als nur Holz produzieren. F. Vester rechnet vor, daß die Buche mit ihren Milliarden biologischen Solarzellen und photosynthetischen Antennen pro Jahr 4,6 Tonnen Sauerstoff produziert und dabei 6,3 Tonnen Kohlendioxid verarbeitet. Daraus macht die Buche nicht nur Holz, sondern auch eine Millionen Blätter, 20.000 Bucheckern, Rindenabfall, Blütenpollen, Fallholz und Harz, Baumprodukte, die das Bodenleben bereichern und für seine fortdauernde Fruchtbarkeit sorgen. [1] Noch einiges zu den beiden Gasen, die die Buche produziert oder verbraucht. Das Leben auf unserer Erde hat sich im Laufe der Jahrmillionen an einen Sauerstoffgehalt der Luft um zwanzig Prozent angepaßt, und dieser Sauerstoffpegel ist Voraussetzung für alles tierische und pflanzliche Leben. Daß dieser Pegel konstant gehalten werden kann, ist zum wesentlichen dem Wald zuzuschreiben; ist der einmal zerstört, wird eine ausreichende Sauerstoffversorgung von Mensch und Tier problematisch.

In der Luft befinden sich neben dem Sauerstoff noch Stickstoff (ca. 78%) und etwa 0,03% Kohlendioxid –, das aus der Verbrennung kohlenstoffhaltiger Substanzen stammt. Der Anteil dieses Gases an der Luft ist zwar gering, reicht aber völlig für die Ernährung der Pflanzen. Im Gegenteil, wenn es mehr davon in der Luft gäbe, steuerten wir einer Katastrophe entgegen; tatsächlich sind wir bereits auf dem besten Wege dorthin. Immer mehr fossile (kohlenstoffreiche) Brennstoffe – Erdöl, Erdgas, Kohle, Holz – werden verfeuert und heben dadurch den CO_2-Gehalt der Luft an. Seit 100 Jahren hat sich der Kohlendioxid-Gehalt der Luft von 0,028 auf 0,037%, also um 30% erhöht. Die zum Abbau der CO_2-Massen notwendigen Bäume und Pflanzen stehen aber nicht mehr zur Verfügung, denn wir erleben eine großflächige Waldzerstörung durch »sauren Regen« oder durch Abholzung der Regenwälder. Ein Großteil der Biomasse wird dabei verbrannt, der Bodenhumus wird abgebaut. Resultat: der Kohlendioxid-Gehalt der Luft steigt ständig an.

Für die verbleibenden Pflanzen wäre ein Überangebot an CO_2 durchaus von Vorteil. Der Haken an der Sache ist, daß sie allein die Überproduktion nicht verarbeiten können, so daß sich die schädliche Wirkung des Kohlendioxids voll entfaltet. Diese CO_2-Moleküle wirken wie ein Wärmefilter. Sie können die von der Sonne stammenden Energiemengen – als sichtbare Lichtstrahlen – zwar passieren lassen, die von der Erde reflektierte Energie wird jedoch von ihnen zurückgehalten.

Steigt die CO_2-Konzentration über den normalen Pegel an, erhöhen sich auch die Temperaturen auf der Erde. Klimaforscher rechnen für die nächsten 100 Jahre mit einer Erhöhung der Temperaturen um 4° C. Dieser »Treibhauseffekt« könnte bewirken, daß das Weltklima sich grundlegend ändert. Zudem kann der Meeresspiegel durch Abschmelzen der Polklappen soweit ansteigen, daß New York und San Francisco, aber auch die Norddeutsche Tiefebene unter Wasser gesetzt würden.

Bäume in der Stadt

Versetzen wir unsere Buche vom Wald in die Stadt, wird bald deutlich, daß Bäume noch andere Aufgaben zu erfüllen haben. Daß die Luft in unseren Städten immer dicker wird, weiß man längst. Daß Grünflächen und mit Bäumen bestandene Parks hier Abhilfe schaffen könnten, ist auch bekannt; dennoch opfert man diese Flächen dem Verkehr und dem Bau von Fabriken und Wohnsiedlungen. Der Stadtmensch atmet deshalb täglich etwa 12 Kubikmeter Luft ein, die durch etwa 500 Milliarden feste Bestandteile (Staub) »angereichert« ist. Das sind 20 Milligramm Staub, die über die Lunge in die Blutbahn gelangen – mitsamt ihren giftigen Anhängseln; SO_2-Ionen, Kohlenmonoxid, Kohlenwasserstoffe, Bleiverbindungen und vieles andere mehr. [2] Diese Bestandteile können zu Bronchitis, Lungenkrebs, Staublunge und Allergien führen; sie bilden aber auch die über den Städten sichtbare Dunstglocke, die etwa 20% der UV-Strahlen des Sonnenlichts abfängt, die Wärmeabstrahlung verhindert und damit die Temperaturen im Sommer erheblich erhöht.

Die folgende Tabelle zeigt deutlich, daß Grünflächen und Bäume hier wirksame Abhilfe bringen könnten. Die Messungen wurden in Frankfurt/Main durchgeführt; sie geben die Staubteilchen pro Liter Luft an. [3]

	früh	mittags	abends
Stadtzentrum	15.120	13.220	18.370
Hauptbahnhof	16.830	18.310	17.640
Park	3.260	1.180	3.140
baumfreie Straße	12.880	10.180	11.490
baumbestandene Straße	3.870	3.040	3.830

Hier wird offenkundig, daß gerade Bäume in der Lage sind, die Luft zu filtern. Allein eine gesunde Buche schafft pro Jahr 1 t Staub mit daranhängenden Giften! Das reicht aber trotzdem nicht, all den Dreck zu beseitigen, den Autos, Kraftwerke, Industrieanlagen und Haushalte in die Luft blasen. Und wenn die Bäume schon nicht mit dem Dreck in der Luft fertig werden, sollte man zumindest die Zeichen richtig deuten, die sie bei zu hoher Belastung setzen. Ihre Schädigung und Zerstörung sollte daran erinnern, daß die Bäume vor den Menschen sterben. Der nordrhein-westfälische Politiker Farthmann hat sich schon beklagt: »In Duisburg wachsen keine Koniferen mehr« – da leben aber mehr als 500.000 Menschen! Tatsächlich ist es höchste Zeit, die Verursacher wie die Politiker rigoros zur Verantwortung zu ziehen.

Leben ohne den Trost der Bäume?

Alpenstraßen verschüttet – die bayerische Schotterebene zweimal im Jahr von meterhohen Fluten bedeckt – jeden Sommer Dürre – Landwirtschaft von Katastrophen geplagt – Fremdenverkehr hört auf – Industrie steht still wegen Mangel an Brauch- und Kühlwasser – das Klima wird dem der Steppen ähnlich: im Sommer sehr heiß, im Winter sehr kalt. – Der bayerische Forstverein erörterte bei seiner Jahrestagung in Würzburg die Frage, wie unser Land ohne Wald aussehe.« Schlagzeilen als Panikmache?

Die Frage nach der Rettung des Waldes ist noch immer eine Frage nach den Kosten. Ein oder zwei Pfennig pro Kilowattstunde? 600 Mark für den Katalysator? Unberechnet bleiben die Fragen nach den Folgekosten:

Drohen uns, wenn der Bergwald stirbt und den Regen nicht mehr aufsaugt, katastrophale Überschwemmungen wie in Indien nach dem Abholzen des Himalaya?

Und was geschieht mit unserer Industrie, die Wasser als Rohstoff, Kühl- und Spülmittel nicht mehr in Fülle und nicht mehr – vom Wald gespeichert – gleichmäßig über das ganze Jahr zur Verfügung hat? Ohne Wald könnten die Großfeuerungsanlagen zum Stillstand kommen – und dies, weil sie, um eigene Filter zu sparen, den Wald als Filter zur Entgiftung der Atemluft mißbrauchten.

Für das schnelle Kleingeld hier und heute riskieren wir unabsehbare Kosten der Zukunft.

Der Bund für Umwelt und Naturschutz Deutschland stellt fest: »Bei großflächigem Sterben der Wälder in Mitteleuropa müßte man mit Konsequenzen rechnen, deren Auswirkungen nicht mehr in Maß und Zahl zu fassen sind.

Betroffen wäre:

– der gesamte Wasserhaushalt, in dem unsere Wälder die wichtige Rolle eines Speichers und Regulators spielen; Trockenzeiten und Hochwasser wären die Folge.

– der Luft- und Klimahaushalt. Die kostenlose Luftreinigung durch unsere Wälder haben wir bisher gedankenlos als selbstverständliches Geschenk der Natur hingenommen. Aus verpesteten Ballungsräumen werden Menschen zur Erholung in »Luftkurorte« geschickt, eine Qualifikation, die vielleicht nicht mehr lange vergeben werden kann, wenn man die bisher damit verbundenen Kriterien weiterhin aufrechterhalten will.

– das Leben von Hunderten von Tier- und Pflanzenarten, die mit ihrem Lebensraum Wald verbunden sind. Für dieses Sterben ist der Ausdruck ökologischer Holocaust wohl nicht übertrieben.

Fest steht, daß die Veränderungen unserer Umwelt in Mitteleuropa, die sich mit dem Sterben der Wälder einstellen würden, eine Besiedlungsdichte wie die gegenwärtige nicht mehr zulassen würden. Man vergleiche die Veränderungen im Mittelmeerraum nach den radikalen Entwaldungen in früheren Jahrhunderten.« [4]

DER BAUM UND DER MENSCH

»Dem Baume gleich, dem Fürsten des Waldes,
Gewiß, ihm gleich ist der Mensch.
Seine Haare entsprechen den Blättern,
Der Außenrinde gleicht die Haut.
Es strömt das Blut aus seiner Haut
Wie aus der Rinde des Baumes der Saft.
Aus den Verwundeten fließt Blut
Wie Saft aus einem Baum,
Den man verletzte.
Dem Holze vergleichbar ist das Fleisch,
So wie dem Bast die starke Sehne.
Die Knochen sind das Innenholz,
Das Mark vergleicht dem Marke sich . . . « *(Upanishaden)*

»Bäume gehören zu den Archetypen der gesamten Menschheit. Kaum beginnt der Kind, seine Umwelt darzustellen, so zeichnet es neben das Haus einen ragenden, schützenden Baum. Bei der Betrachtung der Bäume fühlen wir uns in den großen Zusammenhang der Natur eingefügt. In einer griechischen Sage, die von Ovid überliefert ist, wird eine bewegende Szene geschildert: Orpheus setzt sich nieder, um zu spielen, da kam der Schatten dem Ort – die Bäume kamen, einer nach dem anderen, um dem Sänger Schatten zu spenden und zu lauschen. . . . Daß Baum und Mensch einander beschenken mit den Gaben, die jedem eigen sind, dieses Aufeinanderbezogensein kommt in dem Bild von den lauschenden Bäumen auf wunderbare Weise zum Ausdruck.« [5] Das Verhältnis zu Bäumen muß seit jeher ein anderes sein als zu den übrigen Pflanzen, von denen ja auch schon viele auf der »Roten Liste« der gefährdeten Pflanzen stehen oder bereits ausgerottet sind. Bisher hat das kaum jemanden betroffen gemacht; auf diese Pflanzen kann man bei einem Spaziergang von oben herabsehen. Bei den Bäumen ist das anders, man muß zu ihnen aufschauen, man kann in Baumgruppen und Wälder hineingehen und sich geborgen fühlen. Sie sind ein hochgewachsener Orientierungspunkt, eine Hilfe, die Welt zu erkennen und sich darin zurechtzufinden. In den Mythen eroberten sie sich deshalb einen bevorzugten Platz. Jahrhundertelang galten sie als Orakel bei der Lösung schwieriger Lebensfragen; zugleich waren sie die wirkliche Mitte der Welt.

Von den Germanen und den meisten indogermanischen Völkern sind

Anschauungen und Bräuche bekannt, die belegen, daß man die Bäume für beseelt hielt, sie sogar mit dem Menschen auf eine Stufe stellte, »daß die einen sozusagen als vollendete Doppelgänger des anderen auftreten«. Sie wurden als persönliche Wesen behandelt. Die Identifizierung ging so weit, daß Mensch und Baum verschmelzen, und das führte zu der Anschauung, »daß der Baum der Körper einer durch den Tod dem Menschenleibe entrückten Seele, der Wohnsitz mehrerer Elfen oder eines Schutzgeistes sei, der wiederum kaum von einem alter ego des Menschen zu unterscheiden sein mochte.[6]

Die magische Wechselwirkung zwischen Mensch und Baum findet sich auch in der anthropomorphen Vorstellung, daß Bäume bei Verletzungen wie die Menschen bluten. Aus Schweden berichtet eine alte Sage, ein Bauer habe im Wald einen Baum fällen wollen; da habe aus der Erde eine Stimme gerufen: »Lieber, haue nicht!« und aus den Baumwurzeln sei Blut geflossen.

In Baden erzählt man eine ähnliche Geschichte: Aus einem Kirschbaum wollte ein Bauer eine Flegelrute schneiden. Beim ersten Schnitt rief es: »Au weh!« und beim zweiten ebenso. Da packte den Bauern das Grauen und er suchte das Weite. Auch Jakob Grimm berichtet, daß die Erle anfängt zu bluten, zu weinen und zu reden, wenn man sie mit der Axt schlage.

J. v. Zingerle berichtet vom heiligen Lärchenbaum bei Nanders in Tirol: »Allgemein herrscht der Glaube, der Baum blute, wenn man hineinhacke, und der Hieb gehe in den Baum und in den Leib des Frevlers zugleich. Der Hieb ginge in beide gleich stark, ja die Wunde am Leib heile nicht früher, als der Hieb am Baum vernarbe.« Ein frecher Holzfäller wagte dennoch, die Axt gegen den Baum zu erheben, um den Aberglauben um die heilige Lärche ad absurdum zu führen. Aber schon beim zweiten Axthieb blutete der Stamm, und von den Ästen tropfte Blut. Dem Frevler wurde angst und bange, und er floh den Ort des Schreckens. [7]

Die Verehrung der Pflanzen, vor allem der Bäume, ist eine Urform der Religion. Sie waren heilige Wesen, die dem Menschen Nahrung, Feuerung, Heilmittel, Gewürze und Genußmittel schenkten, in ihnen schlummerten geheimnisvolle, ja göttliche Kräfte. Die Bäume erhoben sich steil in den Himmel; ihr Absterben im Herbst, ihr Verharren in der Winterstarre und ihr Wiedererwachen im Frühjahr – ihr gesamter Wachstumsrhytmus schien wie von höheren Wesen gesteuert. Der Mensch unterwarf sich den Bäumen, um ihre Kräfte auf sich zu übertragen.

In früheren Zeiten war sicherlich noch nichts über die Leistungen der Bäume für den Naturhaushalt bekannt. Heute wissen wir genau, daß nur die Pflanze in der Lage ist, das Sonnenlicht als Energiequelle zu nutzen und damit die Lebensgrundlage für alles übrige Leben auf der Erde schafft. Pflanzen können ohne Tiere oder Menschen existieren, diese sind jedoch ohne die Pflanze nichts. Sie liefern uns Nahrung und Wärme: Holz, Kohle, Erdöl und Erdgas; sie sind der Urquell des Lebens. Diese Zusammenhänge wurden bereits im Tao Te King des Lao-tse (4.-3. Jahrhundert v.Chr.?) erkannt und ausgesprochen (hier in einer Nachdichtung von George Wald):

»Alles, wovon wir leben,
selbst lebend war es einst –
alles Fleisch ist gleich dem Grase,
alles Gras durch Licht gespeist.
Im Lichte allein gedeiht grünes Leben
und mildes Leben lebt von dem Grün.
Kein Tiger kann sich durch Tiger ernähren:
ihm dient die sanftere Kreatur.
So auch der Mensch –
genährt durch sanftes Leben
und grüne Schöpfung, die ihm untersteht –
wird einzig in dem Rad des Lebens,
gespeist, erhalten durch das Licht:
Licht kommt zu uns
im Kreislauf dieses Lebens –
der Lebensweg dem Lichte gleicht, denn: Licht wird stets das Rad des Lebens treiben,
solang das Leben dieser Schöpfung reicht.«

So verkörpern Bäume die uralte Sehnsucht des Menschen, nach dem sich immer erneuernden ewigen Leben. Denn ihre Fähigkeit, ihre Lebenskraft von Jahr zu Jahr zu regenerieren, macht sie zum Sieger über den Tod. Daher ist die »Vermenschlichung« der Bäume auch Thema der modernen Dichtung geblieben.

»Mit Bäumen kann man wie mit Brüdern reden und tauscht bei ihnen seine Seele aus«, schreibt Erich Kästner. Günter Eich stellt die Frage: »Wer möchte leben ohne den Trost der Bäume?« Ricarda Huch »erinnert« sich:

»Einmal vor manchem Jahr
war ich ein Baum am Bergesrand,
und meine Birkenhaare
kämmte der Mond mit weißer Hand.
Hoch überm Abgrund hing ich
windbewegt auf schroffem Stein,
tanzende Wolken fing ich mir
als vergänglich Spielzeug ein.
Fühlte nichts im Gemüte,
weder Wonne noch Leid,
rauschte, verwelkte, blühte;
in meinem Schatten schlief die Zeit.«

Hermann Hesse stellt fest: »Bäume sind wie Heiligtümer. Wer mit ihnen zu sprechen, wer ihnen zuzuhören weiß, der erfährt die Wahrheit. Sie predigen nicht Lehren und Rezepte, sie predigen, um das einzige unbekümmert, das Urgesetz des Lebens.«

Rund 800 Jahre vorher schildert die Äbtissin Hildegard von Bingen (1098-1179) dieses Urgesetz, das Gesetz des Lebendigen Denkens, so:

»Und die Seele durchströmt den Körper wie der Saft den Baum. Was sagt das? Durch den Saft grünt der Baum und bringt Blüten hervor, und darauf bildet er Frucht, so auch der Körper durch die Seele. Und wie wird dann die Frucht des Baumes zur Reife gebracht? Durch die Milde der Luft. Auf welche Weise? Die Sonne wärmt sie, der Regen feuchtet sie, und so wird sie in der Milde der Luft vollendet. Was sagt das? Die Barmherzigkeit der Gnade Gottes erleuchtet den Menschen wie die Sonne, der Anhauch des heiligen Geistes bewässert ihn wie der Regen, und so führt ihn die Trennung wie die gute Mischung der Luft zur Vollkommenheit der guten Früchte.

Aber die Seele ist auch in dem Körper wie der Saft im Baum, und ihre Kräfte gleichsam die Gestalt des Baumes. Auf welche Weise? Die Erkenntnis in der Seele ist wie die Grünkraft der Zweige und Blätter am Baum, der Wille aber wie die Blüten an ihm, der Geist aber wie seine erste hervorbrechende Frucht, die Sinne aber wie die Ausdehnung seiner Größe. Und entsprechend dieser Art wird der Leib des Menschen von der Seele gefestigt und gestützt. Deshalb, o Mensch, erkenne, was du in deiner Seele seist, der du deinen guten Verstand ablegst und willst, daß man dich den Tieren vergleicht.«

Zu Beginn des Industriezeitalters wird dann für Nietzsche das Bild Mensch-Baum zum Bild des Abgründigen. In »Also sprach Zarathustra« heißt es: »Aber es ist mit dem Menschen wie mit dem Baume. Je mehr er hinauf in die Höhe und Helle will, umso stärker streben seine Wurzeln erdwärts, abwärts, ins Dunkle, Tiefe – ins Böse.»

In der Umgangssprache kommt die enge Beziehung zwischen Baum und Mensch zum Ausdruck. Sprachbilder wie »verwurzelt« oder »entwurzelt« werden auf Personen bezogen, desgleichen »abstammen« und »aufbäumen«. Wenn Verzweiflung den Menschen erfaßt, ist es, »um auf die Bäume zu klettern«. Der Baum ist das Symbol für Größe und Stärke: »Er ist ein Kerl wie ein Baum«, oder: »Er ist baumstark.«

Sollen die Lebensgewohnheiten älterer Menschen verändert werden, so wird gewarnt: »Alte Bäume verpflanzt man nicht.« »Er sieht den Wald vor lauter Bäumen nicht«, sagt man von einem, der den Überblick verloren hat. – Die Redensart vom »Kerbholz« ist jedem geläufig, und wer zu weitschweifig redet, »kommt vom Hölzchen aufs Stöckchen«. Man sollte auch nicht den Ast absägen, auf dem man sitzt.

Der mythische Baum

Der irische Dichter Joyce Kilmer schrieb:

»Poems are made by fools like me,
But only God can make a tree.«

Zu allen Zeiten und in allen Kulturkreisen war der Baum zwischen Diesseits und Jenseits angesiedelt. Die innige Beziehung Mensch-Baum fand in den frühesten Mythen ihren Niederschlag. Es überrascht nicht, daß die Offenbarung der Bäume überall dem gleichen Grundmuster entspricht. Sie wurzelten tief im Bewußtsein der Urvölker, und sie haben ihren mythischen Glanz bis in die heutige Zeit bewahrt.

Besonders prächtige Bäume galten als heilig, man vermutete in ihnen die Seelen der Ahnen, ja sogar den Sitz der Götter. Wer sie beschädigte, wurde hart bestraft oder mußte sich durch Sühneopfer freikaufen. Die altnordische *Edda* kennt den Weltenbaum, der seine Wurzeln in der Unterwelt hat, dessen Äste sich in der Weltensphäre ausbreiten und dessen Krone den Himmel trägt. Die Edda schilderte auch die Entstehung der ersten Menschen aus Bäumen. Im *Alten Testament* ist die Rede vom Baum der Erkenntnis und vom Baum des Lebens; beide haben mit der Vertreibung des Menschen aus dem Paradies zu tun. Der Prophet Elias sitzt unter einem Baum und hört aus dem Rauschen der Blätter die Stimme Gottes. In der Volksdichtung der *Jakuten*, eines nordostasiatischen Steppenvolkes, wird jener Baum besungen, der Himmel und Erde, Menschen und Götter miteinander verbindet: »Am gelben Nabel der achteckigen Erde steht ein üppiger Baum mit neun Ästen. Seine Rinde und Knospen sind silbern, die Blätter sind so groß wie eine Pferdehaut. Auf dem Wipfel des Baumes fließt schäumend der göttliche, gelbe Saft. Wenn die Vorübergehenden davon genießen, werden die Müden erfrischt und die Hungernden satt.« *Buddha* setzte sich unter den Bodhi-Baum (Verwandter des Feigenbaumes), drückt seinen Rücken eng an den Stamm, meditiert, versenkt sich in den Baum und lehrt dann seine Jünger. In *China* wird der Chien-mu-Baum zum Zentrum des Himmels und der Erde: In *Japan* sah man seit je die Bäume des Waldes als den Sitz der Götter an, Tempelbauten kannte man zunächst nicht; und so hat auch der heilige Shinto-Schrein seinen Ursprung im Walde selbst.

Der römische Philosoph Seneca schreibt zur Zeit Christi an seinen Freund Lucilius: »Wenn du einem Hain nahst, der mit alten, ungewöhnlich hohen Bäumen bestanden ist und in welchem der Schatten der einander deckenden Zweige das Himmelslicht verbirgt: diese schlanke Höhe des Waldes, das

Geheimnis des Ortes, die Bewunderung des in dem weiten Hain so dichten und ununterbrochenen Schattens ruft in dir den Glauben an eine Gottheit wach.« Lange vor Seneca glaubten die alten *Ägypter*, daß die Sykomore (eine Feigenart) ihren Gott beherbergten. Die *Kanaaniter* opferten ihren Göttern unter grünen Bäumen, und auch die *Griechen* beteten in Hainen zu ihren Göttern, lange bevor sie ihnen Tempel errichteten. Die *Slawen* hatten ihren Eichengott Perkunas und auch die *Kelten* und *Germanen* hielten ihre Opferfeste unter Eichen ab.

Die *Christen* wollten mit diesem heidnischen Aberglauben endgültig aufräumen. Nach Paulus sollte man den »bösen Zauber, die törichte Magie um die heiligen Bäume« nicht verharmlosen. »In alledem treibt der Teufel sein Spiel. Er, der schon im Paradies am grünen Baum gesiegt hat, wird unter den Bäumen viele Menschenherzen betört haben, den Unsichtbaren mit falschem Namen zu nennen.« Schon durch Moses hatte der monotheistische Gott dem Volk Israel befohlen, die heiligen Bäume der Kanaaniter zu fällen, und die Heiligen Martin und Winifred (Bonifatius) zerstörten später als Sendboten Gottes die heiligen Eichen der Gallier und Germanen. Ihre Rechtfertigung: »Es war sicherlich viel Abgötterei in dem Baumdienst der Franken und Hessen gewesen und die Zeit war gekommen, daß die fromme Ahnung vor der Gewißheit der Frohbotschaft verblassen mußte. . . . Der mächtige Wuchs des grünen Baumes versperrte die Aussicht auf das Kreuz, ja er war zum Zeichen des Trotzes wider das Kreuz geworden. [8]

Die Heiligen haben die Götterbäume aber nicht verbrannt, sondern aus ihrem Holz das Haus des Herrn erbaut. Die Friesen, die Bonifatius später bekehren sollte, hatten kein Verständnis dafür, daß er ihre Götterbäume fällen wollte; sie erschlugen ihn wegen seiner Freveltaten an den heiligen Bäumen in Dokkum am 5. Juni 754.

Tanz um Kultbaum nach ägyptischer Skulptur.

Der Baum als Symbol

Die uralten Baum-Mythen kreisen um die Vorstellung von Fruchtbarkeit und Wohlergehen. Für die religiösen Menschen war und ist die Fruchtbarkeit, das Entstehen neuen Lebens, ein großes Geheimnis. Dieses Leben kommt nicht aus dem Nichts und geht auch nicht ins Nichts, es gibt eine Existenz vor dem Leben ein Weiterleben nach dem Tode. »Das alles ist in den kosmischen Rhythmen ›chiffriert‹, und man braucht nur zu entschlüsseln, was der Kosmos in seinen vielfachen Seinsweisen ›sagt‹, um das Mysterium des Lebens zu begreifen. Nun ist aber evident, daß der Kosmos ein lebendiger Organismus ist, der sich periodisch erneuert. Das Mysterium des unerschöpflichen Erscheinens des Lebens ist mit der rhythmischen Erneuerung des Kosmos verbunden. Deshalb stellt man sich den Kosmos in Gestalt eines riesigen Baumes vor: die Seinsweise des Kosmos, vor allem seine Fähigkeit, sich endlos zu regenerieren, findet in dem Leben des Baumes ihren symbolischen Ausdruck.« [9]
So ist der Lebensbaum zugleich Baum der Erkenntnis, Baum der Unsterblichkeit, der Schönheit und der Jugend.

Der Weltenbaum

Im germanischen Mythos vom Weltenbaum reichen die Wurzeln der Esche Yggdrasil weit in die Tiefe, in die Welt der Unterirdischen. Ihr Astwerk umspannt die ganze Erde, ihre Krone ragt hinauf bis ins Reich der Götter und trägt den Himmel. Sie ist umhüllt von hellem Nebel; von dort kommt der Tau, der in die Täler fällt. Immergrün steht sie am Urdbrunnen, dem Wasser des Schicksals.« Die jüngere Edda (um 1200 v.Chr.) bezeichnet die Weltesche als das Heiligtum der Götter.

Die Weissagung der Seherin beschreibt Weltenbaum und Welterschaffung, dann prophezeit sie in dunkler Rede den Weltuntergang, der die Weltesche in Gestalt eines Riesen verschlingt:

»Yggdrasil bebt, der Eschen höchste,
es rauscht der alte Baum, der Riese wird frei –
Die Sonne wird schwarz, es sinkt die Erde ins Meer,
vom Himmel fallen die hellen Sterne;
es sprüht der Dampf und der Spender des Lebens (Feuer),
den Himmel bedeckt die heiße Lohe.«

Auch in noch älteren Kulturen hatten die Menschen den Baum als Abbild des Kosmos gesehen. Er erhebt sich aus dem Meer, durchdringt mit seinem Gezweig die Erde und hält den Himmel; am Ende der Zeiten wird der Weltbaum vom Sturm gepeitscht und aus seiner Krone fallen die Sterne zur Erde nieder. Diese Vorstellung vom Weltenbaum ist besser zu verstehen, »wenn

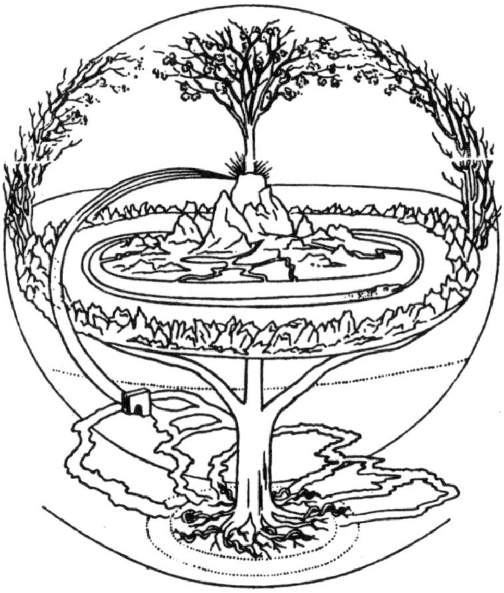

Weltesche Yggdrasil, aus: J. H. Philpot,
The Sacret Tree, London 1897

man sich in jene frühe Zeit zurückversetzt, da die Milchstraße im Frühjahrsäquinoktium wie ein ungeheurer, leuchtender, sternenbehangener Baum vertikal über dem irdischen Beschauer stand. Bis um 4.000 v.Chr. und noch darüber hinaus, sahen die altorientalischen Völker am Himmel dieses großartige Bild. Die nach einem sagenhaften Fluß benannte Sternengruppe der Eridanos erschien dann wie ein himmlischer Strom, aus dem der Sternenbaum der Milchstraße emporwuchs. Wie naheliegend, daß die alte Weisheit der Sumerer sich die Welt als einen aus dem Strom oder Ozean aufsteigenden Weltenbaum vorstellte, der mit seinem Wipfel voll schimmernder Sternenblüten Himmel und Erde überspannte! ... Weithin verlorengegangen ist unserer Zeit das einst von den Sternenkundigen mit strengem Schweigen gehütete und nur Eingeweihten tradierte Wissen, daß der Weltenbaum verborgen im himmlischen Tierkreis steht. In der für die beginnende Stierzeit (um 3275 v.Chr.) geltenden Grundstellung des Zodiakus sahen die Sternforscher den Weltenbaum aufrecht in dessen Mitte stehen, ihm zu Häupten das Sonnenbild des Löwen, zu Füßen der Wassermann, Hüter des Todes- und Lebenswassers; des

Baumes Stamm die Sonnwendachse, an seinen Zweigen hängend die goldenen Früchte der Sterne, vor allem die leuchtenden Scheiben von Sonne und Mond. Seine Ästepaare sind die Geschosse der Tierkreisbilder. Noch im Lebensbaum der Geheimen Offenbarung, der in jedem der zwölf Monde des Jahres seine Frucht bringt, lebt dieses uralte Bild des Weltenbaumes fort, der ›wie Maßwerk in die Sonnenbahn eingespannt‹ ist.« [10]

Nach alter indischer Vorstellung wird der Kosmos in der Gestalt des *umgekehrten Riesenbaumes Ashvatta gesehen. Die theologisch-philosophischen Texte der Katha-Upinashad sagen vom umgekehrten Baum:*

»Dieser ewige Feigenbaum, dessen Wurzeln nach oben und dessen Äste nach unten gehen, ist das Reine, ist das Brahman, ist das, was sich der Nicht-Tod nennt. Alle Welten ruhen in ihm, keine geht über ihn hinaus.«

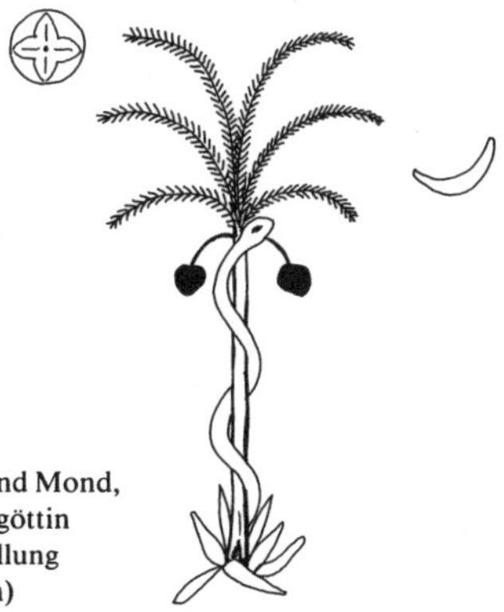

Der Weltenbaum,
Schlange, Sonne und Mond,
Signum der Mondgöttin
(nach einer Darstellung
aus Mesopotamien)

Der umgekehrte Baum hat seine Wurzeln im Himmel, und von dort strömen die lebensschaffenden Kräfte auf die Erde nieder. Dieser Baum mit seinem auf die Erde zuwachsenden Geäst ist ein originäres Symbol, das sich in den Mythen Indiens, Indonesiens, des Nahen Ostens und Afrikas findet – in »primitiven« Naturreligionen wie in den Hochkulturen.

In den Naturreligionen vor allem im Schamanismus spielt der Lebensbaum eine herausragende Rolle. Der Schamanismus ist eine ekstatische Religionsform, die seit Jahrtausenden existiert und in vielen Kulturkreisen zu finden ist. Seinen Ursprung vermutet man in vorgeschichtlichen sibirischen Jägerkulturen, noch heute wird er in Afrika, Australien, Nord– und Südamerika und auch in Nord- und Osteuropa praktiziert. Die Schamanen sind Heiler und Seher, die mit der Welt der Götter in Verbindung stehen.

In der schamanischen Kosmologie ist die Welt in drei Stockwerke gegliedert: Oberwelt (Himmel), Erde (Welt der Lebenden) und Unterwelt (Welt der Toten). Diese drei Ebenen sind durch den Weltenbaum, der die Weltachse darstellt, miteinander verbunden.

Am Weltenbaum können die Geister, die Seelen und auch die Schamanen auf- und absteigen. Aus seinem Holz werden auch die Schamanentrommeln gebaut; auf seinem Wipfel wohnt die höchste Gottheit. In ihm finden sich Nester, in denen die Seelen zukünftiger Schamanen ausgebrütet werden.

Zur Auffahrt ins himmlische Reich dient dem Schamanen die Trommel als Gefährt; »Die Trommel ist unser Pferd«, sagen die Jakuten. »Der Rhythmus der Trommel trägt den Schamanen aus der Unterwelt, durch die Wurzeln des Weltenbaums, den Baumstamm hinaus, der die mittlere Welt oder die irdische Ebene durchstößt, und schließlich bis hin zur herrlichen Spitze des Heiligen Baums, dessen Krone den leuchtenden Himmel umspannt.« [11]

Für die Jakuten stand der kosmische Baum am »goldenen Nabel der Welt«. Hier befand sich eine Art Urparadies, in dem der erste Mensch geboren wurde; der wird von der Milch einer Frau ernährt, die zur Hälfte aus dem Baum herausragt. Diese Vorstellung vom Paradies, vom Land, wo Milch und Honig fließen, kann schwerlich von den Jakuten im kalten Sibirien entwickelt worden sein. »Die Prototypen finden sich im Orient, in Indien (wo Yama, der erste Mensch, neben einem Wunderbaum mit den Göttern trinkt) und Iran (Yima teilt auf dem kosmischen Berg Menschen und Tieren die Unsterblichkeit mit).« [12]

In der jüdischen Tradition sehen die Kabbalisten in der Schöpfung ein Spiegelbild des ordnenden Gottes, auch sie verwendeten als Sinnbild den umgekehrten Baum, um diese Ordnung deutlich zu machen. »Denn wie der Same den Baum enthält und der Baum den Samen, so enthält die verborgene Welt Gottes die gesamte Schöpfung, und die Schöpfung ist umgekehrt eine Offenbarung der verborgenen Welt Gottes.« [13]

Das Kreuz als Weltenbaum

Nach dem Vordringen des Christentums in den germanischen Raum beginnen heidnische und christliche Vorstellungen vom Kosmos sich zu überschneiden. J. Börgy [14] beschreibt Steinkreuze auf der Insel Man aus dem 10. Jahrhundert, auf denen das Kreuz mit Ranken gefüllt und mit Tieren gerahmt dargestellt ist. Solche Darstellungen erinnern an die Weltesche Yggdrasil; sie machen deutlich, wie heidnisches Gedankengut vom Christentum adaptiert wurde.

Ursprünglich hatten die Kirchenoberen versucht, die heidnischen Vorstellungen von dem, was die Welt im Innersten zusammenhält, aus den Köpfen der Zwangskonvertierten mit Gewalt auszutreiben. Da dieses Vorgehen wenig Erfolg hätte, mußte die Kirche den Weg der Assimilation beschreiten. Das Ergebnis stellt sich dann in den Augen der Sieger so dar: »Yggdrasil ist schon lange verdorrt. Die Weltenesche starb nicht am Hasse des Drachen und an der

Bosheit des Eichhorns, sondern wurde überwachsen vom Kreuz, das nicht nur die Einheit der Welt bedeutet, sondern die Wahrheit und Wirklichkeit Himmel und Erde verbindet, weil an ihm der Mensch gewordene Sohn den Vater im Heiligen Geist mit dem Menschen und aller gefallenen Kreatur versöhnt hat.« [15]

Jahrhundertelang dauerte der Kampf der Christen gegen Bäume und Wälder an, um den Mythos der Wildnis, die im Wald verkörpert war, zu zerstören. Die Seelen der Heiden hingen aber hartnäckig an der Verehrung der Bäume und heiligen Haine. Tacitus schildert in seiner »Germania« die Bräuche der Semnonen:

»Zu bestimmten Zeiten treffen sich sämtliche Stämme desselben Geblüts, durch Abgesandte vertreten, in einem Haine, der durch die von den Vätern geschauten Vorzeichen und durch uralte Scheu geheiligt ist. Dort leiten sie mit öffentlichen Menschenopfern die schauderhafte Feier ihres rohen Brauches ein. Dem Hain wird auch sonst Verehrung bezeugt: niemand betritt ihn, es sei denn gefesselt, um seine Unterwürfigkeit und die Macht der Gottheit zu bekunden. Fällt jemand hin, so darf er sich nicht aufheben lassen oder selbst aufstehen; auf dem Erdboden wälzt er sich hinaus. Insgesamt gründet sich der Kultbrauch auf den Glauben, daß von dort der Stamm sich herleitet, dort die allerbeherrschende Gottheit wohne, der alles andere unterworfen sei.«

Zahlreiche Konzilien der katholischen Kirche beschäftigten sich mit der Baumverehrung der Germanen. Auf dem Konzil von Nantes (658/59) wurde kategorisch gefordert: »Mit größtem Eifer sollen die Bischöfe und ihre Diener bis zum Letzten darum kämpfen, daß die Bäume, die Dämonen geweiht sind und die das Volk verehrt, ja in solcher Verehrung hält, daß es nicht einmal wagt, einen Zweig oder Reis abzuschneiden, mit der Wurzel auszuhauen und verbrannt werden.« Die Bischöfe befolgten diesen Befehl so getreu, daß sich ein schreiender Widerspruch auftun mußte zwischen dem, was die Kirche als Erhalterin der Schöpfung Gottes postulierte und dem, was sie gegen die germanischen Wälder unternahmen.

Das Kreuz Christi wird als Weltenbaum, aber auch als Lebensbaum definiert. In diesem Zusammenhang muß erwähnt werden, daß Christus nicht an einem Kreuz seinen Tod gefunden hat. Zu dieser Zeit war es nämlich noch üblich, die Verurteilten an einen Pfahl zu binden. Aus diesem Pfahl wurde im Verlauf der Jahrhunderte ein Kreuz, ein Kreuzesbaum, und der stand als Weltenbaum im Mittelpunkt des Kosmos. In diesem Zentrum wird christus geopfert, um die ganze Welt zu erlösen. Hippolytos, Bischof von Rom, im 3. Jahrhundert: »Dieser himmelweite Baum ist von der Erde empor zum Himmel gewachsen. Unsterbliches Gewächs, reckt er sich auf, zwischen Himmel und Erde. Er ist der feste Stützpunkt des Alls, der Ruhepunkt aller Dinge, die Grundlage des Weltenrunds, der kosmische Angelpunkt. Er faßt in sich zur Einheit zusammen die ganze Vielgestalt der menschlichen Natur. Von unsichtbaren Nägeln des Geistes ist er zusammengehalten, um sich aus seiner

Verbindung mit dem Göttlichen nicht zu lösen. Er rührt an die höchsten Spitzen des Himmels und festigt mit seinen Füßen die Erde, und die weite mittlere Atmosphäre dazwischen umfaßt er mit seinen unermeßlichen Armen.« [16]

Der spanische Dramatiker Calderon de la Barca (1600-1681) formuliert später den gleichen Gedanken in »Sibila del Oriente«:

»Ein herrlich Holz, ein Holz von Himmelsauen,
Mit süßer Frucht, zu ihrer Zeit gepflückt,
Wird Gegengift für jenes erste Tauen,
das Tod gab, während diese mit Leben schmückt.
Und wann den letzten Todeskampf wir schauen,
Der Weltenbaum, den Fugen all' entrückt,
Ruft ein Gericht die Welt und die Geborenen,
Und die Glücksel'gen sind die Auserkor'nen.«

Aber schon im Mittelalter rankten sich um den Kreuzerbaum die Legenden:

»Nachdem Adam 932 Jahre im Tal des Hebron gelebt hat, wird er von einer tödlichen Krankheit befallen und schickt seinen Sohn Seth aus, den Erzengel, der die Pforten des Paradieses bewacht, um das Öl der Barmherzigkeit zu bitten.

Seth folgt den Fußspuren, auf denen kein Gras mehr gewachsen ist. Am Paradies angekommen, teilt er dem Erzengel Adams Wunsch mit. Der Erzengel gibt ihm den Rat, dreimal auf das Paradies zu blicken. Beim ersten Mal sieht Seth da Wasser, aus dem vier Flüsse entspringen, und darüber einen dürren Baum. Beim zweiten Mal ringelt sich eine Schlange um seinen Stamm. Beim dritten Blick sieht er den Baum sich bis zum Himmel erheben; in seinem Wipfel trägt er ein neugeborenes Kind, und seine Wurzeln verlängern sich bis zur Unterwelt. Der Engel erklärt Seth, was er gesehen hat, und kündigt ihm das Kommen eines Erlösers an. Er gibt ihm noch drei Kerne von den Früchten des verhängnisvollen Baumes, von dem seine Eltern gekostet haben, und weist ihn an, sie Adam auf die Zunge zu legen, der nach drei Tagen sterben werde.

Wie Adam den Bericht des Seth hört, lacht er zum ersten Mal seit seiner Verbannung aus dem Paradies, denn er begreift, daß die Menschen gerettet werden sollen. Nach seinem Tod wachsen aus den Kernen, die Seth auf seine Zunge gelegt hat, im Tal des Hebron drei Bäume, die bis zur Zeit Moses um ein Klafter wachsen. Dieser, der ihren göttlichen Ursprung kennt, versetzt sie auf den Berg Tabor oder Horeb (Mittelpunkt der Welt). Dort bleiben die Bäume ein Jahrtausend bis zu dem Tag, wo David den göttlichen Befehl erhält, sie nach Jerusalem zu bringen. Nach vielen weiteren Perioden vereinigen sich die drei Bäume zu einem einzigen, aus dem das Kreuz des Erlösers gemacht wurde. Das Blut Jesu, der auf dem Mittelpunkt der Erde gekreuzigt wird, genau dort, wo Adam geschaffen und begraben wurde, fällt auf den ›Schädel Adams‹ und tauft so – ihn von seinen Sünden loskaufend – den Vater der Menschheit.« [17]

Der Lebensbaum

Weltenbaum und Lebensbaum stehen in der Mythologie nahe beieinander; sie sind nicht identisch, aber im Lebensbaum ist der Weltbaum-Mythos weiterentwickelt. Die den Bäumen innewohnende Vitalität und Fruchtbarkeit war Grund genug, ihre Kraft in magischer Weise auf Mensch und Tier zu übertragen; die Vegetations- und Fruchtbarkeitsriten aller Kulturen geben davon beredtes Zeugnis (Lebensrute, Maibaum, »Palm« u.a.)

Viele Mythen berichten davon, daß die ersten Menschen aus Bäumen kamen. Nicht nur nach der Edda, auch nach griechischen und römischen Überlieferungen stammt der Mensch von der Esche ab. Hesiod war der Meinung, der Mensch habe sich aus dem Samen der Esche entwickelt. Auch bei Homer, Vergil und Hesyochins spielte dieser Eschenmann als Urvater der Menschen eine bedeutende Rolle. Die Inder hingegen hielten es mehr mit dem Feigenbaum.

Unter den germanischen Runen steht die Man-Rune für den Mann; er streckt seine Hände den göttlichen Mächten entgegen.

Die Umkehrung dieser Man-Rune ist die Yr-Rune, die häufig als Ausdruck des Weiblichen gedeutet wurde. Yr heißt ursprünglich Eibe, das war der Name des heiligsten Baums der Germanen. »Die Yr-Rune wurde sogar in einem Merkvers mit ›Yr enthält alles‹ erklärt: Die Rune weist auf die Wurzeln, also auf das ganze unbewußte, von den Ahnen überkommene Wissen.« [18]

Beide Runen zusammen ergeben den Lebensbaum, der nach oben strebt und seine Kraft aus dem Unten bezieht; er ist das Sinnbild des ewigen Daseins.

Man-Rune

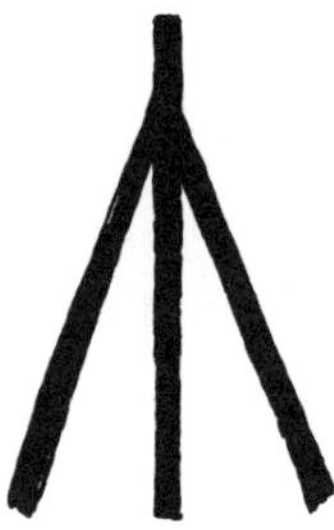

Lebensbaum

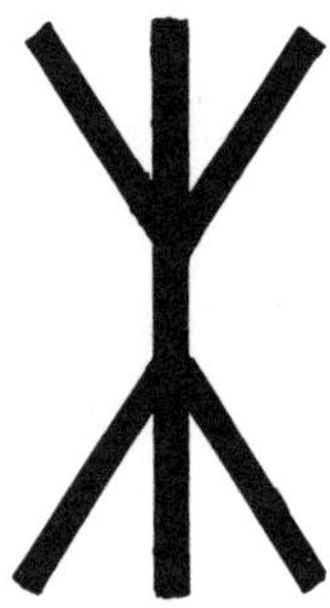

Yr-Rune

Die antiken Mythen bringen auch die Geburt der Götter mit Bäumen in Zusammenhang. Der Göttervater Zeus wurde von Rhea unter einem Pappelbaum geboren; Hera, die Gemahlin des Zeus, erblickte unter einer Weide das Licht der Welt, und die Gründer Roms, Romulus und Remus, wurden unter einem Feigenbaum geboren. Der schöne Adonis entstammte einen Baum, in den vorher seine Mutter Myrrha verwandelt worden war.

Der römische Gott Jupiter Feretrius soll ursprünglich selbst ein Baum gewesen sein; die ägyptische Göttin Hathor wurde auf Abbildungen gezeigt, wie sie einem Baum entsteigt. Die Abstammung des Menschen von Bäumen wurde damals mit der gleichen Bestimmtheit kolportiert, wie man heute die Evolutionstheorie Darwins hinnimmt.

Der Pflanzenmensch, Kupferstich aus dem »Compendium anatomicum nova methodo institutum«, Amsterdam 1696

Nicht nur als ›archetypische Geburtsstätte‹ galt der Baum bei den Kulturvölkern des Mittelmeerraums, auch als Ort geschlechtlicher Vereinigung spielt er in der Mythologie eine Rolle: Unter einer Platane bei Knossos soll die Hochzeit von Zeus und Hera vollzogen worden sein; nach der einen Version des Mythos zeugte Zeus mit der von ihm entführten Europa unter einer Platane bei Gortyn Minos, Rhadamanthys und Sarpedon, der Baum soll seitdem immergrün gewesen sein.« [19]

Auch die Römer verehrten Bäume als Geburtsbäume und bei den alten Deutschen brachte nicht nur der Storch die kleinen Kinder, auch die Bäume waren Aufenthaltsort der Ungeborenen.

Umgekehrt wird auch von Rückverwandlungen von Menschen oder Göttern in Bäume berichtet. Apollo hatte Gefallen an der Bergnymphe Daphne gefunden, er stellt ihr nach, sie versuchte, ihm zu entkommen. Als der Gott sie endlich einholte, rief Daphne ihre Mutter Gaja um Hilfe an, und der fiel nichts anderes ein, als ihre Tochter in einen Lorbeerbaum zu verwandeln: »Ihre schwellenden Brüste überziehen sich mit feiner Rinde, es wachsen die Haare zu Blättern«, schreibt Ovid in seinen Metarmorphosen. Apollo mußte sich mit einem Lorbeerzweig begnügen, den er vom Baum abbrach. Immerhin ist der Lorbeer seitdem der Lieblingsbaum des Apoll; er wird auch häufig mit einem Lorbeerkranz dargestellt. Die Priesterin des Orakels in Delphi, das Apoll geweiht war, kaute Lorbeerblätter, um die höchste Ekstase zu erreichen, während der sie ihre Weissagungen machte.

Das Schicksal mancher Nymphe war nach dem Volksglauben eng mit dem der Bäume verknüpft, sie lebte in einem bestimmten Baum und war von dessen Gedeihen abhängig: »Kommen Nymphen zur Welt, so wachsen mit ihnen Tannen und hochwipflige Eichen im nährenden Boden, ragen empor im hohen Gebirg in prossender Schöne; niemals aber schlug sie kahl ein menschlicher Axthieb«, heißt es bei Homer. Eine andere Geschichte erzählt Ovid in seinen Metarmorphosen: Erysichton, der Thessalische Königssohn, fällte gegen den Willen der Götter eine heilige Eiche im Hain der Ceres. Als er den ersten Axthieb gegen die Eiche führte, reagiert dieser Baum wie ein Mensch; es floß nicht nur Blut, die Eiche »erzitterte und ließ einen Seufzer vernehmen; zugleich begannen die Blätter, zugleich die Eicheln zu erblassen, und Blässe überzog die langen Äste«. Und aus dem Baum tönte es: »Unter diesem Holz lebe ich, Ceres' liebste Nymphe. Sterbend weissage ich dir, daß dir die Strafe für deine Tat bevorsteht ... « Erysichtin wurde von Ceres mit unstillbarem Hunger geschlagen, der ihn schließlich in den Freitod treibt.

Die heiligen Bäume der Antike waren verehrungswürdig, wer Hand an sie legte, mußte mit dem Zorn der Götter rechnen. Auch in anderen Kulturkreisen waren die Bäume die Wohnstatt von Göttern und Dämonen, und nur wenige wagten es, sie zu verletzen oder sie gar zu fällen.

In Germanien herrschte die Vorstellung, daß ein Baum wie ein Mensch empfinde. Es waren vor allem die Baumschäler, die mit harten Strafen rechnen mußten. Der Baum hatte als Ebenbild des Menschen im Wipfel seinen Kopf, die Rinde war die Haut, der darunterliegende Bast bildete die Eingeweide. Der Baumschäler mußte mit seinen entsprechenden Körperpartien gutmachen, was er dem Baum angetan hat. Wer bei einem solchen Frevel erwischt wurde, dem soll man sein Nabel aus seinem Bauch schneiden und ihn mit demselben an den Baum nageln und denselben Baumschäler um den Baum führen, so lang bis sein Gedärm alle aus dem Bauch auf den Baum gewunden seien«, heißt es im Oberurseler Weistum. In einem anderen Baumrecht wird bestimmt: »Wenn jemand eine Weide abschält, so soll man ihm mit seinem Gedärm den Schaden bedecken lassen; kann er das verwinden, kann es der Baum auch verwinden.« Und wenn einer gar einer Eiche großen Schaden zufügt, »den soll man bringen bei den Stämmen und hauen ihm seinen Kopf ab und setzen denselbigen so lange darauf, bis er wieder wächst«. [20]

Der Lebensbaum der Bibel hatte im vorderasiatischen Raum zahlreiche Vorbilder. Die Babylonier verehrten um 2000 v.Chr. Palmen, Feigenbäume und Zedern als heilige Bäume, unter denen geopfert wurde. Im Garten ihrer Liebes- und Fruchtbarkeitsgöttin Istar stand eine Weide, unter der um Fruchtbarkeit für Mensch und Tier gebetet wurde. Die Babylonier kannten bereits das Baumpaar Lebens- und Erkenntnisbaum: Am Eingang zum Paradies standen die Baumgötter Tamuz und Gizzida, die Götter des Lebens- und des Wahrheitsbaumes.

Im Judentum wird die Thora, die Rolle der heiligen Schriften, häufig mit dem Lebensbaum in Verbindung gebracht. In einem Lied, das seit dem 11. Jahrhundert in Gottesdiensten gesungen wird, heißt es:

»Die Thora ist ein Baum des Lebens,
für alle Leben, denn bei dir ist der Quell des Lebens.«

In der Bibel werden Bäume in realem Sinn oder in Gleichnissen oft bemüht und das Lebensbaum-Motiv reicht von der Genesis des Alten bis zur Offenbarung des Neuen Testamentes. Dabei ist nicht ganz klar: Gehört der Baum der Erkenntnis zum Lebensbaum, ist er ein Teil von ihm oder stellt er seinen Gegenspieler dar?

In der Genesis heißt es: »Und Gott der Herr pflanzte einen Garten in Eden gegen Osten hin und setzte den Menschen hinein, den er gemacht hatte. Und Gott der Herr ließ aufwachsen aus der Erde allerlei Bäume, verlockend anzusehen und gut zu essen, und den Baum des Lebens mitten im Garten und den Baum der Erkenntnis des Guten und des Bösen.« (Gen. 1,2,8) Und etwas weiter: »Und Gott der Herr nahm den Menschen und setzte ihn in den Garten Eden, daß er ihn bebaute und bewahrte. Und Gott der Herr gebot dem Menschen und sprach: Du darfst essen von allen Bäumen im Garten, aber von dem Baum der Erkenntnis des Guten und Bösen sollst du nicht essen; denn an dem Tage, an dem du von ihm issest, mußt du des Todes sterben.« (Gen. 1,2.15) In

Genesis 1,3 war's dann soweit; das Weib Eva erlag den Einflüsterungen der Schlange (»ihr werdet sein wie Gott und wissen, was gut und böse ist«), hatte

Baum der Erkenntnis, 1487

Lust auf die Äpfel und »sie nahm von der Frucht und aß und gab ihrem Mann, der bei ihr war, auch davon, und er aß. Da wurden ihnen beiden die Augen aufgetan, und sie wurden gewahr, daß sie nackt waren, und flochten Feigenblätter zusammen und machten sich Schurze«.

Sie mußten zwar nicht sterben, wie Gott angedroht hatte, ihnen wurde aber das Paradies gekündigt, und damit begann das Elend des Weibes. Gott bestrafte sie mit der Mühsal der Schwangerschaft und den Schmerzen der Geburt und: »Dein Verlangen soll nach dem Mann sein, aber er soll dein Herr sein.« Auch Adam bekam seinen Teil ab: » . . . verflucht sei der Acker um deinetwillen! Mit Mühsal sollst du dich von ihm nähren dein Leben lang. . . . Im Schweiße deines Angesichts sollst du dein Brot essen, bis du wieder zu Erde werdest, davon du genommen bist.«

Baum des Paradieses (nach dem Codese Vigilianus), Gerona, 976

Im »Verlorenen Paradies« sieht John Milton (1608-1674) die Sache etwas anders; Adam beißt in den Apfel, den Eva ihm gereicht hat mit dem Bemerken, daß die Unterscheidung von Gut und Böse vielleicht etwas Interessantes bringe. Und er hatte recht, Adam und Eva verloren ein Paradies und gewannen ein anderes:

»Doch andre Wirkung tat die falsche Frucht!
Sie weckte brünst'ge Sinnenlust; begehrlich
Flammt' Adams Blick auf Eva, den ihr Aug'
Gleich lüstern wiedergab, sie tauschten Glut.
Er führte sie zu einer schatt'gen Bank,
Dicht überwölkt mit grünem Blätterdach,
Und ohne Sträuben folgte sie. Gelagert
Auf Veilchen, Asphodill und Hyazinth,
Der Erden weichstem, duftig frischem Pfühl,
Genossen sie hier Lieb und Liebeslust,
Das Siegel ihrer beiderseit'gen Schuld
Und ihrer Sünde Preis, bis dumpfer Schlaf
Die vom Genuß Erschöpften überfiel.«

Der Schicksalsbaum wurde schon sehr früh als Totengerippe dargestellt. Aus dem Schädel wächst ein früchtetragender Apfelbaum, in dessen Geäst sich eine Schlange windet, die Eva einen Apfel anbietet. Dieser Schicksalsbaum wurde auch als Dornenbaum gesehen, als Symbol für die Schrecken des Krieges.

In der modernen Malerei symbolisieren Bäume häufig den Untergang der Menschen mit der von ihm zerstörten Umwelt. Viele dieser Darstellungen erinnern an die schrecklichen Zeiten der Pest und des Krieges. Aus dem neunten Jahrhundert ist auch ein Gedicht überliefert, das den Weltuntergang voraussagt: »Aus dem Muspilli«, verfaßt von einem bayrischen Geistlichen. Die Bedeutung des Wortes Muspilli ist unklar; es wurde als »Weltuntergang« gedeutet, kann aber auch der Name eines furchtbaren Dämons sein, der den Weltuntergang herbeiführt.

»Wenn des Elias Blut auf die Erde abträuft,
so entbrennen die Berge, kein Baum bleibt stehen
wo in der Welt, die Wasser vertrocknen,
das Meer verschlingt sich, es schwelt in Lohe der Himmel,
Mond fällt nieder, abbrennt Mittelgard, Stein bleibt nicht stehen. Es fährt der Straftag ins Land,
fährt mit Feuer, die Völker heimsuchen.
Da kann Mann nicht dem Manne helfen vor dem Muspilli.
Wenn der weite Rasen ganz verbrennt,

wenn Feuer und Luft alles zerfetzt, . . .
Die Mark ist verschwunden, die Seele steht in Kummer,
sieht nicht, wie sie büße: si fährt sie zur Sühne.«
(Übersetzung von Wolfskehl und v.d. Leyen)

Eine alte Weissagung – aber von welch grauenvoller Aktualität!

Neben der Geschichte, nach der Gott das Weib aus einer Rippe des Mannes machte, war die Sache mit Eva und der Schlange unterm Baum der Erkenntnis durch viele Jahrhunderte christlicher Vorherrschaft Wasser auf die Mühle den Frauenfeinde; eben diese Unbotmäßigkeit des Weibes wurde später mit dem Namen »Erbsünde« belegt. Der Kirchenvater Tertullian konnte deshalb die Frauen schmähen: »Du sollst stets in Trauer und Lumpen gehen und das Auge voll Tränen haben: denn du hast das Menschengeschlecht zugrunde gerichtet!«

Lebensbaum und Baum der Erkenntnis werden in der Bibel zwar in einem Atemzug genannt, sie haben jedoch unterschiedlichen Sinngehalt: Die Frucht des Lebensbaumes bringt Leben und Gesundheit, die Frucht vom Baume der Erkenntnis, der Ungehorsam, führte jedoch in die Katastrophe.

Die Kirchenväter stellen immer wieder den paradiesischen Lebensbaum mit dem Kreuz Christi gleich, das im »Paradies der Kirche« steht: Das Kreuz Christi hat uns das Paradies zurückgegeben. Schließlich erscheint der Lebensbaum in der Apokalypse (Offenbarung des Johannes) wieder: »Auf beiden Seiten des Stromes mitten auf der Gasse ein Baum des Lebens, der trägt zwölfmal Früchte und bringt seine Frucht alle Monate, und die Blätter des Baumes dienen der Heilung der Völker.« Dort findet sich auch die Verheißung: »Wer Ohren hat, der höre, was der Geist den Gemeinden sagt! Wer überwindet, dem will ich zu essen geben von dem Baum des Lebens, der im Paradies Gottes ist.«

Später beschreibt Martin Luther in einem Brief an seinen Sohn Hand das himmlische Paradies als Renaissance-Vorstellung vom Garten Eden: »Ich weiß einen hübschen schönen Garten, da gehen viel Kinder innen, haben güldene Röcklin an und lesen schöne Äpfel von den Bäumen und Birnen, Kirschen, Spelling und Pflaumen; singen, springen und sind fröhlich; haben auch schöne kleine Pferdlin mit güldenen Zäumen und silbernen Sätteln. Da frag ich den Mann, deß der Garten ist: weß die Kinder wären? da sprach er: es sind die Kinder, die gern beten, lernen und fromm sind.

Da sprach ich: Lieber Mann, ich hab auch einen Sohn, heißt Hänsichen Luther, möcht er nicht auch in den Garten kommen, daß er auch so schöne Äpfel und Birnen essen möchte und so schön Pferdichen reiten und mit den Kindern spielen? Da sprach der Mann: wenn er auch gerne betet, lernet und fromm ist, so soll er auch in den Garten kommen. ... Und er zeigte mir dort eine schöne Wiese im Garten zum Tanzen zugerichtet, da hingen eitel güldene Pfeifen, Pauken und feine silberne Armbrüste ... und ich sprach zu dem Mann: Ach, lieber Mann, ich will flugs hingehen und das alles meinem lieben Söhnlein Hänsichen schreiben, daß er ja wohl lerne, bete und fromm sei und daß er auch in diesen Garten komme; aber hat eine Muhme Lene, die muß er mitbringen. Da sprach der Mann: Es soll ja sein, gehe hin und schreibe also.«

Im Volksglauben erwartete man vom Lebensbaum vornehmlich praktische Hilfe. Der Baum hatte die Kraft, Jahrhunderte zu überdauern; das zog den Menschen mächtig an.

Wenn ein Kind geboren wurde, pflanzte der Vater ein Bäumchen in die Nähe des Hauses. Man war der Meinung, daß Baum und Mensch in einer geheimnisvollen Schicksalsverbindung stünden und der Baum Auskunft gebe über das künftige Schicksal des Menschen: »Wie der Baum wächst, so auch das Kind.«

Auch der bei Hochzeiten gepflanzte Baum mußte etwas über das Brautpaar und seine Nachkommenschaft aussagen. Das gilt bis heute: Im »Berliner Tagesspiegel« (28.7.70) war zu lesen: »Die DDR-Kreisstadt Nordhausen im Südharz läßt den alten Brauch des 18. Jahrhundert, daß Hochzeitspaare an ihrem Festtag Bäume pflanzen, wieder aufleben. Der erste Baum wurde vor kurzem auf einer Anlage hinter dem Rathaus gepflanzt. Später sollen auch an anderen Stellen kleine Wälder auf diese Weise entstehen.«

In den nordischen Ländern und in der Alpenregion war der Lebensbaum seit Jahrhunderten ein unverzichtbarer Bestandteil des bäuerlichen Anwesens. Sein Gedeihen war eng mit dem der Familie verbunden. Der Volkskundler W. Mannhardt vermutete sogar, daß solche Schicksalsbäume auch für die gesamte Gemeinde standen »als das zweite Ich, der Genius tutelaris der ganzen Gemeinde«. Er übertrug diese Vermutung auch auf Lebensbäume, die für ganze Volksstämme bestimmend waren. So bezeichnete er die Irminsul als den Schicksalsbaum der Sachsen: ihr riesiger Baumstamm soll das Himmelsgewölbe getragen haben. Die Irminsul bei Marsberg im Sauerland war dem

Gott Tyr, auch Irmin genannt, geweiht; Karl der Große ließ sie im Jahre 772 zerstören. [21]

Fruchtbarkeit ist der wesentliche Inhalt der animistischen Volksbräuche. Sie sind über die ganze Erde verbreitet und haben eine Vielzahl von Riten hervorgebracht, »die in ausgelassenen (meist obszönen) Tänzen und Reden die Tätigkeit der Fruchbarkeitsdämonen nachahmen«. Diese Riten wurden zum Teil noch nach der Christianisierung aufrechterhalten: In Anlehnung an alte Opferhandlungen brachte man den Bäumen die Reste der Weihnachtsmahlzeit, begrub unter ihnen lebende Tiere, oder begoß sie am Heiligen abend, um die Fruchtbarkeitsdämonen gnädig zu stimmen und um die feindseligen Dämonen zu vertreiben, die Mensch, Vieh und Pflanze Unfruchtbarkeit anzauberten. Oder: »Die paum (Bäume) chust (küst) man, so werden se fruchtbar des iars (Jahr).« Weit verbreitet war auch die Sitte, nach der Frauen und junge Mädchen nackt auf den Feldern tanzten oder sich auf dem Acker wälzten. Nicht selten gipfelten diese symbolischen Handlungen im Coitus selbst.

In allen Naturreligionen, aber auch in fast allen Kulturreligionen nimmt die Sorge um die Vegetation einen breiten Raum ein. Die Vegetationsdämonen werden als Baumseele mit den Wachstumsdämonen gleichgesetzt, sie überwachen das Gedeihen aller Lebewesen. Als Auferstehungssymbol nannte man den Lebensbaum »Sommer« oder »Mai«. So warfen etwa die jungen Mädchen in Böhmen zunächst eine Puppe, die den Tod darstellte, ins Wasser, dann trugen sie junge Bäumchen, geschmückt mit den Kleidern einer Frau, mit Schellen und Eierschalen, durchs Dorf und sangen dabei: »Den Sommer tragen wir ins Dorf.« Diese Umzüge erinnern an die noch heute gelebten Bräuche um den Mai- oder Pfingstbaum.

»Man nimmt an, daß der Vegetationsdämon während des Winters abwesend ist, präzisiert seinen Entschluß zum Wiederkommen auf Laetare (den vierten Sonntag der Fastenzeit) und das Kommen selbst auf Pfingsten oder in den Mai. .. Man meint, der Dämon werde, wenn man ihn als menschliche Person leibhaftig wahrnehmbar mache, zum Nutzen der Vegetationskraft erhalten.« [22]

Die Vegetationsbräuche beschränken sich nicht nur auf die Baumriten. Die Menschen waren von ihren Ackererträgen existentiell abhängig, so daß man sich einiges einfallen lassen mußte, um die Vegetationsdämonen zu animieren. Der Mensch fühlte sich diesen Dämonen verwandt; man glaubte, durch Berühren oder leichtes Anstoßen die Wachstumsdämonen zu effektiverem Vorgehen anregen zu können. So wurden das Wälzen auf dem Acker oder gar der Feldbeischlaf in dem Glauben ausgeübt, den symbolischen Befruchtungsakt auf die im Acker schlummernden Kräfte übertragen zu können: »Alle legen sich auf die Felder, und wer eine Frau hat, wälzt sich einige Male auf dem Saatacker herum.« Diese »heilige Hochzeit«, das Brautlager auf dem Acker, um die Vegetationskraft des Bodens zu steigern, erinnert an Fruchtbarkeitsriten, die in Kleinasien praktiziert wurden. Bei den Phöniziern war Aphrodite die große Mutter. Ihr Geliebter Adonis wurde jedes Jahr von einem wilden Eber gehütet. Bei seiner Rückkehr aus der Unterwelt wurde in Byblos eine Art ritueller Prostitution praktiziert; um eine gute Ernte zu erbitten, mußten sich die Frauen an diesem Tage jedem x-beliebigen hingeben.«[23]

Liebe, Tod und Auferstehung haben ein gemeinsames Bild im Lebensbaum: »... als im 15. Jahrhundert durch Europa die Kunde drang, daß der Lebensbaum in Fontainebleu gefunden sei, und also ein Kraut gegen den Tod gewachsen, so erregte die Nachricht viel Aufregung. Es handelte sich um Thuja occidentalis (Morgenländischer Lebensbaum), die als Abtreibungsmittel für die Jüngerinnen der Venus vulgivaga galt.«[24]

Auch von den Freimaurern wird in Volkserzählungen dieser Zusammenhang hergestellt. Sie sind davon überzeugt, daß ihnen der Lebensbaum den Tod anzeigt, wenn er welkt. »Der Arnoldsdorfer Arzt, ein Freimaurer, läßt sich sofort eine Gruft bauen, als sein Lebensbaum nicht mehr grün wurde.«[25]

In südlichen Gefilden galten zwei Palmen, die sich zu einander neigen, als Symbol zweier unschuldig Liebender:

Lernet nun hievon das Lieben
Und im Lieben euch zu üben,
Ob die Trübsal schon anbricht,
Laßt euch scheiden scheiden nicht.« [26]

In unseren Breiten hingegen trafen sich die Liebenden unter Linden, Apfel- und Birnbäumen oder unter der Hasel, und nicht immer ging es so platonisch zu. Was sich dort tat, wurde beobachtet und in vielen literarischen Zeugnissen festgelegt. So trifft sich die Landstörtzerin Courasche des H.J.Ch.v.Grimmelshausen mit ihrem verheirateten Liebhaber unter einem Birnbaum. Bei ihrem Liebesspiel werden die beiden von zwei Soldaten beobachtet, die sich im Baum verborgen halten. Einer von ihnen wird ob des Treibens der beiden unterm Baum so unruhig, daß sich die Äste stark bewegen und es Birnen auf die Liebenden im Grase regnet. Die glauben an ein Erdbeben und nehmen reißaus. In der Stadt umschreibt man das verpatzte Liebesabenteuer der Courasche mit: »Es hat Birnen geerdbebt.« Sie muß die Stadt verlassen, da man den Seitensprung des verheirateten Liebhabers nicht toleriert; Schuld hat natürlich die Landstörtzerin.

Auch Tristan und Isolde werden nach der Darstellung Gottfried von Straßburgs (um 1200) beobachtet: Im Baum versteckt ist der mißtrauische König Marke. Die Liebenden entdecken jedoch sein Spiegelbild im Teich und verhalten sich danach völlig unverfänglich. Im Decamerone des Boccaccio treibt's Lidia, die Frau des Nicostat, mit Pirrus, ihrem Liebhaber, unter einem Birnbaum, während der ältliche Ehemann im Baum sitzt. Die Liebesleute gaukeln ihm aber vor, der Baum sei verzaubert, das bedeute, daß man Dinge sähe, die nicht real existierten. Der verspottete Ehemann glaubte das, und sie kehren alle ins Haus zurück, »wo Pirrus und Lidia nachher öfters, mit besserer Bequemlichkeit, sich belustigten«.

Gotthold Ephraim Lessing erzählt in »Der über uns« ein pikantes Abenteuer unter einem Apfelbaum. Hanne und Johann amüsieren sich, während Hans Steffen im Baum sitzt, um Äpfel zu klauen. Nach dem Schäferstündchen kommen Hanne Bedenken, und sie fragt Johann, wer denn wohl das Kind ernähren solle, wenn ihr Treiben Folgen haben sollte. Johann erklärte: »Der über uns wird's schon ernähren, dem über uns vertrau!« Das hört Hans im Baum und er verwahrt sich energisch gegen diese Zumutung.

Jahrhundertelang macht man sich große Sorgen um die Onanie oder Selbstbefleckung und Selbstschwächung, wie sie genannt wurde. Adolf v. Doß (1825-1886) sah das so: »Was ist es Trauriges um einen Menschen, der in der Blüte seiner Jahre einem Baum gleicht – ohne Frucht, ohne Knospe, ohne Blatt! Gebrochen ist die Krone, gekrümmt der Stamm, traurig hängen die geknickten Äste zur Erde. Da wohnen keine munteren Vögel mehr, kein Schatten labt den müden Pilger. Unselig verbrachte Jugend! Früh verlorene vielleicht nie gekannte Unschuld! Früh entfesselte Leidenschaften.«[27]

Dieser damals sehr bekannte Jugendseelsorger fand viele Gleichgesinnte. Einer meinte, die Selbstbefriedigung mache unfähig für Ehe und Familie und gab den Rat: »Eltern mögen auf jene Kinder, die ihre Familie fortpflanzen sollen, ein besonderes Augenmerk haben. Was für Früchte kann ein ausgedorrter Baum, ein Baum ohne Wurzeln bringen? Ein ausgemergelter, hingesunkener Krüppel, wie kann er die Stütze einer Familie sein?«[28]

Auch um die »Mädchenknospen« machte sich der Sexualpädagoge Thalhofer (1867-1925) Sorgen: »Es braucht noch lange Zeit, bis sich eure Natur so gefestigt und innerlich bereichert hat an guten Kräften, daß ihr als Frauen und Mütter euch entfalten könnt. Und die kommenden Jahre des Ausreifens sind sehr wichtig. Sie dürfen nicht vertrödelt oder gar verdorben und beschmutzt werden mit oberflächlichen oder gar sündhaften Liebeleien.«[29] Und der Jesuit H. Schilgen (1876-1941) weiß auch, wie diese Trennung der Geschlechter zu bewerkstelligen ist: »Für die Zeit des Reifens ist es daher am vorteilhaftesten, wenn in den Kreis ihrer Interessen kein Jungmann tritt, der störend oder hemmend in ihre ruhige Entwicklung eingreifen und ihrem Geist eine bedenkliche Richtung geben könnte. In diesen Jahren, wo noch alles im Fluß ist, wo sie noch nicht mit sich fertig, ihre Entwicklung noch nicht abgeschlossen ist, könnte es verhängnisvoll für sie sein, wenn sie unter dem Schein der Freundschaft irgend einem Jüngling näher treten würde. Sie soll unbeeinflußt durch das Wesen und die Gedankenwelt des Jungen zu einer echten Jungfrau heranblühen. Wenn unfertige Jungen und Mädchen miteinander verkehren, nehmen sie viel voneinander an und verlieren ihre Art: die Jungen vermädeln und die Mädchen verbengeln.«[30]

Die Lebensrute

Nach dem Glauben der Alten waren die geheimnisvollen Kräfte eines Baumes in jedem seiner Teile gegenwärtig, und wenn der Baum über magische Fähigkeiten verfügt, so finden sie sich auch in seinen Zweigen, Blättern und Wurzeln. Besondere Bedeutung als Lebensrute erlangten die Zweige der Birke, die Haselgerte, der Weidenzweig und die Ebereschen- und Wacholderruten; die Bräuche um die Lebensrute sind uralt und in ganz Deutschland verbreitet.

Heute ist das Schlagen mit der Lebensrute zu einem bloßen Kinderspiel geworden; beim Schlagen, »Füen« oder »Schmackostern« ziehen die Kinder von Haus zu Haus, bedrohen die Mädchen und Frauen mit der Rute, und die können sich mit kleinen Geschenken loskaufen. In Böhmen gingen zu Lätare die Kinder mit Weidenpeitschen und einem mit Eiern (wegen der Fruchtbarkeit) behangenen Bäumchen im Dorf herum, schlugen die ihnen entgegenkommenden Mädchen mit der Weidengerte und forderten von ihnen ein Geldgeschenk, um sich auszulösen.[31]

Ursprünglich war der Schlag mit der Lebensrute ein Fruchtbarkeitszauber, der sich bis in die Antike zurückverfolgen läßt. Mit dem Schlag glaubte man die Kräfte, die dem fruchtbaren Baum innewohnten, auf anderes Leben, den Menschen, die Tier und auch auf Nutzpflanzen übertragen zu können. Erst später wurde die Wirkung dieses Schlagens erweitert, auch Dämonen und böse Geister ließen sich damit verjagen.

Auf die Vorstellung, die Lebensrute könne die Dämonen vertreiben, die der Fruchtbarkeit und dem Wachstum schädlich sind, gehen auch einige Hochzeitsbräuche zurück: In der Oberpfalz trieben die Hochzeitslader vor der Trauung die Braut und schlugen mit abgeschabten Birkenruten auf sie ein. Im Samland führte man die Braut sogar zum künftigen Ehebett und schlug auf sie ein. Bei den Letten wurden die jungen Eheleute um 1700 im Schlafgemach ins Bett geworfen und zwei Stunden eingeschlossen. Danach kamen die Verwandten mit Stöcken, öffneten leise die Tür und prügelten auf den Ehemann ein. Wenn sich herausstellte, daß er sich beim ehelichen Werk ungeschickt aufgeführt hatte, setzte es besondere Prügel.[32]

Im Hannöverschen schlug man sich nach der Kopulation mit Fäusten. Rabelais berichtet von ähnlichen Bräuchen in Frankreich.

In Neukaledonien »wird das Mädchen beim Eintritt der Pubertät in die Erde gegraben und diese mit Ruten geschlagen, offenbar, um das junge Weib durch Verjagung der Unfruchtbarkeitsdämonen der großen Gebärerin Erde gleich zur Erfüllung der Mutterpflichten tauglich zu machen.[33]

Mit Birkenruten schlug man den Frauen auf die Geschlechtsteile, um Fruchtbarkeit zu gewährleisten. Auch die Haselgerte galt als vorzügliche Lebensrute, »mit diesem Symbol des Penis wurden Frauen und Tiere geschlagen, damit sie fruchtbar wurden«.[34] Die Haselgerte ist vielleicht die älteste Lebensrute. Urkundlich ist sie schon im 8. Jahrhundert bezeugt. »Die am

Berchtentag oder auf Johannistag geschnittene ›Wünschelrute‹ (= Penis) ist eine Haselgerte mit einjährigem Trieb.«[35] Diese Haselgerte wurde dann auch zu der noch uns bekannten Wünschelrute, mit der man verborgene Schätze aufspürte. Diese Assoziationskette ist auch in der Sprachentwicklung enthalten: Das Wort füen, fuden bedeutet Schlagen mit der Lebensrute; es ist auf das Althochdeutsche fuotjan zurückzuführen, aus dem im Niederdeutschen föden, foen wurde. Diese Bezeichnungen stehen wiederum mit vut oder vud im Zusammenhang, das im »Sinne von muliebriea virga contingere (= die Vulva mit der Rute berühren) erklärt werden könnte. Die Stäupung der Frauen wäre demnach ursprünglich der wichtigste Teil der Ceremonie gewesen.«[36]

In der Altmark zogen am Fastnachtabend die Knechte mit Musik von Hof zu Hof und stäubten mit Birkenreisern »fein nach der Ordnung zuerst die Hausfrau, dann die Töchter, zuletzt die Mägde; die Hausfrau gibt Schnaps, Eier und Mettwurst, die Mädchen einen bebänderten Strauß von Buchsbaum oder anderem Grün auf den Hut der Knechte.[37]

Eine Polizeiverordnung aus dem Jahre 1599 verbot in der Herrschaft Laubenburg »das Kindeln oder Dingeln (Schlagen mit der Lebensrute), das zu Weynachten getrieben wird, da die großen, starken Knecht den Leuten in die heusser laufen, die Mägde und Weiber entblösen und mit Gerten oder Ruten hauen«.[38]

Das Vieh wurde beim ersten Weideaustrieb mit der Rute geschlagen, damit es den Sommer über gesund blieb, dem Hirten gehorchte und vor allem fruchtbar blieb. Junge Leute, Brautpaare und Neuvermählte konnten sich den Schlägen mit der Lebensrute nicht entziehen, wollten sie gesund bleiben und viele Kinder zur Welt bringen. Die Menschen versuchten mit allen Mitteln, die eigene Vitalität zu stärken, sie brauchten dazu nur diese Lebenskraft der Bäume auf sich zu übertragen.

Man war auch der Meinung, durch bestimmte Handlungen – Gebete, Saufgelage, Lärm – den Bäumen ihrerseits Kraft bringen zu können. In Böhmen kniete man vor dem Baum nieder und betete: »Ich bete, o grüner Baum, Gott möge dich gut machen.« Des Abends rannten die Leute durch ihre Gärten und schrien: »Tragt Knospen, o Bäume, tragt Knospen, oder ich schlage euch!« Am nächsten Tag schüttelten sie die Bäume und veranstalteten mit Blechschüsseln einen gewaltigen Lärm, in der Hoffnung, die Bäume fruchtbarer zu machen. In England ging der Bauer am zwölften Tag nach Weihnachten abends in seinen Obstgarten, um den Apfelbäumen mit Apfelmost zuzuprosten:

»Gesundheit, braver Apfelbaum,
dies soll für dich fließen,
damit die Taschen voll werden, die Hüte,
die Scheffel und die Säcke.«

In Westfalen wurde die Lebensrute zum besseren Gedeihen des Flachses eingesetzt. Dabei mußten die Frauen am Lichtmeßtag auf dem Acker tanzen, in den Händen trugen sie Holunderzweige, mit denen sie auf die Männer losschlugen, die sich dem Acker näherten. – In der Rhön, im Thurgau, in Oldenburg und anderswo schlug man zu Weihnachten die Bäume mit der Lebensrute, um reichere Ernten zu erzwingen. – In Rußland wurde die letzte Garbe, in Form einer Frau hergerichtet, von zwei Mädchen zum Herrenhaus getragen, wo sie in Gegenwart des Gutsherren von den Schnittern mit Gerten geschlagen wurde. Das geschah in der Meinung, daß das Schlagen mit der Lebensrute die Schädlinge des Getreides vernichte, die im kommenden Jahr die Ernte bedrohen könnten.

Der Maibaum

Bei vielen Völkern wurde der Maibaum zu Festlichkeiten herangezogen. Die Volkskundler streiten noch darüber, ob sein Ursprung in der Antike, bei den Germanen oder gar im alten Indien zu suchen ist. In der Antike verwendete man Zweige oder kleine Bäume, um Krankheiten oder böse Geister zu vertreiben. Die Berührung mit diesem Baum, der zu Pfingsten oder am 1. Mai aufgestellt wurde, sollte neue Lebenskraft verleihen und alles Lebensfeindliche verscheuchen. Das frische, frühlingshafte Grün wurde auch an die Türen der Wohnungen und Ställe genagelt, um Haus und Hof Schutz zu gewähren und seine Vitalität auf Mensch und Tier zu übertragen.

Das Einholen des Maibaumes, das feierliche Aufstellen und Schmücken war ein bedeutendes Ereignis für das ganze Dorf. Später sah man im Maibaum zunehmend ein Zeichen der jungen, erblühenden Liebe. Er wurde von den jungen Burschen der Auserkorenen vor das Haus oder aufs Dach gestellt, vielerorts galt das sogar als Heiratsantrag. Daraus folgt, daß der »Maien« nur ehrenwerten Jungfrauen oder jungen Witwen gesetzt wurde. Die Mädchen aber, die »sich Unkeuschheit oder Wankelmut in der Liebe zu Schulden kommen ließen oder durch ihr sonstiges Betragen Haß und Verachtung auf sich geladen haben, setzte man einen dürren Baum oder einen Baum von besonderer Art (Holunder, Hasel. Pappel, Vogelbeerbaum, Dorn usw.) oder man verfertigte einen Strohmann und steckt ihnen den vor die Tür, das Kammerfenster oder auf das Dach und bestreut den Weg zwischen ihnen und dem unrechtmäßigen Liebhaber mit »Spreu«.[39]

Verlassene Mädchen aber rächten sich an dem Untreuen dadurch, daß sie ihm Schnüre, an denen Eierschalen oder Schneckenhäuser aufgereiht waren, vors Fenster hängten.

Der Maibaum war aber auch Ehrenbaum, der prominenten Bürgern der Gemeinde vor die Tür gestellt wurde. Bei uns und in Nachbarländern stand dann am 1. Mai oder zu Pfingsten der Maibaum vor den Amtsgebäuden des Bürgermeisters, Pfarrers, Richters und Lehrers. Davon unterschied sich der große Maibaum, der in der Mitte des Ortes unter Beteiligung der ganzen Bevölkerung aufgestellt wurde; auch für die Kirchweih oder das Schützenfest wurde diese Sitte übernommen. Wie es beim Einholen des »Maien« zuging, erzählt eine alte Chronik aus der Eifel (1225): Die Burschen des Dorfes fällten »in der Pfingstnacht eine junge schlanke Buche, richteten sie auf dem Dorfplatz auf und umgaben den Wipfel mit einem Kranze von Eierschalen und Bändern. Solange der Baum stand, tanzte das Jungvolk allabendlich singend einen Reigen um denselben.. ... Später wurde der Baum versteigert und das sogenannte Kronengelage gehalten.[40]

Dem Pfarrer Johannes in Aachen paßte dieser heidnische Brauch gar nicht. Er fällte den Maibaum, den das Volk umtanzte. Das ließen sich die Feiernden nicht bieten; sie griffen den Pfarrer an und brachten ihm böse Wunden bei.

Nach dem Tanzen um den Baum wurden auch alle Häuser und Stallungen des Ortes gesegnet, um gemeinschaftlich von seinen Lebenskräften zu profitieren. Im Wipfel wehte auch vielfach eine Fahne, der man außergewöhnliche Kräfte beimaß. Wenn ein Kind mit dem »Bösen Blick« behaftet war, weil der Priester bei der Taufe gestammelt hatte, mußte es mit einem Stück dieses Fahnentuchs am ganzen Leib abgerieben werden, um den »Bösen Blick« los zu werden.

Gewöhnlich nahm man als Maibaum eine Birke oder Tanne: Schon das Einholen der Bäume durfte nur unter bestimmten Vorkehrungen und zu genau festgesetzten Zeiten ablaufen; so durften sie nicht mit einem Wagen transportiert, sondern mußten von den Burschen getragen werden. Der Maibaum wird meist geschält, »damit die Hexen sich nicht zwischen Borke und Holz festsetzen.« Nur der oberste Wipfel, der eigentliche Träger der Segenskraft, wurde belassen und mit Blumen, Kränzen, bunten Bändern oder Lebensmitteln behängt. In Oberbayern ist der ganze Baum mit Figuren geschmückt.

Einholen und Schmücken des Maibaums war aber nicht überall Sache der jungen Männer. Im Wendland »richteten die Weiber alljährlich am St. Johannistag eine Birke auf, die sie unter Gesängen aus dem Wald holten, indem sie sich statt der Pferde vor den Wagen spannten. Im Dorf angekommen, hieben sie den alten Kronenbaum um, den ein Häusling um 2 Schillinge zu Branntwein für die Frauen kaufen mußte, und richteten den neuen auf, behingen ihn mit Kränzen und Blumen und segneten ihn auf ihre Art mit zwölf Kannen Bier ein. Diese Sitte erinnert lebhaft daran, daß in Schwaben und an der Mosel die Weiber das Recht hatten, um Fastnacht den schönsten Baum im Gemeindewald zu fällen, ins Dorf zu bringen, zu verkaufen und den Erlös zu vertrinken.[41]

Aus England gibt es eine Nachricht aus dem Jahre 1585: » . . . die Ausgelassenheit bei der Einholung des Maibaumes unter zahlreichem Geleit sei so groß, daß von dem zum Walde gehenden Mädchen der dritte Teil der Ehre verliere.« Am Tanz um den Maibaum durften aber nur jungfräuliche Mädchen teilnehmen, und wenn dennoch ein entjungfertes Mädchen mittanzte, so wurde der Baum heimlich gefällt. Als einmal eine »gefallene Dirn« mithalf, den Maibaum zu schmücken, mußte er kräftig abgewaschen und der Rasen um ihn erneuert werden.

Brautpaaren wurden bei der Vermählung der *Brautmaien* vor das Hochzeitshaus gesetzt; sie hatten eine ähnliche Ausstattung wie der Maibaum. Seine Tannenzapfen weisen wegen ihrer zahlreichen Samen auf die Fruchtbarkeit hin, desgleichen Eier und andere Anhängsel. So ist nicht nur der Maien, sondern der Baum schlechthin bis heute ein Symbol der Liebe geblieben. Immer noch werden Herzen und Namen in die Rinde der Bäume geschnitzt, nach dem Motto: »Ich schnitt in seine Rinde so manchen süßen Traum.« (Schubert-Lied vom Lindenbaum) Nicht nur in den Märchen von Daphnis und Chloe über Boccaccio und Goethe bis Eichendorff ist der Baum der Vertraute der Liebenden geblieben.

Der Name des »Maien« stammt zwar vom Monat Mai, im Lauf des Jahres hatte er aber noch andere Aufgaben zu erfüllen: zum Beispiel als *Erntemaien*. Der wurde, als grüner Zweig oder als ganzer Baum, mit dem letzten Getreidefuder – geschmückt mit Ähren und bunten Bändern – eingefahren. Auf dem Hof wurde er für ein Jahr auf das Dach des Wohnhauses gestellt. Für Mannhardt besteht kein Zweifel, daß der Maibaum und der Erntemaien zusammengehören, eine und dieselbe Idee verkörpern und eine und dieselbe mythische Gestalt sind. Das zeigt sich an den Gemeinsamkeiten der äußeren Aufmachung und an den Bräuchen, die um beide kreisen. Unterschiede ergeben sich allerdings aus dem Charakter der Jahreszeit. »Der aus dem grünenden Walde feierlich eingeholte Maibaum stellt den Genius der im Frühjahr erwachenden Vegetation dar. . . . Der Erntemai vergegenwärtigt dagegen den Geist des Wachstums zunächst in der ganz bestimmten Beziehung auf die Kulturfrucht. Vielfach wird der Erntemai oder die letzte Garbe mit Wasser übergossen, um auf diese Weise hinreichenden Regen auf die Saat des nächsten Jahres herabzulocken; geschähe das nicht, so werde die Feldfrucht an Dürre zugrundegehen.«[42]

Es gibt noch eine andere Form des Maibaums, den *Richtmaie* beim Hausbau. Mannhardt berichtet vom »Maienaufstecken« in der Rheinprovinz, einem uralten Brauch, nach dem auf dem Holzgerüst eines neu zu errichtenden Hauses die Maibuche mit Blumen, bunten Bändern, Eierschnüren und anderem Flitter geschmückt auf dem Giebel des Hauses als Zeichen der Vollendung aufgesteckt wurde. Auf der Spitze des Richtmaien prangte eine Krone, die von den Mädchen des Dorfes gestaltet und in festlichem Umzug zum Neubau getragen wurde. Und damals wie heute hält der Zimmermann seine Baupredigt, die den Sinn dieser Zeremonie verdeutlicht. –

Er bittet zunächst um Gottes Segen für das Gebäude und seine künftigen Bewohner. Der Richtmaie, der Genius des Wachstums, soll als guter Hausgeist allezeit über dem Haus walten. Wie Maibaum und Erntemai ist er darum mit Eiern, Blumen, Bändern und Tüchern geschmückt, um vom neuen Haus alle Unbill fernzuhalten und das Gedeihen seiner Bewohner zu garantieren.

BAUMPORTRAITS

Der Apfelbaum

Dionysos, der Gott des Weines, erschuf den Apfel und schenkte ihn Aphrodite, der Göttin der Liebe. Seitdem haftet dem Apfel ein erotischer Beigeschmack an.

Seit dem Urteil des Paris – der goldene Apfel sollte nur den Schönsten geschenkt werden – ist auch Eris, die Göttin der Zwietracht, im Spiel: aus dem Apfel wurde ein Zankapfel. Eva verhalf der Paradiesapfel zur Erkenntnis, und vielen Völkern war der Apfelbaum der Lebensbaum – eine stolze Last, die dieser gar nicht so kräftig gebaute Baum durch die Jahrhunderte zu tragen hatte. Er ist dabei freundlich und hilfreich geblieben – bis heute:

»Bei einem Wirte wundermild
da war ich jüngst zu Gast;
ein goldner Apfel war sein Schild
an einem langen Ast.

Es war der gute Apfelbaum,
bei dem ich eingekehret;
mit süßer Kost und frischem Schaum
hat er mich wohl genähret.

Es kamen in sein grünes Haus
viel leichtbeschwingte Gäste:
sie sprangen frei und hielten Schmaus
und sangen auf das beste.

Ich fand ein Bett zu süßer Ruh
auf weichen grünen Matten;
der Wirt, der deckte selbst mich zu
mit seinem kühlen Schatten.

Nun fragt ich nach der Schuldigkeit,
da schüttelt er den Wipfel.
Gesegnet sei er allezeit
von der Wurzel bis zum Gipfel!«

(Ludwig Uhland)

STECKBRIEF

Der Apfelbaum *Malus Communis* gehört zu den Rosengewächsen (Rosaceae). Die große Familie mit etwa 2000 Arten umfaßt sehr unterschiedliche Gewächse wie dic Spierstrauchartigen (mit Spierstrauch, Geißbart, Seifenbaum, Mädesüß), die eigentlichen Rosengewächse (Rosoideae) mit Rose, Fingerkraut, Erdbeere, Brombeere, Odermennig, Frauenmantel u.a., die Apfel- oder Kernobstgewächse mit Apfel, Birne, Quitte, Eberesche, Weißdorn und Mispel und die Pflaumen- oder Steinobstgewächse mit Pflaume, Aprikose, Pfirsich und Kirsche.

Apfelbaum

Unter der Sammelart Malus Communis werden sowohl wildwachsende Formen als auch die etwa 5000 Zuchtsorten des Apfels zusammengefaßt. Der Baum (oder auch Strauch) wird zwischen drei und sechs Meter hoch. Seine flachen Wurzeln streichen weit umher; die für die Versorgung des Baumes wichtigen Faserwurzeln liegen außerhalb der Kronentraufe. Der relativ kurze Stamm mit zunächst glatter, später in dünnen Plättchen abblätternder Rinde trägt eine breite, dichtbelaubte, kugelig geformte Krone. Durch fachgerechtes Schneiden und Binden der Zweige kann man dem Apfelbäumchen Pyramiden-, Spalier- oder andere bizarre Formen aufzwingen.

Die wechselständigen Blätter sind eiförmig, etwas zugespitzt und am Rande feingesägt. Schon im April, lange vor der Blüte, sind die Knospen voll entwickelt. Sie erscheinen zusammen mit den Laubblättern. Die zwittrigen Blüten stehen in aufrechten Dolden. Die Kronblätter sind weiß, rosa oder innen weiß und außen rosa, die zahlreichen Staubblätter sind gelb. Die Bestäubung erfolgt durch Bienen, Hummeln oder Fliegen, die Blüte liefert ihnen reichlich Nektar.

Nach der Befruchtung schwillt der Blütenboden stark an und entwickelt sich zum Fruchtfleisch des Apfels, einer Scheinfrucht; die Kerne entstehen aus dem Fruchtknoten und sind im Kerngehäuse eingebettet. Das besteht aus fünf festen Kammern, von denen jede normalerweise zwei Samen oder Kerne enthält.

Apfelblüte

Blüte

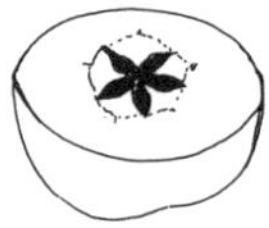

Frucht

Die Frucht kann sehr unterschiedlich ausgebildet sein, die Farbe der Schale wechselt von grün über gelb zu rot. Das Fleisch schmeckt je nach Sorte süß bis säuerlich. Während des Reifungsprozesses spielen sich komplizierte chemische Umsetzungen ab, an deren Ende Zucker, Apfelsäure, Duftstoffe, Vitamine, Farbstoffe (gebildet aus Chlorophyll) u.a. Inhaltsstoffe stehen.

HERKUNFT

In Europa, Asien und Amerika sind über 20 Wildarten des Apfelbaumes bekannt. Als sicher kann gelten, daß unsere zuchtsorten drei Stammväter haben:
Malus pumila, Johannis- oder Paradiesapfel
Malus baccata, Beeren- oder Kirschapfel
Malus prunifolia, Pflaumenblättriger Apfel.
Die beiden letzten Formen brachten auf dem Wege der Kreuzung Kultursorten zuwege, während man bei Malus pumila annimmt, daß Mutationen (spontane Veränderungen im Erbgefüge) zu besseren Sorten führten.

Als Urheimat unserer Kulturformen gelten Turkestan und der Kaukasus; aber auch in Europa dürften großfrüchtige Sorten entstanden sein, wie Funde in Pfahlbauten der Jungsteinzeit vermuten lassen. Den Ägyptern und den Hebräern waren Apfel und Birne unbekannt. Somit kann die Frucht vom Baum der Erkenntnis schwerlich ein Apfel gewesen sein. Bei den Griechen galt wie gesagt Dionysos, eigentlich als Gott des Weines bekannt, als »Erfinder« des Apfels. Allerdings waren die berühmten Äpfel des griechischen Sage

– die goldenen Äpfel der Hesperiden, der Apfel des Paris – keine Äpfel, sondern Quitten, Granatäpfel oder gar Zitrusfrüchte.

Die Römer verfügten jedoch bereits über beträchtliche Erfahrungen in Züchtung und Anbau von Äpfeln; sie brachten ihre Zuchtsorten auch ins Rheinland und ins Donaugebiet und lehrten die Germanen die Kunst der Veredelung. Die kannten bis dahin nur den Holzapfelbaum, der zumeist an Waldrändern oder in Hecken wuchs und mit unserem heutigen Apfel nur wenig gemein hat. Die Holzäpfel waren sehr sauer und kaum genießbar. Sie wurden lediglich zur Bereitung von Salaten und zur Herstellung von Essig verwendet. Bis zur Zeit Karls des Großen hatten es die Germanen in der Apfelzucht aber schon weiter gebracht; sein »Capitulare de villis« nannte bereits mehrere Apfelsorten: Geroldinger, Grevedeller, Gozmariner und Spirauken. Und es dauerte gar nicht lange, bis sich der Botaniker und Pharmazeut Tabernaemontanus 1588 beklagen konnte: »Der Apfelbaum ist allenthalben jedermann wohl bekannt, es seyen aber derselben so viel und mancherley Geschlecht (Sorten), daß es unmöglich ist, dieselbige alle zu erzählen und zu beschreiben . . . « Das hat sich bis heute nicht geändert, man zählt bis zu 5000 Sorten, von denen sich jedoch nur wenige auf dem Markt durchsetzen konnten.

STANDORT

An den Boden stellt der Wildapfel nur geringe Ansprüche, er verlangt jedoch viel Feuchtigkeit. Die heutigen Zuchtsorten gedeihen am besten auf tiefgründigen, gut durchlüfteten und dennoch feuchten Böden. Auf schweren, bindigen Böden und an trockenen Hängen wird der Apfelbaum versagen; dort ist er auch anfälliger gegen Krankheiten und Schädlinge. Für die Ausbildung guter Früchte braucht der Apfel hohe Luftfeuchtigkeit.

NAME

Der Name Apfel wird vom germanischen apitz hergeleitet, das im Althochdeutschen zu apful oder afful wurde. Der Apfelbaum hieß im Althochdeutschen auch apholtra; die Wortendung -tra kehrt verwandelt in -der auch bei anderen Bäumen wieder: Wachol-der, Holun-der; diese Endung entspricht dem englischen tree. Nicht nur die Ortsnamen Apfelbach, Apfeldorf, Appeldorn, Appelhülsen u.a., auch die Namen Effeltrich, Affalter, Apolda und Affoldern gehen auf den Apfel zurück.

Der Apfel findet sich zudem in Wortbildungen wie Augapfel, Adamsapfel, Zankapfel oder Apfelschimmel. Das Symbol des Kosmos in der Hand mittelalterlicher Kaiser war der Reichsapfel. »Beinahe wäre auch die Bezeichnung für den Begriff ›Globus‹ erhalten geblieben. Noch Martin Beheim, der in Nürnberg den ersten Globus entwirft, schreibt: › . . . ist dise figur des apffels gebracktizirt und gemacht worden.‹ Später wird dieses Wort durch das lateinische Fremdwort globus = Kugel verdrängt.«[43]

Der Apfel verhalf auch anderen Pflanzen zu ihrem Namen. So wird die Kartoffel vielfach als Erdapfel bezeichnet. An den Zweigen der Rosen finden sich häufig Galläpfel, die aussehen wie von Moos umgeben. Man nennt diese Gallen, die von der Rossengallwespe verursacht werden, auch »Rosenäpfel oder Schlafäpfel (da sie die Schlaflosigkeit vertreiben sollen, wenn man sie unters Kopfkissen legt). Unter den Nachtschattengewächsen finden sich viele »Äpfel«: Stechapfel, Liebesapfel (für die Tomate) und auch die »Äpfel der Erde« (für die Kartoffel). Die Frucht des Granatbaums ähnelt einem Apfel und heißt deshalb Granatapfel; dieser Name leitet sich vom lateinischen malum granatum ab, das so viel heißt wie »Apfel mit Kernen versehen«. Endlich sei noch der Kienapfel erwähnt, der Fruchtzapfen der Kiefer, der mit der Apfelgestalt nun wirklich kaum Ähnlichkeit hat.

NUTZUNG

Äpfel sind in Deutschland die verbreiteste Obstart. Große Anbaugebiete liegen an der Niederelbe (Altes Land), in Baden-Württemberg und im Rheinland. Man zählt bei uns etwa 50 Millionen Apfelbäume, jeder von ihnen trägt ungefähr 30 kg Äpfel, das macht eine Gesamternte von 1,5 Millionen Doppelzentner – mehr als doppelt so viel wie bei Birnen oder Pflaumen. Diese riesige Apfelmenge stellt einen Wert von über einer Milliarde DM dar.

Beliebt ist der Apfel bei uns nicht nur wegen seines erfrischenden, aromatischen, säuerlich-süßen Geschmacks, er liefert dem Körper auch wertvolle Wirkstoffe.

So finden sich in 100 g Apfel (genießbarer Anteil):

Eiweiß	0,30 g
Kohlenhydrate	11,00 g
Calzium	7,00 mg
Phosphor	10,00 mg
Eisen	0,30 mg
Vitamin B_1 u. B_2	0,06 mg
Niacin	0,10 mg
Vitamin C	11,00 mg

Heute ist es möglich, das ganze Jahr über Äpfel in guter »Verfassung« anzubieten. Die deutschen Sorten reichen (bei guter Lagerung in klimatisierten Räumen mit kontrolliertem Sauerstoff- und Kohlendioxidgehalt) aus, um den Markt von August bis Mai mit Äpfeln in ausreichender Menge zu versorgen. Der noch verbleibende Zeitraum wird durch Importe abgedeckt.

Wuchsformen der Kultursorten

Hochstamm

Zwergbaum

Spalierformen

Spalierformen

Die Brüsseler Agrar-Bürokraten bestimmen heute, wie ein Apfel auszusehen hat, wenn er die höchsten Handelsklassen erreichen will. Da werden Größe, Farbe, Beschaffenheit der Schale jeder Sorte penibel festgelegt, angeblich weil der Kunde das so will. Aber nicht Qualität, sondern Marktwert (= Aussehen) ist gefragt. Die Normung reicht bis in die Form der Apfelbäume hinein. Der gute alte Apfelbaum, den man heute »Hochstamm« nennt, von dem auf dem Hektar nur 75 Stück Platz fanden, ist dem »Niederstamm« gewichen, von dem man bis zu 4000 Stück auf einem Hektar unterbringen und mit geringstem Arbeitsaufwand pflegen und beernten kann. Geerntet werden dann gestylte, glatte, polierte Früchte ohne jeden Makel. Um hohe Erträge zu erzielen, muß allerdings mit kräftigen Stickstoffgaben nachgehalten werden. Damit erkauft man sich aber auch wasserhaltigere Früchte, die zudem anfälliger gegen Pilzkrankheiten sind. Pilze und andere Schädlinge können nur mit erhöhtem Einsatz von Pestiziden kleingehalten werden. Dazu sind 10 bis 19 Spritzungen im Jahr notwendig (Nachwinterspritzungen, Vorblütenspritzungen, Blütenspritzungen, Nachblütenspritzungen, Obstmadenspritzungen, Schorfspritzungen, Lagerspritzungen, Sonderspritzungen und, und, und . . .).

Die Produzenten werden zu solchem Unsinn gezwungen, wenn sie die angeblich vom Verbraucher gewünschten Qualitätsanforderungen erfüllen wollen.

Tatsache ist jedoch, daß nicht der Verbraucher diese Normen vorschreibt; allein der Handel bestimmt, was gewünscht wird. Und wenn diese Wünsche erfüllt werden, hat das mit Qualität nichts mehr zu tun. Der Verbraucher gibt nur für minderwertige Ware mehr Geld aus. So ist zu erklären, daß das Bundesgesundheitsamt dringend rät, Äpfel vor dem Verzehr zu schälen, um die auf der Schale abgelagerten Schadstoffe nicht auch noch schlucken zu müssen; dabei ist bekannt, daß die wertvollsten Inhaltsstoffe des Apfels direkt unter der Schale liegen.

Garantiert ungiftiger waren die alten Tips zum Pflanzenschutz: Bevor man das Pflanzloch eines Apfelbäumchens aushebt, schreibt man darauf den Namen von Asmodeus, dem Teufel, der Eva in Versuchung führte; danach wischt man den Namen mit einem Kreuz fort. Das hilft dann gegen den Pilz. Zudem glaubte man früher, daß gerade Apfelbäume eines besonderen Schutzes bedürfen. Der Abt von Beauvais (13. Jahrhundert) machte den Vorschlag, Korallen in die Zweige zu hängen, um das weitere Gedeihen zu sichern. Und wenn all das nicht hilft, gieße man als Trankopfer Apfelmost über die Wurzeln des Bäumchens oder proste ihm mit dem Spruch zu:

»Denn je mehr man ihm zutrinkt,
desto mehr Ertrag er bringt!«

Weitere nützliche Ratschläge für die Apfelzucht aus dem Jahr 1790:

Wie man rote Äpfel erzeugen soll:

»Man stosse zuvor den Pfropfreis, welchen man aufstossen will, in Hechtsblut. Wen nun hernach die Früchte darauf wachsen, die werden rot.

Item, wenn man Äpfel auf Erlen, Ebereschen oder Kirschstämme pfropfet, und die zugeschnittenen Pfropfreiser in Hechtsblut dunket, alsdann werden sie noch röter hernach.«

Einen Apfel sehr groß wachsend zu machen:

»Dieweil die Äpfel noch klein sind, so stich oben in die Blumen einen runden rettich- oder Rübensamen, so wächst derselbe Same in dem Apfel mit fort und gibt einen großen Apfel, daß sich einer darüber verwundern muß – aber seinen natürlichen Geschmack verliert er.« [44]

Der *Apfelmost* muß sich in früheren Zeiten größerer Beliebtheit erfreut haben als heute. Die Schwaben sagen heute noch: »Wenn Adam ein Schwabe gewesen wäre, dann hätte es den Sündenfall nicht gegeben. Er nämlich hätte den Apfel nicht gegessen, sondern zum Mosten zurückgelegt, bis er ins Schwabenalter gekommen wäre, sprich, gescheit geworden wäre, und die Pläne des Bösen durchschaut hätte.«[45]

Die Schwaben brauen den »stärksten« Most, der kann bis zu vier Prozent Alkohol enthalten; der Äppelwoi der Frankfurter und der Cidre der Franzosen sind wesentlich »schwächer«.

Zur Herstellung eines guten Mostes verwendet man tunlichst unterschiedliche Apfelsorten, saure und süße, damit genügend Säure, aber auch Zucker für die alkoholische Gärung zur Verfügung steht. Man kann damit rechnen, daß aus 12-16 kg Äpfeln 5 l Saft zu gewinnen sind. Die Äpfel werden zerkleinert und dann zermahlen. Die Maische wird ausgepreßt und anschließend mit reichlich Wasser versetzt. Die Gärung beginnt nach 24 Stunden; sie wird beschleunigt, wenn Weinhefekulturen zugesetzt werden. Die Mostherstellung ist übrigens keine Erfindung der Schwaben. Griechen und Römer kannten die Obstweine unter dem Namen Sidera (Cidre), und auch die alten Deutschen tranken ihn unter dem Namen Cit (gotisch Ceipu).

Wer's alkoholfrei möchte, stelle sich seinen *Apfelsaft* nach einem alten Rezept selbst her:

»Man siede reife oder unreife zerschnittene Äpfel mit etwas Wasser weich. Hierauf läßt man dieselben in einem irdenen oder porzellanenen Gefäß 2-3 Tage lang stehen. Dann schüttet man sie auf ein leinernes Tuch, das über eine Schüssel gespannt ist, und läßt den Saft abtropfen. Hierauf fügt man dem Safte ein beliebiges Quantum Zucker zu, kocht ihn bis zur Sirupdicke ein, gibt noch etwas Vanille dazu und füllt ihn dann in Flaschen. Er wird mit Wasser verdünnt getrunken und ist sehr erfrischend und wohltätig.«[46]

Noch ein Wort zum *Holz des Apfelbaumes.* Dieses Holz ist oft drehwüchsig, trocknet nur sehr langsam und verzieht sich dabei. Das bessere Holz stammt von wildwachsenden Arten, Zuchtsorten sind weniger gefragt. Das Holz ist hart, zäh und biegsam; es hat zwar eine schöne Oberfläche, ist aber schwer zu bearbeiten und zudem anfällig gegen Fäulnis. Da Holz von Wildstämmen nur schwer zu bekommen ist, und es zudem nur bescheidene Abmessungen aufweist, wird es im geringen Maß lediglich im handwerklichen Bereich, zum Drechseln und zum Schnitzen eingesetzt. Früher wurden die Zahnräder von Uhren, Windmühlen, Göpelwerken und auch hölzerne Schrauben gern aus diesem Holz hergestellt. Noch heute fertigt man Golfschläger, Hobel, Holzhämmer und Handgriffe für Sägen aus diesem Holz an.

Die Äpfel der Hesperiden – Früchte des Lebens

– Der Apfel in der Mythologie –

Seit jeher hat der Apfel seinen festen Platz in der Mythologie der Völker; meist war er den Göttinnen der Liebe und der Erotik geweiht. Er verlieh auch Unsterblichkeit, wie die goldenen Äpfel der Hesperiden. Die Hesperiden waren die Töchter der Nacht, die im äußersten Westen in einem Garten wohnen, in dem die goldenen Äpfel der Sonne wachsen. Dort bewachen die vier Hesperiden und der hundertköpfige Drache Ladon die wertvollen Früchte.

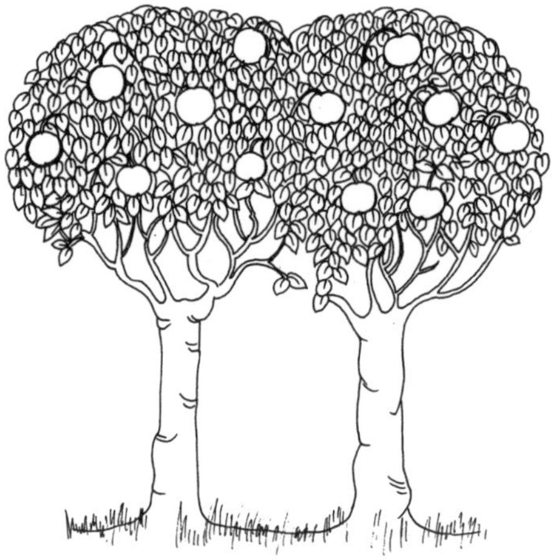

Der Sage nach muß sich Herakles seinem Konkurrenten Eurystheus unterwerfen und zwölf schwierige Arbeiten ausführen. Der elfte Auftrag führt ihn zum Garten der Hesperiden, von wo er Eurystheus drei von den goldenen Äpfeln bringen soll. Unterwegs besteht er einige haarsträubende Abenteuer, bis er den Himmelsträger Atlas trifft, der ihm bei der Arbeit helfen soll. Herakles nimmt ihm die schwere Last des Himmelgewölbes ab und bittet ihn, die Äpfel zu holen. Atlas fürchtet sich jedoch vor dem Drachen Ladon, den Herakles mit einem wohlgezielten Pfeilschuß erledigt. Atlas bringt die drei goldenen Äpfel, er hat aber keine Lust, seinen alten Platz wieder einzunehmen, lieber will er die Äpfel selbst überbringen. Herakles geht zum Schein auf diesen Vorschlag ein, bitte aber den Atlas darum, ein Polster auf seine Schultern zu legen. Sobald der wieder unter der Last steht, entfernt sich Herakles schleunigst mit seinen Äpfeln. Eurystheus will die Früchte nicht mehr und gibt sie Herakles zurück; der schenkt sie Athene, die sie in den Garten der Hesperiden zurückbringt.

Wenn in den griechischen Sagen von Äpfeln die Rede ist, sind entweder die Quitte oder der Granatapfel gemeint. Viele alte griechische Schriftsteller (Theokrit, Plato, Vergil u.a.) erwähnen, daß im Zuwerfen oder Überreichen eines Apfels ein Zeichen der Liebe oder die Bitte um Gegenliebe gesehen wurde. Damit ist die Zugehörigkeit des Apfels zur Liebesgöttin erklärt, die häufig auch zusammen mit Granatäpfeln dargestellt wurde.

Eine andere Sage berichtet: Die Jägerin Atalanta, Tochter des Jasos, hatte sich in den Kopf gesetzt, nur den anzuerkennen und zu heiraten, der sie im Wettlauf besiegen konnte. Viele junge Männer hatten versucht, sie zu schlagen, mußten ihre Niederlage aber mit dem Leben bezahlen. Da entbrannte Meilanion, der Prinz von Arkadien, in Liebe zu Atalanta. Da er ihre Bedingungen kannte, bat er Aphrodite um Hilfe. Die Göttin gab Meilanion drei goldene Äpfel, die er während des Laufes in Richtung Atalanta warf. Die Jägerin konnte nicht widerstehen, bückte sich jedesmal nach einem Apfel und verlor dadurch so viel Zeit, daß sie den Wettkampf verlor. Meilanion gewann den Lauf und die Hand Atalantas.

Der bereits erwähnte goldene Apfel der Eris war Anlaß für den Ausbruch des Trojanischen Krieges. In den »Troerinnen« des Euripides kann man übrigens nachlesen, daß Zeus die Erde damals schon für überbevölkert hielt und meinte, dem könne man am besten durch einen Krieg abhelfen. Er beauftragte Eris, die Göttin der Zwietracht, des Krieges und der Anarchie, bei der Hochzeit des Königs Peleus mit der Nymphe Thetis Unfrieden zu stiften. Sie warf einen goldenen Apfel (wahrscheinlicher eine Apfelsine) mit der Aufschrift »Für die Schönste« unter die Hochzeitsgesellschaft. Eris entfachte dadurch einen heftigen Streit zwischen Hera, der eifersüchtigen Gattin des Zeus, Pallas Athene, der Göttin der Weisheit, und Aphrodite, der Göttin der Schönheit und der Liebe. Zeus mochte in dem Streit, wer die Schönste von den dreien sei, nicht entscheiden. Man suchte einen kompetenten Schiedsrichter, und das konnte nur der schönste Mann sein – Paris, der Sohn des trojanischen Königs Priamos. Aber dieser Playboy war bestochen worden von Aphrodite, der er dann den Apfel als der schönsten Frau überreichte. Sie hatte Paris die Liebe der schönen Helena versprochen. Hera und Athene wurden zu erbitterten Feindinnen Trojas und des Paris.

Neben der Aphrodite war der Apfel auch der Demeter, der Göttin der Fruchtbarkeit, geweiht. Venus, die römische Göttin der Gärten und der Früchte, war dem Apfel verbunden, genauso wie Ischtar, die babylonische Göttin der Liebe und der Sinneslust, oder Hathor, der ägyptischen Liebesgöttin, und Iduna, die bei den nordischen Völkern in Sachen Liebe zuständig war. Überall konnte der Apfel wegen seiner vielen Kerne, die in einem besonderen Gehäuse eingeschlossen waren, zum Symbol der weiblichen Fruchtbarkeit und zum Wahrzeichen der Liebe werden. Iduna besaß die Äpfel, die den Asen ewige Jugend gaben, sie wurden von Fylla, der Dienerin der Iduna, aufbewahrt. Die Äpfel müssen gegessen werden, »wenn die Götter anfangen zu altern; davon werden sie wieder jung, und so wird es bleiben bis zum Untergang der Götter« (Edda, Gylsis Verblendung).

Auch den Kelten war der Apfel heilig. Von den Bäumen ihres heiligen Haines Avalon war der Apfelbaum der edelste, denn er war der Baum der Unsterblichkeit. König Arthus fuhr nach Avalon, der geheimen Insel der Apfelbäume, um Heilung von seinen schweren Wunden zu finden. Der Gott Bran wurde von der Weißen Göttin mit einem »silberweiß blühenden Apfelzweig aus Emain, an dem Blüte und Zweig eins waren«, gerufen, um in das Land der Jugend einzutreten. Die Insel Emain, das gälische Elysium, wird in einem alten Gedicht so beschrieben:

»Ein immerjunger Ort ist das fruchtbare Emain;
Schön ist das Land, wo es zu finden,
Liebling ist das Schloß vor allen anderen Schlössern.
Üppige Apfelbäume wachsen auf diesem Boden.«[47]

Ursprünglich wurde in der christlichen Symbolik die Gottesmutter Maria häufig mit einem Apfel dargestellt, herübergerettet aus der matriarchalischen Mutterreligion. Bald aber wurde der Apfel, Sinnbild der Erde und der Fruchtbarkeit, zum Symbol der Sünde und der Verführung, weil es die patriarchalischen Kirchenoberen so wollten. Aus der Weißen Göttin wurde die leichtgläubige, unzuverlässige Eva, die es wagte, Gottes Gebot zu übertreten und vom Baum der Erkenntnis zu essen.

Daraus leitet sich auch das Wortspiel: »Malum e malo« ab; das bedeutet, das Übel kam vom Apfel, oder:

»Der Apfel, den Frau Eva brach,
uns herzog alles Ungemach.«

Auch dem berühmten Physiker Isaac Newton (1643-1727) wurde der Apfelbaum zum Baum der Erkenntnis. Er soll durch den Fall eines Apfels das Gesetz der Schwerkraft entdeckt haben. Darauf beziehen sich Verse aus Byrons »Don Juan«:

»Als Newton einen Apfel fallen sah,
Fand er in diesem Apfel, wie es heißt . . .
Die Formel, die aufs deutlichste beweist,
Daß diese Welt (man nennt es ›Schwerkraft‹ ja)
In einem Wirbel ganz natürlich kreist;
Der erste Mensch seit Adam, dem's auf Erden
Gelang, durch Fall und Apfel groß zu werden.
Mit Äpfeln fiel der Mensch und stieg mit ihnen.«

Die Zauberkraft des Apfelbaumes

Uralt ist die Verwendung des Apfelbaumes als Lebens- und Geburtsbaum. Zur Geburtsstunde wurde dem Kind ein Apfelbaum gepflanzt, der Auskunft über die Entwicklung des Neugeborenen geben sollte; verkümmerte er, so geschah dem Kind das gleiche, gedieh er aber prächtig, so war auch dem Kind dies Schicksal beschieden. Von jeher waren Wohl und Wehe des Menschen mit dem der Bäume eng verbunden, die Menschenseele wurde mit der Baumseele identifiziert.

Als Fruchtbarkeitssymbol hatte der Apfel in den Hochzeitsbräuchen vieler Völker wichtige Funktionen. Der Reichtum des Apfels an Kernen gibt einen deutlichen Hinweis auf die Fruchtbarkeit des Frauenschoßes. Nach dem Gesetz des Solon mußten griechische Brautpaare zur Hochzeit Äpfel oder Quittenäpfel verzehren, um die Nachkommenschaft zu sichern.

Plutarch legte dieses Gesetz so aus, daß der Quittenapfel, der neben dem Wohlgeruch und dem lieblichen Geschmack auch etwas herbes und Zusammenziehendes hat, auf die Mischung von Freude und Leid in der kommenden Ehe hinweisen sollte.

In Deutschland sagte man: »Sie hat des Apfels Kunde nit«, von einem Mädchen, daß noch nichts vom Geschlechtsverkehr wußte. Eine Jungfrau sollte keinen Doppelapfel essen, sonst bekam sie Zwillinge, ein Glaube, der sich auch sonst bei Doppelfrüchten findet, die von Frauen gegessen werden. Der Apfel symbolisiert im besonderen das weibliche Geschlecht. Vergräbt man die Nachgeburt einer Wöchnerin unter einem Apfelbaum, so bekommt sie das nächste Mal ein Mädchen, vergräbt sie die Nachgeburt unter einem Birnbaum, so wird das nächste Kind ein Junge.[48]

In Schlesien stellte sich die Braut hinter den Altar und ließ einen Apfel an ihrem Leib herabgleiten; damit sollte gewährleistet werden, daß sie keine Schwierigkeit bei der Entbindung habe.

In Westfalen gab's bei der Hochzeit den Wettlauf nach dem »Brautapfel«, einem mit Geld gespickten Apfel. In der Schweiz schälten Brautführer und Brautleute einen Apfel; aus den Figuren, die die abgelegten Apfelschalen bildeten, konnte man auf die Zukunft der Hochzeiter schließen.

Der Apfelbaum ist auch Orakelbaum: mit Hilfe seiner Frucht kann man Leben oder Tod vorhersagen. Werden beim Schneiden des Weihnachtsapfels die Kerne durchtrennt, bedeutet das für den betreffenden den Tod im Laufe des kommenden Jahres. Das gleiche wird eintreten, wenn beim Durchschneiden des Apfels eine kreuzförmige Figur entsteht. Gelingt es, beim Schälen des Apfels die Schale nicht abreißen zu lassen, hat man noch lange zu leben und ist auch sonst vom Glück begünstigt; träumt man jedoch im Winter von einem Apfel, so bedeutet das eine Leiche im Haus. Der im Herbst blühende Apfelbaum sagt ebenfalls Tod und Unglück voraus. Und wenn man sich verirrt hat, muß man an den zu Weihnachten oder Neujahr verzehrten Apfel denken, und man findet seinen Weg wieder.

Besondere Aufmerksamkeit zogen die Pflanzen auf sich, die in der Heiligen Nacht blühten. Von einer solchen Begebenheit berichtet der Pfarrer Dilher (1663): »Nicht weit von dem nürnbergischen Stättlein Grävenberg und auch in der Vor-Statt desselben stehen etliche Bäume, welche den Herbst vorher Aepfel tragen ... und hernach wiederum, mitten in der Christnacht, nach dem alten Kalender gerechnet, nicht allein blühen, sondern auch alsbald darauf kleine Aepfellein tragen, die ungefähr einer Kirsche Größe tragen, und des folgenden morgens die Blüht noch an den oberen Theil haben.«[49]

Dieser Volksglaube von den wunderbaren »Weihnachtsäpfeln«, die während der Christnacht blühten und gleichzeitig Früchte trugen, hat sich jahrhundertelang gehalten.

Der Apfel konnte aber auch schreckliche Dinge vollbringen; wenn man ihn zu Weihnachten oder Neujahr vor dem Gottedienst aß, bekam man Geschwüre, weil das Nüchternheitsgebot der Kirche übergangen worden war. In die gleiche Richtung ging das Gebot, nach dem ein Todkranker kurz vor seinem Ende keinen Apfel essen durfte. Er konnte dann das letzte Abendmahl nicht empfangen und war auf ewig verdammt.

Apfelbäume standen mit Hexen und Unholden in Verbindung.

Unter ihnen, wie unter vielen anderen Bäumen, tanzten Freitags die Hexen, so unter dem »Hexenbäumle« in Rottenburg.

Auch der Alp erscheint in Gestalt eines Apfels, und der Eingang zur Höhle der Unsterblichen liegt unter einem Apfelbaum.

An apple the day keeps the doctor away

Der Apfel als Lebensbaum mußte auch Kräfte in sich bergen, die den Menschen gesunden ließen. Schon auf die Ungeborenen übt der Apfel seinen wohltuenden Einfluß aus. Eine Frau wird schöne, gesunde Kinder gebären, wenn sie während der Schwangerschaft viele Äpfel ißt; vielleicht sogar einen Knaben zur Welt bringen. Das Neugeborene bekommt auch gleich einen Apfel, um dessen Lebenskraft auf das Kind zu übertragen.

Ein solcher Baum verfügt auch über apotropäische Fähigkeiten, er kann Unheil abwenden. Wer an einem hohen kirchlichen Feiertag (außer zu Weihnachten und Neujahr, siehe oben) früh morgens auf nüchternem Magen einen Apfel ißt, bleibt das ganze Jahr über gegen angezauberte Krankheiten gefeit. Auch kann man Krankheiten auf diesen Baum übertragen (»wenden«). Wird man von Fieber, Schwindsucht oder Zahnweg geplagt, geht man zum Apfelbaum und spricht:

»Apfelbaum ich tu dir klagen,
die Schwindsucht tut mich plagen,
der erste Vogel, der über dich fliegen tut,
benehme mich der Schwindsucht gut.«

Hilft das bei Zahnschmerzen nicht, dann geht man nicht zum Bader, sondern in der Osternacht zum Apfelbaum, setzt den rechten Fuß gegen den Stamm und spricht:

»Neu Himmel! Neu Erde!
Zahn ich versprech dich,
daß du mir nicht schwellst noch schwärest,
bis wieder Ostern wird.«

Der Apfel konnte in der Sympathie-Medizin auch erfolgreich gegen Warzen eingesetzt werden. Ein Apfel wurde geteilt und beide Hälften auf die Warzen gelegt. Danach fügte man den Apfel wieder zusammen und vergrub ihn; war der Apfel verfault, so waren auch die Warzen verschwunden. – Schabt man einen Apfel nach oben zu ab, dient er als Brechmittel, schabt man ihn nach unten zu, ist er ein brauchbares Mittel gegen Durchfall. Soll einem Säufer das Trinken abgewöhnt werden, gibt man ihm einen Apfel, den ein Sterbender in seinen Händen hielt. Wenn aber jemand als trinkfest gelten will, so muß er morgens einen sauren Apfel essen und einen Schluck Wasser darauf trinken.

Es ist erstaunlich, daß die Früchte dieses Lebensbaumes in der seriöseren Heilkunde kaum Beachtung fanden. Nur im New Kreutterbuch von 1543 heißt es: »Aller apfelbäum bletter, blüet und zweyglein haben die krafft, damit sie zusammenziehen. Die äpffel ziehen auch zusammen, wenn sie noch herbe sind, aber die zeitigen (reifen) haben die krafft nit. Die im Lentzen zeitig werden, bringen und vermehren die Galle, schwächen die nerven und blähen den leib.«[50]

Damit ist nicht viel anzufangen, und auch in späteren Zeiten wird dem Apfel nur in Spezialfällen Heilkraft zugesprochen. Tabernaemontanus (gest. 1590) hält ein Destillat aus Apfelblüten für das beste Hautpflegemittel. Im 18. Jahrhundert empfahl der Arzt Chomel den Apfel gegen Brustleiden und Hustenreiz. Manche halten noch heute einen Aufguß aus Apfelschalen für ein gutes Herztonikum, und die Engländer sagen: »An apple the day keeps the doctor away.«

Anders ist das beim Apfelmost, der mehr leisten kann als der Apfel. Der Most hilft, Fette abzubauen, indem er sie aufspaltet. Er soll sogar die krebserregenden Stoffe in geräucherten Speisen neutralisieren. Und: »Ein Glas Apfelwein zum Vesper auf dem Acker macht im Gegensatz zum Schluck Bier nicht müde, sondern munter.«[51] Insbesondere für ältere Menschen ist dieser Most ein hilfreiches Heil- und Kräftigungsmittel.

Vor tausend Jahren allerdings dachten die Ärzte von Salerno anders über den Most: »Most behindert den Harn, doch lockert hurtig den Bauch er. Gern verstopft er die Leber und Milz und lädt dir den Stein auf.«

Schon der Apfelduft kann Erstaunliches bewirken. Friedrich Schiller hatte bekanntlich immer einen – allerdings leicht angefaulten – Apfel in seiner Schreibtischschublade, dessen Geruch ihn zu höchsten literarischen Leistungen inspirierte. Ähnliches behauptet man von Bratäpfeln, deren Duft Heilkräfte mobilisieren, beruhigen und die innere Unruhe nehmen sollen.

Der Kräuterheiler M. Messegue hält die Rinde des Apfelbaumes für genauso wirksam wie das Chinin. Blätter, Blüten und Knospen seien stark harntreibend. Er habe einen Mann mit diesen Drogen von einer schweren Nierenentzündung geheilt. »Abends einen guten Apfel, und der Schlaf kommt schneller.« Er zitiert noch einen interessanten Spruch der mittelalterlichen Schule von Salerno, der zahlreiche bekannte Ärzte angehörten:

»Post pirum da putum,
Post pomum vade cacatum!«
(»Nach der Birne – pipi
nach dem Apfel – kaka.« [52]

Abführend sind vor allem gekochte Äpfel; ansonsten gilt der Apfel als Blutreinigungsmittel, er soll den Körper von Giftstoffen reinigen und sich daher bei Rheuma, Gicht, Leber- und Nierenkrankheiten, Arterienverkalkung, Fettleibigkeit und Hautkrankheiten bewähren. Natürlich darf auch der Hinweis auf Evas Apfel nicht fehlen – die Frucht der Gesundheit muß auch eine Frucht der Schönheit sein.

Die modernen, wissenschaftlich ausgerichteten Drogenkundler fanden in rohen, unreifen Äpfeln das Propektin, das sie gegen Durchfall, Ernährungsstörungen, bei Hautkrankheiten und besonders auch in der Kinderheilkunde empfehlen. Die getrockneten Apfelschalen enthalten viel Pektin (gelierenden Pflanzenstoff); man kann es auch aus den Früchten oder den Rückständen der Mostbereitung gewinnen. Apfelschalen sind Bestandteil vieler Gesundheitsteemischungen. Amerikanische Forscher konnten nachweisen, daß der Apfel den Menschen bis ins hohe Alter dynamisch erhält. Zum Beweis wird angeführt, daß berühmte Persönlichkeiten wie Napoleon, Bismarck oder Churchill täglich große Mengen an Äpfeln verdrückten, dabei ein beachtliches Alter erreichten und aktiv blieben, wenn man sie ließ!

Der Apfel – Frucht der Liebe

»Frauenapfel« war schon immer eine gebräuchliche Bezeichnung für die Brust. Nach einem »Leibdiener der Schönheit« aus dem 17. Jahrhundert sind Brüste schön, »wenn solche apfelförmig, weiß wie neugefallener Schnee, und so groß seyn, als eine jede mit ihrer Hand bedecken kann, welches dann das rechte Maß dieses schwesterlichen Paares seyn soll. Soviel vom Wohlstand der Brüste.«

In der »Ruhestatt der Liebe« von Amaranthus heißt es:

»Soll der Marmor deiner Brust,
Welchen du mit Fleiß verhüllest,
Nicht zum Lieben tragen Lust,
Wenn er auf und nieder quillet?
Ach, die Äpfel sind zu schöne,
Lisimene!«

Überhaupt stand in der »galanten« Zeit die Verherrlichung der Brüste, schon immer Inbegriff erotischer Anziehungskraft der Frau, obenan. Sogar ein früher Vorläufer der weiblichen Emanzipation, der Schriftsteller T.G. von Hippel, macht das in seinem Traktat »Über die bürgerliche Verbesserung der Weiber« (1792) deutlich:

»Sonst muß ich noch anmerken, daß der größte Reiz des Frauenzimmers im Busen besteht. ... Ein nacktes Frauenzimmer wird sich, ob es gleich an anderen Orten noch nötiger wäre, den Busen (weil der Blick ihn zuerst erreicht und sie durch eine Bedeckung der Küste sich vor einer Landung verwahren will) mit den Händen verhalten. Die Natur selbst hat den Busen für den größten Reiz erklärt und als das beste Brodt ans Fenster gelegt.«[53] Die barocke Vorliebe für schwellende Formen konnte den Apfelbusen nicht übersehen. Hofmann von Hofmannswalden (1617-1679):

»Sie sind ein Paradies, in welchem Äpfel reifen,
Nach deren süßer Kost jedweder Adam lechzt. ...
Ein aufgeputzer Altar, vor dem die Welt sich beuget. ...
Ein Rosenstrauch, der auch im Winter Rosen bringt. ...
Zwey Bette, wo Rubin und Marmel Hochzeit machen,
Ein Bergwerk, dessen Grund zwey Demant-Steine zeigt.«

Oder:

»Seine Knospen täuschten selbst den Schmetterling, der sich darauf niederließ, weil er sie für wirkliche, eben sich erschließende Blumenblüten hielt! Und als der Busen der Geliebten reifer wird ›von kosender Hand zu glühendem Leben erschlossen‹, flattert gar ein kleiner Vogel darauf, weil ihm die purpurne Knospe die köstlichste Erdbeere dünkt, die er je erschaut.«[54]

Aber schon die alten Griechen waren Grabscher. Beispiel: »Phryge ist schweren Verbrechens angeklagt; der Gerichtshof ist versammelt, schon neigt sich die Waage, die schöne Sünderin soll verurteilt werden. Da reißt Hypereides ihr das Gewand auf und entblößt des Busens strahlende Herrlichkeit, und der Schönheitssinn der Richter läßt sie davor zurückschrecken, die Trägerin solcher Reize zu verurteilen.«[55]

Nonnos nennt die Äpfelchen der weiblichen Brust »Wurfspeere der Liebe«. Derselbe Autor schreibt, wie Dionysos »der Brust des vor ihm stehenden Mädchens die liebende Hand nähert, wie er scheinbar zufällig die ausladende Rundung des Kleides berührt und beim Befühlen der schwellenden Brüste die Hand des weibertollen Gottes bebt«. Dabei sagt Dionysos: »Als Lohn halte ich zwei Äpfel in der Hand, die als Zwillingsfrucht auf einer Erde wuchsen.«

Bei Theokrit fragt das Mädchen: »Was tust du, du Satyr, warum greifst du mir an die Brüste?« Worauf Daphnis erwidert: »Um deine schwellenden Brüste erst mal zu probieren.« Ariost dichtet:

»Könnt' er nicht ganz genau die helle Träne,
Die zwischen Rosen und Ligustern quillt,
Der herben Äpfel holdes Paar betauen,
Das goldne Haar vom Wind gefächelt schauen.«

Oder:

»Der runde Hals erreicht den Schnee an Reine,
Die Brust ist weiß wie Milch und voll und schön,
Zwei Äpfel herb und wie von Elfenbeine
Gehn auf und ab, wie bei der Lüfte Wehn
Das Meer netzt und entblößt des Ufers Steine« [56]

»Das Äpfelchen begehren«; »Vom Äpfelchen essen mögen« bedeutet aber nichts anderes als mit einem Mädchen Liebe machen, gemeint ist nicht nur die Brust. Auch die männlichen Hoden verglich man mit Äpfeln, wie aus einem mecklenburgischen Volksrätsel vom Apfelbaum hervorgeht:

»Uns Knecht Knuust
hett'n Ding as ne Fuust;
weiht de Wind,
so bammelt das Ding.« [57]

Aus einem russischen Hochzeitslied:

»Bei einer Fichte schlief sie schwer,
und als sie aufstand, war sie keine Jungfrau mehr.
Sie rollt sich her, sie rollt sich hin
und hatte schon den Apfel drin.«

Das Fruchtbarkeitssymbol Apfel wurde sehr bald zum Mittel des Liebeszaubers schlechthin. Mit seiner Hilfe konnte ein Mädchen leicht die Liebe des Angebeteten gewinnen: indem es einen Apfel unter der Achsel auf der bloßen Haut trug, bis er ganz von Schweiß durchtränkt war und ihn dann dem ahnungslosen Knaben seiner Wahl zu essen gab. Mit Schweiß und Apfel geht die Liebe auf den Partner über, und der entbrennt augenblicklich in Liebe. Noch wirksamer ist es, wenn sich das Mädchen den Apfel während der Nacht zwischen die Beine auf die Scham legt, ihn durchschwitzen läßt und ihn dann dem Geliebten überreicht.[58] Wollte man durch geheimen Zauber die Liebe des anderen gewinnen, konnte man auch bestimmte Zeichen in einen Apfel ritzen und ihn dem Partner reichen. Das Teilen eines Apfels unter Liebenden ist trotz der Katastrophe im Paradies Liebeszeichen geblieben. Ritter von Perger berichtet:

»Am Andreastag, dem großen Lostag für Unverheiratete, erbittet sich ein Mädchen von einer Witwe einen Apfel, theilt ihn schweigend in zwei Hälften, ißt die eine davon und legt die andere unter das Kopfkissen, um den Zukünftigen im Traum zu sehen.«

Und noch ein Rezept für Liebesäpfel: »An einem Freitag früh vor Sonnenaufgang gehe in einen Baumgarten und pflücke den schönsten Apfel, den du erreichen kannst. Hierauf schreib mit deinem Blut auf ein Stückchen weiß Papier den Namen und Zunamen deiner Geliebten. Dann nimm drey Haare von deiner Geliebten und drey von den deinigen zusammen und binde diesen Zettel damit zusammen, auf dem weiter nichts als das Wort SCHEWA mit deinem Blut geschrieben steht. Hierauf spalte den Apfel entzwei, nimm die Kerne heraus, lege an ihre Stelle deinen beyden mit den Haaren verbundenen Zettelchen hinein. Mit zweispitzigen Spießchen von grünem Myrtenholz vereinige die beyden Hälften des Apfels wieder miteinander und laß ihn wohl trocknen im Ofen, so daß er hart und ganz ohne Feuchtigkeit werden, wie die trockenen Fasten-Äpfel. Endlich wickle ihn in Lorbeer und Myrtenblätter und trachte, daß du ihn unter das Kopfkissen deiner Geliebten in ihr Bett legest, jedoch ohne daß sie es bemerke. Und bald wirst du die Proben ihrer Liebe empfangen.«[59]

Plagt aber ein Mädchen die Qual der Wahl unter seinen vielen Verehrern, so sammelt es Apfelkerne und bezeichnet sie mit den Namen derer, die für eine Heirat in Frage kommen. Nun heftet es die Kerne an seine Stirn, von der sie nach und nach herunterfallen. Der Kern, der am längsten haften bleibt, gibt einen eindeutigen Hinweis auf den würdigsten Mann.

In einer Erzählung der italienischen Novellenliteratur wird einem Mädchen ein Liebesapfel überreicht, das ihn allerdings einem Schwein vorwirft. Fortan verfolgte dieses Schwein den Überbringer des Liebesapfels unablässig.[60]

Auch ein Hund kann am Liebesorakel teilhaben: In den Rauhnächten (zwischen Weihnachten und Dreikönige) warfen die Mädchen einen Schuh dreimal über einen Apfelbaum; aus der Richtung, aus der in diesem Moment ein Hund bellte, kam bald der Zukünftige. [61] Apfelblüten überbrachten Liebesbotschaften. Die Überreichung der Blüte galt als zarte Anfrage.

Als Liebesorakel hatten schon die Römer den Apfel verwendet. Horaz erzählt in seinen »Satiren« von Liebenden, die Apfelkerne gegen die Decke schnippten; berührten sie die Decke, wurde ihre Liebe erwidert.

Die englischen Mädchen sprechen den Namen ihres Geliebten aus, während sie Apfelkerne ins Feuer werfen. Zerplatzt ein Kern mit hörbarem Knall, wird ihre Liebe erwidert; verbrennt er geräuschlos, ist ihre Liebessehnsucht vergebens. Andere stecken einige Nadeln in einen Apfel und geben einer davon den Namen ihres Geliebten; sie verwahren dann den Apfel in einem Handschuh, den sie am nächsten Samstag vorm Zubettgehen unters Kopfkissen legen; dabei klatschen sie in die Hände und rufen:

»Wenn ihr der seid, der bald mich freit,
zur echten Braut mich macht,
dann kommt nur schnell und seid zur Stell'
an meinem Bett heut Nacht.«

Wollte jemand alle Weiberherzen brechen, mußte er die Namen von drei Dämonen in einen noch am Baum hängenden Apfel ritzen und dabei sprechen: »Ich beschwöre dich, Apfel, mit diesen drei Namen, die du nun trägst, jeder Frau oder Jungfrau, die dich berührt, so heftige Liebe zu mir einzuflößen, daß sie dahinschmilzt wie Wachs im Feuer.« – Die Frau, die einen Mann für sich gewinnen will, muß den eigenen Namen, den Namen des Mannes und den von drei Dämonen (Cosmer, Synandy und Heupides) auf die Schalen schreiben und dabei sprechen: »Ich beschwöre dich, Apfel, bei diesen eingeritzten Namen, jedem, der davon ißt, brennende Liebe zu mir einzuflößen.«

Diese Praktiken der Liebesmagie führten erstaunlicherweise oft zum Erfolg. Das lag daran, daß die »Opfer« meist willig waren; sie wußten in der Regel um die Bemühungen des anderen und spielten mit.

Im keltischen Horoskop steht der Apfelbaum für die Liebe. Er wird den im Zeitraum vom 23.12. – 1.1. und 25.6. – 4.7. Geborenen zugeordnet. »Zwar ist der Apfelbaum nicht gerade sehr kräftig gebaut, aber wieviel Anmut und Charme besitzt er, wieviel persönliche Ausstrahlung und Anziehungskraft. Und diese Anziehungskraft auf das andere Geschlecht verliert bis ins hohe Alter nicht an Wirkung. Einfühlsam das ganze Leben lang, mal glücklich, mal unglücklich verliebt, ist er immer zu Flirts oder Abenteuern bereit. Findet er eine zufriedenstellende Partnerschaft, so wird ihm seine Vernunft die Seitensprünge verbieten, denn sein sehnlichster Wunsch ist es, zu lieben und geliebt zu werden.

Trotz seiner Schwäche für Liebeleien ist der Apfelbaum im Grunde ein treuer und zärtlicher Partner. Die Fähigkeit, sich eigennützig zu verhalten, fehlt ihm völlig. ... Leider führt das aber auch manchmal dazu, daß diese Güte und Großzügigkeit ausgenützt wird.

Im Inneren des Apfelbaumes schlummern die Anlagen zu einem Wissenschaftler und unter günstigen Bedingungen erreicht er viel, kommt zu Würden und Ansehen. Aber eigentlich lebt er gern in den Tag hinein, denkt nicht an Morgen. Oft ist er zerstreut – im Grunde ein sorgloser Philosoph mit einem Quentchen Phantasie.« [62]

Andere Obstbäume

Den Germanen waren lediglich die Baumfrüchte Schlehe, Buchecker, Eichel und Haselnuß bekannt. Alle anderen heute kultivierten Obstarten wurden von den Römern bei uns eingeführt. Sie regten aufgrund ihrer Farbe, ihrer Form und ihres Geschmacks die Phantasie des Volkes mächtig an. Viele Bräuche bildeten sich um diese Bäume: auch sie wurden als Sitz der Götter und Geister verehrt und für den Liebeszauber verwendet.

Die ersten Früchte eines Obstbaumes sollte der Besitzer einer schwangeren Frau schenken, damit der Baum weiterhin fruchtbar blieb. Andererseits durfte ein Obstbaum niemals von einer Frau gepflanzt werden, die ihre monatliche Blutung hatte, um nicht die Erträge des heranwachsenden Baumes zu mindern. Wenn allerdings eine schwangere Frau einen Baum, der zum ersten Mal trug, umarmte, konnte das wieder wettgemacht werden. Noch wahrscheinlicher wurde eine reiche Obsternte, wenn eine Frau das Umarmen übernimmt, die bereits mehrere Kinder geboren hatte.

Zahlreich sind die Hinweise auf eine magische »Behandlung« der Bäume, die ein üppiges Wachstum garantieren sollten. Einige Wachstumsbeschwörungen erinnern an die heidnischen Baumopfer. Dazu gehört das »Baumfüttern«: Zumeist am Heiligabend brachte man Speisereste in den Obstgarten und verteilte sie unter die Bäume; die sollen's mit einer reichen Ernte lohnen. Deshalb wurden die Bäume auch mit Most, Milch oder Wasser, in dem ein Schwein abgebrüht worden war, begossen. An die alten Baumopfer erinnert auch das Vergraben von toten Hunden oder Katzen oder gar von lebenden Tieren unter Obstbäumen. Andere hielten mehr vom »Baumküssen«; dabei füllte man den Mund mit Krapfen und küßte den Obstbaum mit den Worten: »Baum! Baum! ich küsse dich, werd so voll wie mein Mund.« Andere wiederum glaubten, die Bäume würden reichlicher tragen, wenn man ihnen zu Neujahr Geschenke brachte.

Verbreitet war auch das »Bäumeschütteln«, um eine gute Ernte zu beschwören. Das mußte aber zu bestimmten Zeiten geschehen und war natürlich besonders erfolgreich, wenn Schwangere diese Arbeit übernahmen. In Böhmen wusch man sich am Karsamstag um neun Uhr vormittags, wenn die Glocken wieder läuten durften, Gesicht und Hände am Zusammenfluß von zwei Bächen, trocknete sich nicht ab und schüttelte sodann alle Bäume im Obstgarten. Andere hielten das »Schlagen« der Bäume für die geeignete Methode, zu einer guten Obsternte zu kommen; das hatte man wohl dem Schlag mit der Lebensrute abgeguckt; so wie man den Menschen »pfefferte«, um ihn gesund und fruchtbar zu machen, so sollte man auch mit den Obstbäumen verfahren.

Wollte ein Baum partout nicht tragen, unternahm man in der Heiligen Nacht einen letzten Versuch. Mit einem Beil hieb man kräftig auf den Baum ein; wenn er das überlebte, konnte er nur noch mit einer reichen Ernte reagieren. Im Elsaß beklopfte man die Obstbäume am Karfreitag mit einem Holzscheit, und der Fachmann hörte dann am Klang, ob der Baum tragen würde oder nicht. Andere hielten mehr davon, mit einer Flinte durch das Geäst der Bäume zu schießen; vielleicht wollte man jedoch mit dem Lärm auch nur die bösen Geister vertreiben, die den Bäumen Mißernten anhexten.

Auch darf man den Schnee nicht von den Bäumen schütteln, will man keine Mißernte riskieren. Bäume, durch die der Rauch der Fastnachtsfeuer zieht, bringen viele Früchte; wenn man allerdings in der Heiligen Nacht Brot backt, so daß der Rauch aus dem Backofen durch die Obstgärten streicht, gibt's nur wenig Obst im kommenden Jahr; die Bäume bleiben von Raupen frei, wenn man sie am Karsamstag während des Glorialäutens mit einem Besen abkehrt, sie am gleichen Tage bei Sonnenaufgang schüttelt oder an Fastnacht beschneidet. Gegen den Vogelfraß stellte man einen Stab unter den Baum, mit dem der Tischler das Leichenmaß genommen hatte; wenn ein Baum schon einige Jahre keine Früchte mehr gebracht hatte, legte man Steine auf seine

Äste, die die Früchte markieren sollte; der Baum schämte sich dann und war nun bemüht, viele Früchte zu bringen.[63]

Die Früchte eines Obstbaumes darf man auf keinen Fall zählen, sonst fallen sie alle ab; wenn von einem Obstbaum die ersten Früchte gestohlen werden, so wir er nie wieder tragen. Allgemein hieß es im Volke, daß das Obst von Knaben gepflückt werden sollte und nicht von Mädchen oder Frauen, weil die wegen ihrer Menses die Früchte verderben würden. Die Menstruation der

Apfelbaum

Birnbaum

Frauen galt als »schädlich und giftig«. Obstbäume durften von Frauen weder gepflückt noch gepflegt werden, sie würden dann überhaupt keine Früchte oder nur verdorbenes Obst hervorbringen.[64]

Was unsere Vorfahren als selbstverständlich hinnahmen, nämlich, daß Pflanzen auf bestimmte äußere Reize genau so reagieren wie Menschen, wurde übrigens inzwischen durch Messungen an Pflanzen überprüft. Clive Backster, ein amerikanischer Experte für Lügendetektoren, führte an verschiedenen Pflanzen Messungen durch, die von vielen Wissenschaftlern kontrolliert wurden. Er schloß die Pflanzen an einen Elektroencephalographen (EEG) an und kam zu erstaunlichen Ergebnissen: so entdeckte Backster intime Beziehungen zwischen Mensch und Pflanze. Wer der Pflanze viel Zuneigung entgegenbringt, dem ist sie zugetan und sie lohnt das mit besserem Wachstum. Er konnte auch nachweisen, daß die Pflanze Angst empfinden kann von Feuer und Messer, wenn man ihr ankündigt, sie damit zu quälen. Sie stellt sich tot oder fällt in eine tiefe Ohnmacht, wenn sie sich in irgendeiner Weise bedroht fühlt.

Hier eines der Experimente Backsters: »Die erfolgversprechendste Methode, bei einem Menschen eine Reaktion auszulösen, die stark genug ist, einen Galvanometer-Ausschlag zu verursachen, besteht darin, ihn zu bedrohen. Genau das wollte Backster mit der Pflanze tun: er tunkte ein Blatt des Drachenbaumes in die Tasse mit heißem Kaffee. ... Das Meßinstrument zeigte keinen nennenswerten Ausschlag. Backster überlegte ein paar Minuten, dann dachte er: Ich will das Blatt, an dem die Elektroden angehängt sind, versengen. In demselben Augenblick, in dem er daran *dachte*, und noch bevor er nach einem Streichholz greifen konnte, änderte sich das Diagramm in dramatischer Weise: die Feder beschrieb eine langgezogene Kurve nach oben. Backster hatte sich nicht bewegt, weder in Richtung Pflanze noch in Richtung Polygraph. Sollte die Pflanze etwa seine Gedanken gelesen haben?«[65] Die Fruchtbarkeitsriten unserer Vorfahren erscheinen damit in neuem Licht.

Der Birnbaum *(Pirus communi)*

Die wilden Birnbäume mußten bei den Germanen eine besondere Bedeutung gehabt haben, denn sie wurden von den christlichen Missionaren mit verbissenem Eifer in großer Zahl gefällt.

Man erzählt, daß der böse Jäger Hoperli in einem Birnbaum in der Nähe von Lopfing wohnte. An dem hängte er sich auf und seitdem ging er dort um und tat Mensch und Tier noch post mortem Böses an. Man beschloß daher, den Birnbaum zu fällen. Axt und Säge schafften es jedoch nicht, sie wurden stumpf und aus den Wunden, die man dem Baum zufügte, floß Blut. Erst als man einen Kapuzinermönch zu Hilfe holte, gelang es, den Baum zu vernichten.[66]

Das Romanus-Büchlein, welches »bewahret den Menschen vor Unglück und Krankheit, Feuer und Wassergefahr, Diebstahl, Verwundung durch Waffen aller Art, sowie vor aller Zauberei in und außer dem Haus«, gibt einen Ratschlag, »wenn einem etwas gestohlen worden, daß der Dieb es wieder bringen muß«:

»Gehe des Morgens früh vor Sonnen-Aufgang zu einem Birnbaum und nimm drei Nägel aus einer Todtenbahr oder Hufnägel, die noch nie gebraucht sind, halt die Nägel gegen der Sonnen Aufgang und sprich also: O Dieb, ich binde dich bei dem ersten Nagel, den ich dir in deine Stirn und Hirn thu schlagen, daß du das gestohlene Gut wieder an seinen Ort mußt tragen, es soll dir so wider und so weh werden, nach dem Menschen und nach dem Ort, da du es gestohlen hast, als dem Jünger Judas war, da er Jesum verrathen hat; den anderen Nagel, den ich dir in deine Lung und Leber thu schlagen, daß du das gestohlen Gut wieder an seinen Ort sollst tragen, es soll dir so weh nach dem Menschen und dem Ort werden, da du es gestohlen hast, als dem Pilato in der Höllenpein; den dritten Nagel, den ich dir Dieb in den Fuß thu schlagen, daß du das gestohlene Gut wieder an seinen vorigen Ort mußt tragen, wo du es gestohlen hast. O Dieb, ich binde dich und bringe dich durch die heiligen drei Nägel, die Christum durch seine heiligen Händ und Füß sind geschlagen worden, daß du das gestohlene Gut wieder an seinen vorigen Ort mußt tragen, da du es gestohlen hast.«[65]

Erzählt wird auch, daß Hexen mit den Kernen und der Rinde des Birnbaumes allerlei Zauberei übten und ihren Feinden Krankheiten anzauberten. Die Wurzeln dieses Baumes machten Frauen unfruchtbar oder brachten sie bei der Geburt in Schwierigkeiten. Andererseits macht das Heranreifen des Menschen zum würdigen, weisen Wesen uns die am Baum reifende Birne vor:

»Die grüne Birne veränderte ihren Geschmack und wird süß unter den warmen Strahlen der Sonne. Ebenso verbessert der unerfahrene Mensch mit der Zeit sein stürmisches Wesen. Die Zeit mildert und verbessert jeden Irrtum. Die Zeit ist der Lehrmeister für eine gute Lehre. Die Dummen macht sie weise und läßt ihre Vernunft schön und gut werden. Reifen die Früchte unter der Sonne, so lassen auch die Jahre die Menschen reifen.«

Oder:

»Das Wertvollste kommt später hinzu. Was früh reif ist, ist früh faul. Das Kind, das einem weisen Manne gleicht, wird als Mann kindisch und närrisch.«

Für das Maß der rechten Zeit war immer der Obstbaum zuständig:

»Ein Baum der nicht zur rechten Zeit
Herfür bringt sein Frucht und Getreid,
Derselbig der taugt nirgends zu
Nur daß man jhn abhawen thu
Und werff jhn in des Fewers Rauch:
Also ist der Gottlose auch
Der nur im Munde viel Glaubens hat
Und nicht beweist es mit der That.«[68]

In der Sympathie-Medizin eignete sich der Birnbaum hervorragend zum »Wenden« von Krankheiten. So gab's vormals unzählige Birnbäume, die über und über mit Bohrlöchern übersät waren, in die man Gicht, Zahnschmerz und andere Leiden verpflockt hatte.

Aus: H. Bock, Kräuterbuch, 1546

Das »Wenden« war eine weitverbreitete und oft angewandte magische Heilmethode. So ging man zum Beispiel bei Zahnschmerzen zum Birnbaum und sprach:

»Birnbaum, ich klage dir,
Drei Würmer, die stehen mir,
Der eine ist grau,
Der andere ist blau,
Der dritte ist rot,
Ich wollte wünschen, sie wären alle todt.«

Die krankheitserzeugenden Würmer sollten in und unter der Rinde der Bäume sitzen. Sie waren identisch mit bösen Geistern, die ohnehin oft Wurmgestalt annahmen. Sie schlichen sich nach uraltem germanischem Glauben in Gestalt von Schmetterlingen, Raupen, Würmern und Kröten in den menschlichen Körper und verursachten dort die typischen »Wurmkrankheiten« Schwindsucht, Gicht, Rheuma und bohrende Zahnschmerzen, Kopf- und Magenschmerzen. Noch heute wird das Nagelgeschwür (Panaritium) als »Fingerwurm« bezeichnet.

»Der Glaube an dieses Gewürm beruht auf einem ganz einfachen psychologischen Vorgang und taucht auch heute noch in den Fieberphantasien von Kranken für Momente wieder auf. Aus dem wilden Walde, meint man, kämen diese Geister zu Menschen und Vieh. Der Baum, dessen Rinde sie beherberge, entsende sie entweder aus Lust am Schaden, oder um sie loszuwerden, weil sie in seinem eigenen Leibe, wie in den Eingeweiden des Menschen, verzehrend wüteten.«[69]

Wie der Baum das Ungeziefer aussenden kann, um den Menschen zu quälen, so kann er es auch wieder zurücknehmen; das geschieht beim »Wenden« von Krankheiten vom Menschen auf den Baum.

Hildegard von Bingen hielt von der Birne nicht viel: »Die Frucht des Birnbaums ist schwer und rauh. Wer sie roh im Übermaß ißt, bekommt davon Kopfschmerzen und Atembeschwerden. Gekocht gegessen, beschwert sie zwar ein bißchen den Magen, fördert aber die Verdauung, weil sie alles Schlechte mit sich abführt.«

Diese Eigenschaften bezogen sich wohl auf die Holzbirne, die damals auch Furzbirne genannt wurde. Von den späteren Birnenzüchtungen hieß es dann, sie hätten stopfende Wirkung, das brachte ihnen den Namen Arschklammer oder Arschmarterer ein.

Die Salerner Schule, in der berühmte Ärzte um die Mitte des 9. Jahrhunderts lehrten, äußerte sich so über die Birne: »Auch mit den Birnen sei auf der Hut! Man muß sie begießen. Roh die Birne vom Baum, ohne Wein, zu essen ist giftig. Sind die Birnen ein Gift, sei dem Birnbaum geflucht. Gegengift sind Birnen, gekocht, doch meide die rohen. Solche beschweren den Magen, gekochte hingegen erleichtern. Wer aber Birnen genießt, er heile es wieder mit Trinken.«

Es blieb dem Naturheiler Mességué vorbehalten, die wahren Heilwirkungen der Birne zu entdecken. Er meint, daß Rinde, Zweige, Knospen, Blätter und Blüten des Birnbaums medizinisch Verwendung finden können. Nach ihm sind alle Teile des Baumes harntreibend, beruhigend, fieber- und blutdrucksenkend und zusammenziehend.

»Die Birne schenkt uns geistige Jugend«, heißt es in dem Buch lebenselixiere«.[70] Der Wirkstoff, der für unsere geistigen Leistungen so bedeutsam ist, Phosphor, ist allerdings in der Birne gar nicht so reichlich vorhanden. Die Birne enthält nicht mehr Phosphor als die Pflaume oder die Kirsche und weniger als der Pfirsich oder viele Beerenfrüchte.

In der erotischen Literatur kann auch die Birne auf eine lange Tradition zurückblicken. Bei Griechen und Römern war sie den Liebesgöttinnen geweiht. Nach der Liebesgöttin Venus trug eine Birnensorte den Namen »Veneraria«, was unserer Sorte »Liebesbirne« entsprechen dürfte. Albertus Magnus ordnete allerdings den Birnbaum dem männlichen Geschlecht zu, weil sein Holz derb ist und seine Früchte groß sind. Er meinte auch, wenn man eine Nachgeburt unter einem Birnbaum vergräbt, werde das nächste Kind ein Knabe sein.

»Birnenstielchen nennt man die Bübchen, im Gegensatz zu den Pflaumen, den Mädchen. Das Stielchen deutet auf den Penis, die daran hängende Birne auf den Knaben bzw. Mann. Die Redewendung ›Kleine Birne, langer Stiel‹ deutet auf den langen Penis, den kleine (bzw. verwachsene) Männer haben sollten; es wird von üppigen Frauen gesprochen, die kleine Männer den großen vorzuziehen pflegen.«[71]

Von diesen Gedankenspielen bis zu den Vergleichen zwischen der Form der Birne und den üppigen Schenkeln, Lenden, Waden und Hinterbacken von Frauen war es nicht mehr weit. Birnensorten wurden dann auch mit Namen wie »Frauenschenkel« (Cuisse Madame), »Jungfernlende«, »Arschbackenbirne« oder »Liebesbirne« belegt. H.Bock erwähnt in seinem Kräuterbuch eine Birnensorte »Mammosa«, die mit der weiblichen Brust verglichen wurde.

Im 15. Jahrhundert heißt es:

»Do het ein pauer (Bauer) ein hibsche diern,
die priet (briet) die allerbesten piern (Birnen)
under ihrem hemd in ihrer kachel.
Ob jemant wer, der het den stachel,
wurd ihm der pier in seinem schlund,
die piern machten ihn gesunt.«

Piern und stachel – hier wird unumwunden gesagt, was die Männer bei den Weibern suchten. Zu der Zeit, als dieses Gedicht entstand, hatten die Menschen ohnehin ein recht unbefangenes Verhältnis zur Benennung der Körperfunktionen.

Das Treiben in den mittelalterlichen Badehäusern läßt sich aus einer Anordnung des Rates der Stadt Aschaffenburg aus dem Jahr 1496 ermessen:

»Ist es einem Hohen Rat zu Ohren kommen, daß der Badhäuser Sitte zuletzt nicht in Eintracht sei mit älteren Vorschriften des Hohen Rates. Zuvörderst schon ist es einen Hohen Rat zu Augen kommen, daß in der Früh und im Tagabscheiden Männlein gar auch Weiblein ohne jegliches Kleid von daheim fortgehen, nackt und bloß über die Straßen wandeln zu der Erquickung von den Badhäusern. Soll aber in den Badhäusern die Regel gelten, daß in dem Zuber ein jeglicher ein dünn Hemd trage, welches unter den Knien säumt.

Des Badhemdes nicht zu haben, ist ein unsauber Ding vernehmlich in jenen Badhäusern, so beiderlei Geschlechtern zu Nutz freigestellt. ... Netzen gar aber zweie, ein Mannsbild wie Weibsbild, sich zusammen in einem Zuber und sind nicht verehelicht oder ein eingeführt Brautpaar, so gerät leicht der Frau Hand, so nach dem Waschtuch suchet, unter Wasser an des Fremdmanns Lustrohr, und von dem Mann, der sich streckt, der große Zeh in des Fremdweibes Schamgrab. Von solcher Ursach kann viel böser Wille entstehen, ist mancher dessen im Bade schon gewahr geworden.«[72]

Mann und Frau im Bade
nach »Kalender deutsch«, 1498

Auffallend ist, daß die Birne nirgends als aphrodisisches Mittel angepriesen wird, obwohl ihre Form einigen Anlaß dazu gibt. Palladius, der Bischof von Helenopolis (364-431), empfahl dagegen in seinen Mönchsgeschichten einen Liquamen castimoniale (Keuschheitstrank), zu dessen Herstellung reife Birnen ausgepresst, gesalzen und in Fässern drei Monate aufbewahrt wurden. Vor dem Einnehmen wurde dieses Gebräu mit Wein vermischt; es half den Mönchen, den Versuchungen des Fleisches zu widerstehen.

Der Pflaumenbaum *Prunus domestika*

»Im Hofe steht ein Pflaumenbaum
Der ist so klein, man glaubt es kaum,
Er hat ein Gitter drum
So tritt ihn keiner krumm.

Der Kleine kann nicht größer wer'n,
Ja größer wer'n das möcht er gern.
's ist keine Red davon
Er hat zu wenig Sonn.

Den Pflaumenbaum glaubt man ihm kaum
Weil er nie eine Pflaume hat.
Doch es ist ein Pflaumenbaum,
Man kennt se an dem Blatt.« *(Bert Brecht)*

Dieser Baum spielt in der Mythologie und Volksglauben keine große Rolle. Umso mehr spukt die Frucht dieses Baumes in den Köpfen der Männer herum, sie reizte schon immer zu erotischen Vergleichen.

Dem Heilkundigen bot der Pflaumenbaum kaum Interessantes. Sicherlich konnte man auf den Pflaumenbaum Krankheiten »wenden«. Albertus Magnus gibt eine Anleitung, »Den Bruch zu heilen«: »Schreibe dieser nämlichen Person ihren Namen auf das Papier und bohre in drei Pflaumenbäume in jeden ein Loch und rüste zu jedem einen eisernen Nagel und tue in jedes Loch den Namen in der drei höchsten Namen.« Ein Überbein auf der Hand beseitigte man ganz einfach dadurch, daß man die Hand an einen Pflaumenbaum legte. Gegen die Gelbsucht hatte sich dieses Verfahren bewährt: In eine gedörrte Pflaume drückte man zwei oder sieben lebendige Läuse und verschlucke alles zusammen.[73]

Hildegard von Bingen gibt wertvolle Hinweise auf die Verwendung des »Prunibaums«: »Wenn irgendwelche Würmer am menschlichen Fleisch zehren, muß er die obere Rinde des Baumes und seine ausgedörrten Blätter nehmen, pulverisieren und auf die Stellen mit den Würmern streuen. Wenn die Würmer daraufhin anfangen, sich zu bewegen, so daß der Mensch es merkt, muß er Essig und etwas Honig mischen und über sie gießen; davon sterben sie. Wenn sie dann tot von den Wunden abgefallen sind, muß er auf die Geschwüre ein in Wein getauchtes Leinentuch legen. Es zieht den Eiter heraus, und so wird der Mensch gesund.

Die Frucht des Baumes ist Gesunden und Kranken schädlich,weil sie die Melancholie im Menschen weckt und die schlechten Säfte vermehrt. Alle Krankheiten, die im Menschen sind, bringt sie zum Ausbruch. Deshalb ist sie ihm so schädlich wie ein Unkraut.- Wer sie essen will, soll sie deshalb nur in kleinen Mengen genießen, so kann er sie vertragen; Kranken aber schadet selbst die kleinste Menge.«

Pflaumenbaum (nach altem Stich, aus: A. Lonicerus)

Wie beim Apfelbaum schüttelten trotzdem heiratswillige Mädchen zu bestimmten Zeiten den Pflaumenbaum und sagten den Spruch auf:

»Zwetschgenbaum i schüttl di,
Wo wird a Hunderl bell'n,
Wird si mein Liebster mell'n.«

Wollte ein Mädchen präzisere Angaben über seinen Künftigen in Erfahrung bringen, mußte es nach den Zauberpraktiken des 14. Jahrhunderts folgendes tun: »... item an dem weihnacht abent so geht eine zu einem scheiterhauffen und sucht ein scheidt aus dem hauffen in teuffels namen. Ergreifft sie ein langes, so wird ihr ein langer mann.«

Auch in der Rockenphilosophie (1759) heißt es: »Um zu erforschen, ob ihr Liebhaber gerade oder krumm ist, muß eine Dirne Weihnachtsabend an eine Klafter oder einen Stoß Holz treten und rücklings ein Scheit ausziehen: wie das Scheit wird ihr Liebster sein.«

Form und Farbe der Pflaume forderten zum Vergleich mit Hoden und Zitzen heraus, die Vertiefung längs über die ganze Frucht stellte Ähnlichkeit zur weiblichen Scham her. In Süddeutschland hießen einige Pflaumensorten »Bockshoden« oder »Geißhoden«, andere nannte man »Tittlespflaume« (von Titte für die Brustwarze oder die Brust überhaupt). In neuerer Zeit steht der Vergleich der Pflaume mit der Vulva im Vordergrund. In Halle hieß die Straße, an der die Freudenhäuser standen, »Pflaumenallee«. In der Grafschaft Mark wird in einem Rätsel nach der Pflaume gefragt, die auf einen Zaun gefallen ist:

»Juffer bruine
sat up usen tuine
un hadde n' pin in de fuet.«[74]

Auch bei den Moslems war die Pflaume als Sinnbild für die Vulva oder die Frau schlechthin verbreitet. Aigremont fand in der arabischen Literatur folgenden Ausruf: »Du Pflaume, du beste Pflaume, du Herz, du Einzige!« Bei den Arabern wie bei uns stand der Pflaumenbaum wegen seiner vielen Früchte für die Fruchtbarkeit des Weibes. Wollte eine Frau nach dem ersten Kind nicht mehr gebären, vergrub sie den Nabelstrang unter einem vertrockneten Pflaumenbaum, der als Sinnbild der Unfruchtbarkeit galt, und sprach dabei: »So wie dieser Zwetschgenbaum Früchte tragen wird, so möge auch ich gebären.« Änderte die Frau später ihre Meinung und wollte doch noch ein Kind, so ging sie frühmorgens zum gleichen Baum und grub die Nachgeburt wieder aus.

An die Besucher der Bordelle wurden früher Pflaumen verteilt; ob das jedoch einen Hinweise auf die aphrodisischen Wirkungen dieser Frucht geben könnte, muß bezweifelt werden; nirgends wird eine solche Wirkung bezeugt. Das ist umso erstaunlicher, als man früher gern von der Form bestimmter Pflanzen oder Pflanzenteile auf ihre Fähigkeiten, die Liebeskraft zu steigern, geschlossen hat.

Der Arzt L.C. Hellwig erwähnt in seinem »Recept-Buch vor die meisten Kranckheiten der Manns-Person« die Pflaume, die bei Syphilis helfen kann. Er beschreibt die Franzosen-Krankheit als »eine heßliche, ansteckende und gifftige Kranckheit, wobei sich unterschiedliche Zufälle ereignen. Hafftet sowohl bei Manns- als Weibes-Personen, sonderlich, wenn eine Mannes-Person mit einer unreinen französischen Weibes-Person in Venerischen Streit sich einlässet. Diese Kranckheit nimmt nicht allein die Geburts-Glieder, sondern endlich den gantzen Leib mit großen Schmertzen und Angst ein.«[75] Gegen diese furchtbare Krankheit, welche »frißt Arm und Bein weg, ja, macht vom Menschen ein lebendig Aas« empfiehlt Hellwig, Zwetschgen, die man vor dem Verzehr mit Zucker bestreuen solle.

Süßkirsche *Prunus avium,* Sauerkirsche *Prunus cerasus*

Der Kirschbaum gehört in der griechischen Mythologie zur Artemis. Damit wurde er zum Baum sowohl der Fruchtbarkeit als auch des Todes. Artemis, der Tochter des Zeus und der Lito, wurden Attribute beigegeben, die darauf schließen lassen, daß sie schon in der vorhellenischen Zeit ihren Ursprung haben muß, einer Zeit, als eine einzige Gottheit noch für die vielfältigen Bereiche der Fruchtbarkeit, der Mutterschaft und der Liebe zuständig war. Artemis hatte ihren Tempel in Ephesus (im heutigen Westanatolien), er gehörte zu den sieben Weltwundern. Dort wurde sie vornehmlich als Göttin der Fruchtbarkeit verehrt. Über Massilia (Marseille) gelangte ihr Kult nach Rom, wo sie in den Kult der Diana einging.

Diana

Artemis

Als Mondgöttin besuchte Artemis Nacht für Nacht ihren Geliebten Endymion in seiner Höhle in Latenos, und als Mondgöttin wurde sie auch mit einer Mondsichel als Haarschmuck abgebildet. Bei Homer war sie die jungfräuliche Jägerin, die »Herrin des Rotwilds«, die »Löwin der Frauen«. Sie war nicht die kindlich-naive Jungfrau; sie lebte zwar keusch und war auch unerbittlich gegen die Männer, dennoch war sie eine orgiastische Nymphengöttin der Liebe und der Fruchtbarkeit – aber auch die Göttin des Todes und der Wiederkehr.

Im Volksbrauch der folgenden Jahrhunderte spiegelten sich die vielfältigen Tätigkeiten der Artemis, der Diana und auch der vergleichbaren Göttinnen der Germanen wieder. Am bekanntesten sind wohl die Barbarazweige. Am Barbaratag (4. Dezember), aber auch zu anderen Terminen (Andreas-, Luzien- oder Thomastag) werden Kirschenzweige abgeschnitten und ins Haus geholt. Blühen die Zweige zum Weihnachtsfest auf, bedeutet das Glück, Hinweise auf die Fruchtbarkeit der Tiere, auf die Ernte und auf das Wetter. Mädchen schrieben den Namen des Angebetenen auf diesen Kirschzweig: blühte der bis Weihnachten, so wurde ihre Liebe erwidert; blühte er nicht – war das Mädchen keine Jungfrau mehr! Mädchen prophezeite er auch eine baldige Heirat:

»Am Barbaratage holt ich
Drei Zweiglein vom Kirschbaum,
Die setzt' ich in eine Schale:
Drei Wünsche sprach ich im Traum.
Der erste, daß einer mich werbe,
Der zweite, daß er noch jung,
Der dritte, daß er noch habe
Des Geldes wohl genug.
Weihnachten vor der Mette
Zwei Stöcklein nur blühn zur Frist.
Ich weiß einen armen Gesellen,
den nehm ich – wie er ist.« [76]

Die Barbarazweige wurden auch als Lebensrute verwendet, sie konnten aber noch mehr. Mit ihrer Hilfe wurden zu Weihnachten in der Kirche die Hexen entlarvt; die erkannte man daran, daß sie einen Holzeimer auf dem Kopf trugen. Aus dieser Verwendung der Kirschzweige schließt man, daß sie – wie andere Hexenerkennungsmittel auch – ursprünglich apotropäische Bedeutung hatte, vor Unheil schützen konnten.

In den Fruchtbarkeitsriten griff man gern auf die Kirsche zurück. So führte man Kühe, die nur schwer tragend wurden, um einen Kirschbaum herum, um dessen Fruchtbarkeit auf das Tier zu übertragen. In Serbokroatien zieht die kinderlose Frau im Wald den Ast eines wilden Kirschbaums herunter, kriecht dreimal durch und spricht dabei: »Wie du nicht unfruchtbar bist, so soll auch ich es nicht sein.«

Die Kirsche wurde oft mit den »leichten Mädchen« verglichen. Im Elsaß stellte man den Mädchen mit entsprechendem Lebenswandel einen Kirschzweig vor die Tür mit dem Bemerken. »Das ist der gemein Kirsebaum«, was soviel bedeutete, die treibt's mit jedem, und damit war dann die Dorfdirne gezeichnet. Um dieser Schande vorzubeugen, sollten die Eltern das erste Badewasser eines Mädchens an einen Kirschbaum schütten; danach hatte da Mädchen größere Aussichten, später einmal schön, edel und vor allem rein zu werden.

Durch die Sagen und Legenden, die sich unsere Vorfahren erzählten, geisterten immer wieder die Weißen Frauen. Sie leiten sich von keltischen Matronen und Feen oder von unseren Elbinnen aber [77], und sind zumeist Frauen, die der Erlösung harren. Es sind ehemalige göttliche Wesen und daher schön und mächtig. Über sie wurde der Bann gesprochen, aus dem sie sich nur unter schwierigen Bedingungen lösen konnten.

»Auf der wüsten burg des Frankensteins bei Kloster Allendorf erscheint alle sieben jahre eine weißgekleidete jungfrau über dem gewölbe sitzend und winkend. Als ihr einer folgen wollte, aber unschlüssig am eingang stehen blieb, kehrte sie um und gab ihm eine handvoll kirschen, er sprach ›'habt dank!‹ und steckte sie ein. Plötzlich geschah ein knall, keller und jungfrau waren verschwunden, zu haus besah der betäubte bauer die kirschen, die sich in gold- und silberstücke verwandelt hatten.«[78] Es war schwierig, die Weiße Frau zu erlösen: Derjenige, der die Erlösung vollbringen kann, mußte in einer Wiege geschaukelt werden, die aus dem Holz des Baumes gezimmert war, der zuerst als schwaches Reis aus der Mauer eines Turmes sproß. Verdorrte das Bäumchen oder wurde es abgehauen, so verschob sich die Erlösung, bis es von neuem ausschlug. Erschwerend kam noch hinzu, daß der Kirschkern, aus dem der Baum sproß, von einem bestimmten Vogel in der Mauerritze abgelegt werden muß.

Die Sympathie-Medizin, die Krankheiten auf den Kirschbaum übertragen sollte, ging ebenfalls seltene Wege. Die Westfalen gingen rückwärts zum Kirschbaum und bissen die Knospen ab, in der Überzeugung, damit die Krankheit abzubeißen. Das Schneiden von Haaren und Fingernägeln war für den »primitiven«, von der Angst vor Dämonen beherrschten Menschen eine wichtige Handlung. Er befürchtete, daß irgendein Gott, ein Dämon oder ein böser Mitmensch mit Hilfe der abgeschnittenen Haare oder Nägel Macht über ihn bekommen und ihm einen Schaden zufügen könnten. Es gab eine Unmenge von Vorschriften über Zeitpunkt und Art des Schneidens der Haare und Nägel und auch über ihre Verwendung, die einen Mißbrauch ausschließen sollten. Schon Zarathustra erließ die Bestimmung, die abgeschnittenen Haare und Nägel zu vergraben, damit sie nicht in die Hände böser Geister fielen, die dann Schadenszauber damit treiben könnten.

Hier ein Beispiel, wie man bei uns mit diesen Abfällen umging: »Wenn man am Karfreitag früh die Nägel an Händen und Füßen abschneidet, diese in ein Lümplein bindet und das an einem Kirschbaum aufhängt, so hat er das ganze Jahr kein Zahnweh.«[79]

Der Tau vom Kirschbaum hatte heilende Kräfte: Der Kranke legte sich nachts nackt unter den Baum und schüttelte, mit dem Rücken dem Baum zugewandt, den Tau auf sich herab.

Blüte

Früchte

In Masuren gab es eine umständliche Prozedur, um herauszufinden, ob jemand mit den »Weißen Leuten« (Bleichsucht) behaftet war: Man nimmt drei Kirschruten zusammen und schneidet sie in kleine Stücke, indem man spricht: eins nicht eins, zwei nicht zwei ... bis neun nicht neun! Dieses Verfahren wiederholt man dreimal, so daß man 3x27 oder 81 kleine Stäbchen erhält. Diese Stäbe wirft man in eine Schale mit Wasser, das man betend bekreuzigt und mit den Worten segnet: »Über den N.N. getauften komme Gott Vater, der Sohn und der Heilige Geist!« Schwimmen alle Stäbchen auf dem Wasser, so ist der Probant von »Weißen Leuten« frei, geht aber ein Teil von ihnen unter, so ist er mit ihnen behaftet, und zwar in dem Grade, als es das Verhältnis der untergegangenen zu den schwimmenden angibt.[80]

Die alten Kräuterbücher schenken der Kirsche nur wenig Beachtung. Die sauren Kirschen sind für den Bauch gut, »daß sie zertrennen und zerschneiden die große flegmata. das hartz von Kyrßen wein gemischt und getruncken, soll gut sein wider den alten husten, macht auch ein schöne haut am leib, ist gut zu einem hellen gesicht. Bringt lust zu essen«.[81]

In späteren »Kräutersegen« wird auf die abführende Wirkung der süßen Kirschen hingewiesen. »Doch huet man sich, die kerne zu verschlucken, da das Verschlucken derselben tödlich sein kann.«[82] Sie loben einen Absud aus Kirschenstielen als eines der besten Mittel bei starkem Husten und Katarrh; sie halten auch viel vom Kirschwein aus frischen Früchten, der angenehm, gesund und erfrischend sein soll.Ein Tee aus Kirschharz wird empfohlen bei »beschwerlichem und schmerzhaftem« Harnen, namentlich, wenn es durch übermäßigen Biergenuß hervorgerufen wurde.

Hildegard von Bingen meint von der Heilkraft der Kirschkerne: »Die Kerne der rohen Früchte soll man zerstampfen, mit ausgelassenem Bärenfett mischen und daraus eine Salbe machen; sie hilft bei einer Erkrankung, die wie Lepra aussieht. Gegen Beißen im Bauch soll man viel rohe Kerne essen, wenn es nicht von Würmern kommt. Kommt es aber von Würmern, muß man sie erst in Essig legen und dann nüchtern essen.«

Heute ist es recht still um die Kirsche als Heilmittel geworden. Lediglich M. Mességué, der alles über Heilkräuter weiß, empfiehlt einen Kirschstengeltee, der treibend wirken soll. Die Rinde des Sauerkirschenbaumes soll das Fieber senken und seine Stengel bei Bronchitits helfen.

Die moderne, wissenschaftlich ausgerichtete Phytotherapie (Pflanzenmedizin) fand im Fruchtstengel der Kirschen Gerbstoff und ein Glykosid, beide sind als Diuretikum (harntreibendes Mittel) und gegen Durchfall brauchbar. Ansonsten sind diese Stengel Bestandteil von »Entfettungstees«; die Engländer gebrauchen sie auch zum Einlegen von Gurken. – Die Kirschkerne enthalten bis 35% fettes Öl, das als Speiseöl Verwendung finden kann. – Die Blätter enthalten Gerbstoff, Querzizin und Cumarin, sie werden in der Volksmedizin bei Blutarmut eingesetzt.

Als Aphrodisiakum taugte die Kirsche nicht, ihre erotische Stärke lag auf dem Gebiet des Fruchtbarkeitszaubers und des Liebesorakels. Allerdings ist aus dem 18. Jahrhundert ein deutsches Rezept überkommen, das sich der Kirschkerne bedient, um das Venuswerk zu fördern: »Zerquetsche 15 Kirschkerne und übergieße sie mit 100 g Weingeist, lasse alles drei bis vier Wochen stehen und seihe ab. Dann soll morgens und abends je ein Teelöffel voll genommen werden und man tut sich einen vorzüglichen Dienst gegen die Impotenz.«[83]

Hier, wie bei vielen anderen alten Ratschlägen in Liebesdingen wird nicht streng zwischen Aphrodisiaka und Liebeszauber unterschieden. Dabei dienten die Aphrodisiaka nur der körperlichen Liebe, sie sollten zur höchsten Wollust verhelfen, während der Liebeszauber den glücklichen Einklang von Seele und Körper beim Liebesakt vermittelte.

Die Aphrodisiaka sind Liebesmittel, die Aphrodite, die Göttin der körperlichen Liebe, zur Verfügung stellt. Der Sage nach ermorderte der Gott Kronos seinen Vater Uranos, kastrierte ihn und warf die Geschlechtsteile ins Meer. Aus deren Blut und Samen bildete sich weißer Schaum, aus dem Aphrodite emporstieg – schön und sexy. Sie wurde als Aphrodite Urania die Göttin der reinen Liebe, als Aphrodite Genetrix war sie die Adressatin der Gebete von Mädchen und Witwen um einen Mann, als Aphrodite Porne war sie die Beschützerin der Prostituierten (griech. porne = Hure; davon ist auch der Begriff Pornographie abgeleitet). Sie gab auch den Aphrodisiaka den Namen, denen man zu allen Zeiten die Fähigkeit zuschrieb, die Geschlechtskraft zu steigern und dem Mann sexuelle Höchstleistungen zu bescheren. Sie werden seit alter Zeit in Form von Pflanzen, Teilen von Tieren oder anderen Substanzen verwendet, obwohl sie von den Ärzten strikt abgelehnt wurden, da sie die Gesundheit schädigen sollten. Auch die Dichter verwarfen sie, da sie die subtileren Gefühle verletzten und die Philosophen lehnten sie ab, weil sie der Vernunft zuwider waren.

Zahlreich sind die Anspielungen, die sich aus der wirklichen oder eingebildeten Ähnlichkeit der Kirsche mit den Geschlechtsorganen ergeben. Hängen die Kirschen paarweise zusammen, lag der Vergleich mit den Hoden oder den weiblichen Brüsten (Herzkirschen) nahe. In der knallroten Kirsche mit länglicher Form und einer feinen Riefe sah man eine Ähnlichkeit mit der männlichen Eichel.

Viele Rokoko-Bilder enthalten lüsterne Anspielungen auf die Kirsche: »Da findet man ein Bild von dem pikanten Baudouin, auf dem eine ländliche Schöne ihr Kleider hochhält, um die Kirschen des jungen Mannes, der auf der Leiter steht, mit ihrem Schoß in Empfang zu nehmen, oder ein anderes, auf der ein ländliches Liebespaar zusammensitzt, der Liebhaber Lubin steckt der geliebten Anette seine Kirschen in den Mund. Andere Bilder zeigen lüsterne Schöne, die begehrlich die Kirschen in ihrem Schoß betrachten oder hungrig von ihnen knuspern und verstohlen naschen.«[84]

Als »Maien« trat der Kirschbaum in doppelter Funktion auf; seine Zweige wurden an die Tür der getreuen Geliebten geheftet; oder die Burschen setzten beim Maifest Kirschbäumchen vor das Haus der Mädchen, die nicht mehr Jungfrau waren und schlossen sie damit vom Fest aus. Von einem Mädchen, das schwanger geworden war, sagte man auch, »sie ist zum Kirschbaum geworden«. Mit der Redensart »Die Kirschen brechen« bezeichnete man den verbotenen Liebesgenuß.[85]

In seinen Tischreden spricht Martin Luther von einem Mann, der mit einem Mädchen ein Kind hat. Dieses Mädchen verheiratet er mit einem anderen Mann, und von beiden Männern hieß es dann: »Der eine frißt die Kirschen aus und hängt den Korb dem anderen an den Hals.«

»Wie andere Baumfrüchte auch, ist die Kirsche eine Umschreibung für Mädchen im Sprichwort. Die schwarzen Kirschen sind die Brünetten, die roten die Blondinen. Die schwarzen gelten als die schöneren: ›Nach roten Kirschen versteigt man sich, nach schwarzen fällt man sich gar zu tot.‹ Um eine schwarze Kirsche steigt man höher hinauf als um eine rote.«[86]

Auch in einem Volksrätsel findet sich der Vergleich Kirsche – Mädchen:

»Es saß eine Jungfrau auf einem Baum,
Hatt' ein rot Röcklein an.
Im Herzen war ein Stein:
Rat, was mag das sein?«

Die Mecklenburger sagen es drastischer:

»Doe seet 'ne Juffer up'n Boom,
Hadd'n roden Rock an, Hadd'n roden Steen in'n Noors,
De heet Jungfer Dickoors.« [87]

Die Eiche

»Die Buche hat Größe, die Eiche Macht, die Buche ist die Waldkönigin. Dic Eiche der Waldkönig«, heißt es zur Hierarchie der Waldbäume.[88] Die Eiche – majestätisch, trotzig, knorrig, Sinnbild der Stärke und Kraft – hat nichts Nachgiebiges, nichts Mütterliches, sie ist ein hölzener Mann. Hildegard von Bingen meinte: »Die Eiche ist hart und bitter, es ist nichts Weiches an ihr.«

Bei den Germanen war sie (natürlich!) dem Donar, dem »Häuptling aller Götter«, geweiht; der wohnte sogar in der Eiche. Alle anderen indogermanischen Völker huldigten ebenfalls dem Eichenmythos.

Auch für die Römer war die Eiche ein Lebensbaum, die Griechen pilgerten zur Eiche von Dodona, aus der die Stimme des Zeus zu vernehmen war, der den Gläubigen seinen Willen kundtat. Die Slawen verehrten ihren Gott Perkumas in den Eichenwäldern. Alle diese Götzen-Bilder mußten verschwinden, als die Christen ihre Macht antraten: Bonifatius fällte die Donareiche in Geißmar und St. Martin die Göttereiche in Gallien.

Aber noch für Friedrich Hölderlin blieben »Die Eichbäume« Inbegriff des Wilden, Unzähmbaren:

»Aus den Gärten komme ich zu euch, ihr Söhne des Berges! Aus den Gärten,
da lebt die Natur, geduldig und häuslich,
Pflegend und wieder gepflegt, mit den fleißigen Menschen zusammen.

Aber ihr, ihr Herrlichen! steht wie ein Volk von Titanen
in der zahmeren Welt, und gehört nur euch und dem Himmel,
der euch nährt und erzog, und der Erde, die euch geboren.
Keiner von euch ist noch in der Menschen Schule gegangen,
Und ihr drängt euch fröhlich und frei, aus kräftiger Wurzel
Untereinander herauf und ergreift, wie der Adler die Beute,
Mit gewaltigem Arm den Raum, und gegen die Wolken
Ist euch heiter und groß die sonnige Krone gerichtet.
Eine Welt ist jeder von euch, wie die Sterne des Himmels
Lebt ihr, jeder ein Gott, in freiem Bunde zusammen.
Könnt' ich die Knechtschaft nur erdulden, ich neidete nimmer
Diesen Wald und schmiegte mich gern ans gesellige Leben.
Fesselte nur nicht mehr ans gesellige Leben das Herz mich,
Das von Liebe nicht läßt, wie gern würd' ich zum Eichbaum.«

Es ist eigentlich ungewöhnlich, einen Baum einer bestimmten Nation zuzuteilen, wie es der »Deutschen Eiche« geschehen ist. Der Baum ist zwar bei uns heimisch, aber das sind andere Bäume auch; kann man also die Klischees, die man der Eiche anhängt, auf die Deutschen übertragen und aus »knorrig, kernig, kraftvoll« deutsche Eigentümlichkeiten wie »unbeugsam, abweisend und stur« ableiten?

Der deutsch-jüdische Kulturphilosoph Th. Lessing sieht das so: »Wenn man von Deutschland spricht, so denkt man an die Eichen. Ich wüßte auch kein Natursymbol, darin ich so unmittelbar das Wesen deutscher Erde fände. Man sagt, die Eiche, welche Wiege und Sarg zahlloser deutscher Geschlechter gegeben hat, sei der stärkste aller Bäume; aber das ist nur wahr in dem Sinne, wie der Elefant das mächtigste aller Geschöpfe ist. Er ist zugleich das verletzlichste, das langmütigste und schutzbedürftigste.

Es gehören zunächst ganz seltene Glücksumstände dazu, daß eine kleine Eiche groß wird.«[89]

STECKBRIEFE

Neben der Buche und der Edelkastanie gehören die Eichen in die Familie der Buchengewächse (Fagaceae). Die Gattung Eiche im weitesten Sinne umfaßt 505 Arten, die in der nördlich gemäßigten Zone der Alten und der Neuen Welt zu Hause sind; dazu gehören auch immergrüne Eichen (Korkeiche, Kermeseiche).

Wenn man hierzulande von Eichen spricht, sind zumeist die Stieleiche oder die Traubeneichen gemeint. Sie sollen hier auch ausführlicher besprochen werden. Da sie in Erscheinungsbild und Lebensgewohnheiten so sehr übereinstimmen, gelten sie bei uns als Eichen schlechthin.

Stieleiche, Sommereiche *Quercus robur*

Die Stieleiche erreicht eine Höhe von 20-30, in seltenen Fällen auch von 50 Metern. Der Stamm erstreckt sich nicht durchgehend bis in den Wipfel, sondern teilt sich vorher und bildet dann mit seinen starken Ästen eine ausladende, unregelmäßige Krone. Er ist zunächst glatt und glänzend, später wird die bräunliche Rinde von tiefen Rissen durchfurcht. Dank seiner langen, tiefgreifenden, kräftigen Pfahlwurzel weist der Baum eine sehr gute Sturmfestigkeit auf. In der Jugend wächst die Eiche schnell heran. Das Höhenwachstum ist mit etwa 100 Jahren abgeschlossen, das Dickenwachstum hält an.

Die verkehrt-eiförmigen Laubblätter sind gebuchtet und gelappt, der Blattstiel ist ziemlich kurz. Da nur die äußersten der kleinen Zweige Blätter tragen, ist das Innere der Krone wenig belaubt. Als Folge davon dringt noch genügend Licht bis zum Boden durch, in den Eichenwäldern haben somit – ganz im Gegensatz zu Buchenwäldern – viele Sträucher und Kräuter eine Chance zum Überleben.

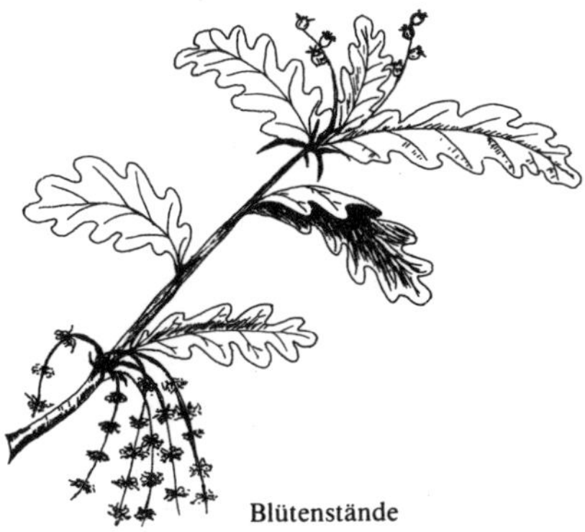

Blütenstände

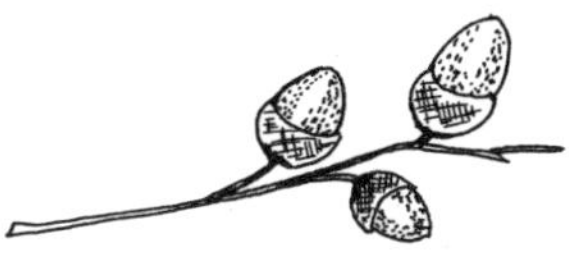

Früchte

Die Eichen brauchen eine lange Entwicklungszeit bis zur »Mannbarkeit; freistehende Eichen blühen mit 50 Jahren zum ersten Mal, in dichten Waldbeständen brauchen sie dazu gar 80 Jahre. Dieser Nachteil wird jedoch durch die lange Lebensdauer der Eichen wettgemacht; sie erreichen im Normalfall ein Alter von 500 Jahren, manche bringen es auf 750 und einige sogar auf mehr als 1000 Jahre.

Die unscheinbaren Blütenstände erscheinen mit den Laubblättern, männliche und weibliche Blüten finden sich auf dem gleichen Baum (einhäusig), sie sitzen jedoch weit entfernt von einander. Die männlichen Blüten bilden hängende, 2-4 cm lange Kätzchen; die weiblichen Blüten sind einzelständig und stehen in Ähren. Die großen Früchte (Eicheln) sitzen einzeln oder zu zwei bis fünf an einem gemeinsamen Stiel von 5-12 cm Länge (daher der Name Stiel-Eiche), ihre Basis ist von einem halbkugeligen Becher umschlossen.

Die schweren Eichenfrüchte werden nicht vom Winde verweht, sie fallen geradewegs zu Boden, wo sie von Wildschweinen wühlend und schmatzend gefressen werden. Auch die Eichhörnchen ernähren sich davon. Die Eichelhäher picken die Eicheln auf und vergraben sie an einem günstigen Platz. »Eigentlich ist sie für den Wintervorrat bestimmt, aber meistens wird sie vergessen und bekommt so Gelegenheit, ruhig zu keimen. Die Eichelhäher sind die besten Pflanzer des Eichenwaldes. Dank ihnen haben viele Eichen im Keimzustand doch noch einen Ausbreitungsflug unternommen.«[90]

Traubeneiche, Stein- oder Wintereiche *Quercus petraea*

Diese Eichenart ist der Stieleiche recht ähnlich. Sie hat einen schlanken, bis in die breite, regelmäßige Krone durchgehenden Stamm und erreicht eine Höhe von 18-30, manchmal auch von 40 Metern. Wichtigste Unterscheidungsmerkmale gegenüber der Stieleiche: ihre Blätter sind unten keilförmig, die Eicheln sind ungestielt, fast sitzend in den oberen Blattachseln. Da die Eichen Windbestäuber sind, kreuzen sich die beiden Arten oft, das erschwert die exakte Bestimmung.

HERKUNFT

Die Eiszeit verdrängte die Eichen aus unserem Gebiet; wo sie »überwinterten«, ist nicht bekannt. In der Frühen Wärmezeit (6000 v.Chr.) kamen sie in ganz Deutschland vor und während der Mittleren Wärmezeit (4000 v.Chr.), der Eichenzeit, bildeten sie mit anderen Edellaubhölzern wie Ulme, Esche, Linde und Ahorn ausgedehnte Eichenmischwälder. Später wurde die Eiche auf den besseren Standorten von der Buche verdrängt. Erst seit dem Mittelalter nahm man sich der Eiche stärker an, da die Eicheln für die Schweinemast wichtig wurden. Heute gibt es kaum noch reine Eichenwälder; in Mischwäldern – zusammen mit Buche, Hainbuche, Feld-Ahorn und Espe – stellt sie einen Anteil von etwa sieben Prozent des gesamten Baumbestandes in Deutschland.

STANDORT

Die Stieleiche stellt etwas höhere Ansprüche an den Boden als die Traubeneiche. Sie bevorzugt sandige oder schwere Lehme und auch Tonböden, die gut mit Wasser versorgt sind. Die Traubeneiche kommt auch auf leichteren Böden zurecht, wenn die Wasserversorgung gesichert ist. Sie ist ein Baum des gemäßigten Klimas und gedeiht nicht unter streng kontinentalen oder nordischen Bedingungen. Das natürliche Verbreitungsgebiet der Stieleiche reicht über das der Traubeneiche hinaus, am wohlsten fühlt sie sich im mitteleuropäischen gemäßigt kontinentalen Bereich.

NAME

Im Althochdeutschen hieß die Eiche eih, ein Wortstamm, der im ganzen germanischen Sprachraum verbreitet war: eik (altnordisch), ac (angelsächsisch), ek (altfriesisch). Im Niederdeutschen spricht man von Eke und Eike, im Rheinland heißt sie Ech oder Aich, und die Bayern nennen sie Aich, Oache oder Ache. Der Name Eichel ist eine Verkleinerungsform des Namens Eiche. Die Niederdeutschen nennen sie Ekker, Ekelte oder Aikerte; in Bayern heißen sie Aichel und die Alemannen sprechen von der Eichele. Die westfälischen Bezeichnungen Sunüte, Fiärkelnüte oder Masteiche erinnern an die Verwendung der Eicheln in der Schweinemast.

Die Familiennamen Eichinger, Eichler, Eichner, Eickmann, Eickmeier, Aichinger und Aichmann sind von der Eiche abgeleitet. Im Postleitzahlen-Verzeichnis der Bundesrepublik sind 600 Ortsnamen aufgezählt, die auf die Eiche Bezug nehmen, in Wirklichkeit dürften es aber über 1400 Ortsnamen sein. Dazu zählen Eich, Eichdorf, Eichelhain, Eichenburg, Eicherod, Eickhof, Eichholt, Eickelborn – um nur wenige zu nennen.

NUTZUNG

Beide Eichenarten liefern wertvolles Nutzholz, es ist schwer und hart, gut spaltbar und verzieht sich nicht. Da es Gerbstoff enthält, bleibt es jahrhundertelang haltbar, unter Wasser ist es nahezu unzerstörbar; zudem zeichnet es sich durch hohe Elastizität und Festigkeit aus. Für Erd-, Wasser- und Hochbauten ist es unentbehrlich, auch im Schiffsbau, für Bahnschwellen und im Modellbau wird es immer noch gebraucht. Die Hersteller von Whisky- und Sherryfässern können auf Eichenholz nicht verzichten.

Diese Vorzüge waren schon früh bekannt: »Under allem holtz ist kaum eines, das ›wahrhaftiger‹ und zu mancherley gebew und geschirr mehr gebraucht würt als Eichelholtz, seye es zu lande oder zu wasser. Die besten Weinfässer und Fischdonnen werden auß Eichenholtz gemacht und den Gebrauch der Rinden kennen am besten die Rotgerber und andere Handwercksleut. Alles, was am Eichbaum ist, ist für vielerley Kranckheiten und Wunden gut.«[91]

Im Mittelalter war die Eiche nicht nur der Landbevölkerung das wichtigste Bauholz, auch die Stadthäuser wurden aus Eichenholz gebaut. Erst als im 15. Jahrhundert das Holz knapp wurde, kam das Bauen mit Steinen in Mode.

Zur stärksten Konkurrenz der Baumeister um das Eichenholz wurden die Militärs. Die brauchten zum Bau ihrer Kriegsschiffe solche Mengen an Holz, daß die Eichenwälder Mitteleuropas fast ausgerottet wurden. Für die Briten war die Eiche gar »The father of ships«. Das Eichenholz wurde zum Politikum, als die eigenen Bestände aufgebraucht waren. England, Frankreich und Spanien gerieten in Verfolg ihrer Machtgelüste immer mehr in Abhängigkeit von den Rohstofflieferungen aus Skandinavien, Norddeutschland und Rußland.

Wie trickreich die Engländer bei der Holzbeschaffung vorgegangen sein mußten, belegt der Umstand, daß sie trotz der von Napoleon verhängten Kontinentalsperre aus den Ostseegebieten 600 Handelsschiffe, vornehmlich mit Eichenholz beladen, sicher nach Hause brachten.

Die Eiche hat noch bis in die jüngste Zeit ihre Bedeutung als Lieferant von Gerberlohe oder Lohrinde bewahrt. Sie enthält Tannin, eine Form der Gerbsäure.

Heute wird diese Substanz vornehmlich aus der amerikanischen Färbereiche (Quercus tinctura) gewonnen und in Gerbereien gebraucht. In Deutschland wurde die Rinde der heimischen Eichen herangezogen, um die Gerberlohe zur Bearbeitung von Leder zu gewinnen. Dazu wurden Eichen im Niederwaldbetrieb genutzt, die eigens zur Gewinnung der Rinden angelegt wurden.

Die stärkereichen Eicheln wurden lange Zeit als Kaffee-Ersatz verwendet. Bis zur Einführung der Kartoffel war die Eichel auch für die menschliche Ernährung wichtig, sie enthält immerhin 35 Prozent Stärke, sieben Prozent Zucker, bis zu 15 Prozent fettes Öl und sechs Prozent Eiweiß. Sie wurde geröstet, gemahlen und, mit Früchten vermischt, gegessen. Noch im Ersten Weltkrieg wurde den Russen ein Brot verordnet, das zu zehn Teilen aus gemahlenen Eicheln und zu zwei Teilen aus Roggenmehl oder Roggenkleie bestand.

Schon Plinius schreibt in seiner Naturgeschichte: »Eicheln machen den Reichtum vieler Völker aus. Bei Getreidemangel werden sie getrocknet, gemahlen und zu Brot verarbeitet ... in Asche gebacken schmecken sie besser.« Und Hesiod (8. Jahrhundert v.Chr.) schreibt sogar: »Wo gerechte Menschen wohnen, da ist Hungersnot unbekannt. Ihnen geben die Götter reichlich Unterhalt, Eichen, die mit Eicheln beladen sind, Honig, Schafe.«[92]

Roteiche, Amerikanische Eiche *Quercus robur*

Diese Eichenart wurde 1691 bei uns eingeführt, seither hat sie sich unserem Klima völlig angepaßt. Der Baum wird 25-30 Meter hoch, die Äste stehen weit ab; die Blätter sind eiförmig, zunächst nur buchtig gezähnt, später fiederspaltig und gebuchtet, sie färben sich im Herbst orange- bis scharlachrot. Die Eicheln sind kurz gestielt. Das raschwüchsige Holz ist schwerer als das der anderen Eichenarten, aber weniger dauerhaft.

Korkeiche *Quercus suber*

Diese Eiche ist im westlichen Mittelmeerraum zu Hause, sie ähnelt den besprochenen Arten, wird aber nicht so hoch und sie gehört zu den Eichenarten, die ihre Blätter nur alle zwei bis drei Jahre erneuern.

Etwa 30 Jahre nach dem Pflanzen beginnt man mit der Nutzung der Korkeiche. Die Rinde wird oben und unten rundum eingeschnitten und abgezogen. Die erste Ernte nennt man Jungfernrinde, sie ist nicht besonders wertvoll. Erst nach zehn bis zwölf Jahren wird wieder geschält und die Qualität des jetzt »weiblicher Kork« genannten Materials ist hochwertiger. Man kann dann alle zehn Jahre bis ins hohe Alter der Eiche den Kork gewinnen. Obwohl Kunststoffe den Kork allmählich verdrängen, werden noch heute in Portugal, Algerien, Spanien und Italien beachtliche Mengen an Kork produziert.

»Auf den Eichen wachsen die besten Schinken«

Dieser Ausspruch von Grimmelshausens Simplicissimus ist natürlich nicht wörtlich zu nehmen; gemeint ist, daß dieser Baum gutes Schweinefutter liefert. Lange nach Ziege und Schaf tauchte das Schwein auf den Bauernhöfen auf (etwa um 7000 v.Chr.). Es kam so spät, weil es im Gegensatz zu den Wiederkäuern das zellulosereiche Rauhfutter wie Stroh, Gras oder Blätter von Bäumen nicht verdauen kann. Mit der Domestizierung von Schweinen konnte der Mensch erst beginnen, als er bereit war, auf einen Teil seiner eigenen Nahrungsmittel – Eicheln, Nüsse, Getreide u.a. – zu verzichten und an das Schwein abzugeben.

Schweine unter Eichbaum
nach altem Stich

Noch bis ins 19. Jahrhundert hinein war in vielen Landstrichen Deutschlands die Eichel das wichtigste Futtermittel für die Schweine, die lange Zeit Hauptfleischlieferant der deutschen Küche waren. Die Eichelmast brachte Schweine mit kernigem Fleisch und Speck von angenehmem Geschmack zuwege, während die Bucheckernmast tranig schmeckendes Fleisch hervorbrachte. Der Wert eines Waldes wurde lange Zeit nach der Zahl der Schweine taxiert, die darin satt werden konnten. Im Herbst wurden die Wälder von Forstbeamten inspiziert; zuweilen nahm man einen Schornsteinfeger mit, der in die Wipfel der Bäume kletterte und Äste herunterwarf, die man auf ihren Eichelreichtum untersuchte. Die Menge an Eicheln reichte zumeist nicht aus, die Schweine bis zur Schlachtreife zu mästen, der Rest mußte mit anderen Futtermitteln angefüttert werden. Immerhin gibt es Angaben darüber, wieviel Schweine ein Wald ernähren konnte. Die bischöflich-speyrische Verordnung über die Eichelnutzung aus dem Jahre 1434 läßt erkennen, daß der Lußwald bei Bruchsal auf einer Fläche von 6000 ha 20000 Schweine ernähren konnte.

Fehlschläge in der Eichelmast hatten oft schwerwiegende Folgen. Da die Schuld dafür natürlich nicht bei den Mästern oder bei der Witterung gesucht wurde, kamen als Schuldige nur Zaubertricks und Hexenkünste in Frage. Die Bürger von Offenburg mußten 1575 feststellen, daß die Eichen im Stadtwald von Schädlingen kahlgefressen und damit die Aussichten auf eine gute Schweinemast sehr gering waren. »Nach peinlichem Verhör gestanden

Hexenzauber, Illustration
zu den Werken Ciceros, 1531

Frauen aus einem Nachbarort, dem ›kleinen Teufel‹ Eichenlaub gebracht zu haben, mit dem er den Eckerich vernichtete. Bürgerfrauen wurden von den Gefolterten beschuldigt, in Fässern Raupen und Käfer über den Stadtwald ausgesät zu haben, um den Eckerich zu verderben. Damit begannen in der Ortenau die Hexenprozesse, die jahrelang Frauen in Angst und Schrecken versetzt haben.«[93]

Die Eiche – der heilige Baum

Nicht nur bei den Germanen, bei allen indogermanischen Völkern war die Eiche der heiligste Baum, nicht nur wegen ihrer majestätischen Erscheinung, sondern auch wegen ihres hohen Gebrauchswerts. Sie war dem Donar geweiht, der auch seinen Sitz in der Eiche hatte. Wenn er sich dort nicht aufhielt, sauste er mit seinem Ziegengespann durch die Lüfte und schleuderte seine Blitze auf die Erde; dabei verschonte er auch die Eiche, seinen Wohnsitz keineswegs: sie wurde sogar am häufigsten von allen Bäumen getroffen (»Eichen sollst du weichen ... »). »Der Grund dafür ist wohl darin zu suchen, daß die Eiche unter den einheimischen Bäumen ganz besonders häufig vom Blitz getroffen wird. ... Die Ideenverbindung Eiche-Blitz-Feuer äußert sich auch vielfach im Aberglauben. Bei einem Gewitter darf man nicht ungefährdet unter Eichen unterstehen, weil sich Judas an einer Eiche aufgehängt hat. Man scheut sich, Eichenzweige zu Bändern, Garben und Strohdächern zu verwenden, weil sie den Blitz anziehen würden.«[94]

In Westfalen verbrannte man am Weihnachtsabend Eichenstümpfe, ihre verkohlten Reste sollten vor Blitzeinschlag schützen und die Asche sollte die Felder fruchtbar machen. Holz und Rinde einer vom Blitz getroffenen Eiche haben besondere zauberische Kräfte.

Die Eiche ist jedoch kein typisch nordischer Götterbaum, sie ist eben auch der Baum des Zeus, des Jahwe, Allahs und aller anderen Donnergötter. In Griechenland und Rom galt die Eiche als »erste Pflanze«, sogar der Ursprung des Menschen wird auf sie zurückgeführt. Ihre Beziehung zu Zeus und Jupiter gab ihr besondere Würde. Große Berühmtheit erlangte die Eiche von Dodona (Epirus). Sie galt als das älteste Orakel, aus ihr hörten die Priester die Stimme des Zeus, der sich durch das Rauschen der Blätter zu erkennen gab. Der heilige Baum war vom Wesen des Gottes durchdrungen, manche hielten ihn sogar für die Inkarnation des Zeus. In Griechenland gab es noch andere Stätten, an denen heilige Orakel-Eichen standen. Im arkadischen Zeus-Kult half ein Eichenzweig gegen anhaltende Trockenheit. Ein Priester des Zeus berührte die heilige Quelle mit dem Eichenzweig, woraus sich, wenn es Zeus genehm war, ein leichter Nebel erhob, der sich bald zu regenreichen Wolken verdichtete. Die Eiche hatte auch zu anderen griechischen Gottheiten Beziehungen; Hera, Kybele, Demeter und Herakles wurden mit Eichen-Kulten in Verbindung gebracht.

Bei den Römern kam der Waffenbaum des Jupiter Feretrius der Eiche der Griechen gleich. Dieser Baum soll von Romulus, einem der Gründer Roms, dem Jupiter geweiht worden sein.

Einige Autoren vermuten, daß die Eiche bei den Kelten Totemfunktion hatte. In ihr hatte sich der Schöpfergott niedergelassen; sie genoß im religiösen Leben der Kelten so großes Ansehen, daß sie nicht gefällt werden und auch ihre Früchte nicht gesammelt werden durften. Der keltische Name für die Eiche lautet dair oder duir, der Name der Priester, der Druiden, ist davon abgeleitet.

Im keltischen Baumalphabet steht die Eiche (duir) an siebter Stelle für den Buchstaben D. Ranke-Graves meint, die Wurzeln der Eichen reichen so tief in den Boden, wie ihre Äste emporstreben: dies mache sie zum Symbol eines Gottes, dessen Gesetz sowohl im Himmel als auch in der Unterwelt gilt.[95]

Im keltischen Horoskop steht die Eiche für den 21.3., sie regiert nur einen Tag, den Tag der Tag- und Nachtgleiche. Alle, die an diesem Tag geboren wurden, haben eine »robuste Natur«: »Die Eiche ist prachtvoll und voller Lebenskraft, schön und ohne jegliche Zerbrechlichkeit. Die weibliche Eiche braucht nie Anlehnung, da sie in jeder Beziehung ... der stärkere Teil der Verbindung ist. Die Eichen erfreuen sich meist bester Gesundheit, nur der Anblick von Blut macht sie nervös. Die Eiche meistert jede Situation mit Tapferkeit.

In jungen Jahren verliebt sie sich häufig ›auf den ersten Blick‹ und glaubt dabei immer, die große Liebe gefunden zu haben. Mit zunehmendem Alter neigt sie mehr zu einer Partnerschaft auf Vernunftsbasis. – Die Beständigkeit der Eiche liebt keine Veränderung. Sie ist mit einer handfesten praktischen Vernunft ausgestattet und steht mit beiden Beinen fest auf dem Boden der Tatsachen. Bei der Arbeit ist sie meist ein Mensch der Tat, aber sie kann auch sehr intuitiv sein.«[96]

Es gibt viele Sagen um die »Heiligen Eichen«, den Götterbaum. Wie andere »Heiden«-Eichen, so wurde auch die Donar-Eiche in Geißmar (Nordhessen) von den christlichen Glaubenseiferern vernichtet. Der westgermanische Stamm der Chatten wohnte dort. Wie andere germanische Völker auch, verehrten die Chatten ihre Götter nicht in festen Gebäuden, sondern unter freiem Himmel, in heiligen Hainen, an Quellen oder unter bestimmten Bäumen. Die heilige Eiche war das höchste Heiligtum der Chatten, außer dem Priester durfte sich kein Sterblicher ungestraft dieser Eiche nähern. Bonifatius tat es dennoch, im Jahre 723 fällte er den Baum, wobei ihn mitnichten der Zorn des Donar traf. Die Chatten nahmen den Baumfrevel hin, der nach ihrem Gesetz mit dem Tode zu bestrafen war, denn Bonifatius hatte die weltliche Macht hinter sich, die jedem mit dem Tode bedrohte, der sich an ihm und seinen Helfern vergriff. Der Präzedenzfall war geschaffen, in der Folgezeit mußten viele heilige Eichen der Germanen fallen, und Donar rächte sich nicht. Die von ihren Göttern verlassenen Germanen wurden nun umso leichter das Opfer der Missionierungskampagnen der Christen. Bonifatius und nach ihm viele andere setzten die Christianisierung zielstrebig und rücksichtslos durch.

Dem Volk wurde von den neuen Priestern erklärt, in den Eichen säßen die bösen Geister; Hexen und Teufel gäben sich unter diesem Baum ein Stelldichein, und in der Walpurgisnacht würden unter den Eichen gotteslästerliche Orgien gefeiert. Dennoch – der alte Glaube an die guten Baumgeister war nicht auszurotten. Die Kirche mußte schließlich diesen Baum in ihre Heiligenverehrung einbeziehen. Seither pilgerten die frommen Christen unbeschwert zur Eiche und stellten ihre Bildchen darin auf.

Der Dichter Friedrich Klopstock holte die Eiche der vorchristlichen Zeit zurück in das Bewußtsein der Deutschen. In seiner »Deutschen Gelehrtenrepublik« (1774) schrieb er: »Die Eiche war bei unseren Vorfahren mehr als etwas Symbolisches; sie war ein geheiligter Baum, unter dessen Schatten die Götter am liebsten ausruhten.« Klopstock erinnert an all die Vorstellungen, die die Germanen mit der Eiche verbunden hätten: sie war nicht nur Ruhestätte der Götter, sie war die höchste Gottheit selbst.

»Klopstock war wohl der erste, der die Eiche mit dem vaterländischen Gedanken in Verbindung brachte. ... Nach dem Vorbild der ossianischen Heldengesänge, in denen die Eiche als der Heldenbaum schlechthin verehrt wird, dichtete er für ein eigenes Vaterland. Dieses wollte er nicht als abstrakten Wert verstanden haben, sondern als Kraft, die im Innersten erfahren und empfunden werden konnte. Die Eiche war eines der Bilder, in die er die religiösen Gefühle kriegerischer Vaterlandshelden hineinzauberte.«[97]

Dieser Eichkult erreichte »während der von einem schwärmerisch-religiösen Vaterlandsgefühl getragenen Befreiungskriege (1813) einen folgenreichen Höhepunkt«.[98] Die Eiche war damals der charakterstarke, reckenhafte Baum aus alten Zeiten, er galt als Vorbild, als Seelenbaum für alle, »die opferbereit und gotterfüllt den heiligen Kampf fürs Vaterland aufnahmen«.

Eine ähnliche Rolle übernahm die Eiche in der Blut- und Bodenmythologie der Nationalsozialisten. In einem Buch aus dem Jahr 1939 wird dies deutlich: »An Hand der Belege der Vorgeschichtsforschung, der Sprachwissenschaft, der Mythologie, der Volkskunst und des Volksbrauchtums konnten wir mit Hilfe der Eiche als ›Leitgestalt‹ eine heimische Überlieferung aus Vorzeittagen nordrassischer Menschen zum beharrlichen Festhalten an Glaubensvorstellungen erkennen. ... Seit 1933 läßt sich offensichtlich eine erhöhte Verwendung der Eiche als Symbol erkennen. ... Die Sieger der Olympischen Spiele 1936 krönte nach altem Brauch, der auf den Turnvater Jahn zurückgeht, ein Eichenkranz, die besten unter ihnen erhielten als Gabe des deutschen Volkes ein Eichenbäumchen. ... Das Hoheitszeichen der Nationalsozialistischen Deutschen Arbeiterpartei zeigt einen fliegenden Adler, der in seinen Fängen einen Eichenkranz hält. ... Dieses Zeichen wurde zugleich das Hoheitszeichen des Dritten Reiches, des Reiches, das seine Ehre wieder herstellte, des Reichen, das wieder in Freiheit lebt und in Stärke.«[99]

Die Eiche – der Zauberbaum

Obwohl der Eiche viel Böses nachgesagt wurde, war sie in der Zauberpraxis als apotropäisches (zauberwidriges) Mittel sehr geschätzt. Groß war die Furcht der Menschen davor, daß die Hexen die Nutztiere verzauberten, so daß sie keine Leistungen mehr bringen konnten. Sollte eine Färse zum ersten Mal kalben, gab der Bauer ihr Eichenlaub zu fressen; so konnte dem Tier später die Milch nicht genommen werden. Hatte die Hexe es geschafft, die Milch zu verderben, so mußte die Kuh durch ein Loch im Eichenscheit gemolken werden. Eichenlaub, das der Bauer mit dem Futter verabreichte, schützte die Viecher vor allerlei Krankheiten. Die durchschlagendste Wirkung hatte allerdings das Eichenlaub des Vorjahres, das noch bis Karfreitag am Baum hing. Auch das Eichenlaub, das man in Stube und Stall auslegte, vertrieb den Teufel und seine bösen Trabanten, sie konnten dann ihr Unwesen nicht treiben. Die an die Tür gehefteten Eichzweige ließen die Hexen gar nicht erst in Stall und Haus eindringen.

Für den landwirtschaftlichen Bereich wurde die Eiche zum probaten Wahrsagemedium. Trug der Baum viele Eicheln, war eine gute Ernte zu erwarten; dieser Aberglaube ist übrigens bis in die Antike zurückzuverfolgen. Das schließt nicht aus, daß man andernorts im Gegenteil glaubte, viele Eicheln bedeuteten schlechte Ernteaussichten, kündigten aber auch einen langen schneereichen Wintern an. Der ist auch zu erwarten, wenn die Blätter lange am Baum hängen oder die Eicheln sehr tief im Fruchtbecher stecken.

Der Schwankdichter Martin Montanus gibt in seinem »Wegkürzer« (1556) eine ungewöhnliche Ermittlungsmethode in einem Mordfall zum besten. Um den Mörder zu finden, zündet man ein Feuer aus Eichenholz an, gibt etwas Blut des Ermordeten hinein und wechselt dann seine Schuhe. Der Mörder wird daraufhin vom Wahnsinn befallen; er glaubt, bis zu den Knien im Wasser zu waten, und muß einem Zwang folgend, zur Leiche gehen, wo ihn der Büttel festnehmen kann. Auch andere Zwangshandlungen kann das Eichenholz bewirken, »nämlich eine Kunst, daß sich das Weibsvolk muß nackend entdecken und das Kleid aufheben«: »Schreibe mit Hasenblut den Namen der Frau auf Eichenholz und lege es auf die Schwelle. Wenn sie darübergeht, so hebt sie das Gewand bis zum Nabel auf.«[100]

Ähnlich wie Birke oder Linde wurde auch die Eiche als Maibaum aus dem Wald ins Dorf geholt. Der Baum war Symbol des »Geistes des Frühlings oder Sommers», es wurde als Dämon in Baumgestalt aufgefaßt.[101] Das Aufstellen des Maibaums rief dessen Kräfte auf den Menschen herab, sorgte für gedeihliches Wachstum der Feldfrüchte und Tiere und schützte die Menschen vor Unglück und Krankheit.

Geschichten und Legenden von Teufeln und Hexen in der Eiche

Einige der vielen Götter- und Heiligengeschichten stammen aus der Zeit, als die Eiche noch unheimlich und böse war, weil sie von den Heiden verehrt wurde. Nach einer Sage sind die Blätter der Eiche am Rande eingebuchtet, weil der Teufel im Zorn mit seinen Krallen darübergefahren war, als er feststellen mußte, daß er die Menschen nicht für sich gewinnen konnte (nachzulesen bei Hans Sachs, Der Teufel und die Geiß«). In einer ausführlicheren Version dieser Sage wird auch noch erklärt, warum die Eichenblätter so lange am Baum hängen. Der Teufel hatte einst das Verlangen, Herr des Waldes zu werden, und er erbat sich diese Gunst vom Herrgott. Sie wurde ihm unter dem Vorbehalt gewährt, daß er seine Herrschaft erst antreten könne, wenn die Eiche keine Blätter mehr trage. Den ganzen Herbst und Winter über mußte der Teufel nun warten, denn noch immer wollten die Blätter nicht fallen. Endlich schwebten sie im Frühjahr müde und welk zu Boden. Als er nun endlich seine Herrschaft antreten wollte, genügte ein Blick auf die Eichen, um ihm zu zeigen, daß er geprellt worden war: die Zweige trieben lustig und fröhlich schon wieder aus. Wütend hieb der Satan mit seinen Krallen in die neuen Blätter; seitdem sind sie ausgebuchtet.

Es gab jedoch Hexeneichen, die dem Teufel keineswegs widerstanden: »Der Richter von Fransingen im Fricktal sah in einer Nacht die Hexeneiche auf der Sinzenmatt erleuchtet wie ein festliches Schloß und hörte herrliche Musik. Im Jahre 1744 schoß ein mutiger Feldscher der Panduren nach der erleuchteten Eiche, worauf die Erscheinung sofort erlosch. Am anderen Morgen fand man Blutspuren und weibliche Kleidungsstücke unter der Eiche, und ein Weib im Dorf hatte einen Streifschuß erhalten, wodurch sie als Hexe erkannt ward.

Diese Hexeneiche sollte verkauft werden, und da sich lange niemand meldete, bot endlich der Tonis-Bub hundert Gulden. Als er sie jedoch umhauen wollte, wurden alle Werkzeuge stumpf. Endlich fertigte ihm ein kunstvoller Schmied eine Axt, die das Holz angriff. Indessen schien die Eiche immer auf die Seite fallen zu wollen, auf der Toni gerade stand. Beim Abendläuten entstand ein furchtbares unterirdisches Getöse, Toni lief vor Schreck davon und wurde schwer krank. Die Eiche fiel jedoch erst nach sieben Tagen nach einem heftigen Sturm«[102]

Alte deutsche Eichen und ihre Geschichte

Die Eiche wird erst spät »geschlechtsreif« und ist auch sehr empfindlich gegen Beschattung; das wird aber ausgeglichen durch das hohe Alter, das sie erreichen kann. 1000jährige Eichen sind gar nicht selten, wenn auch das Alter nicht immer genau nachweisbar ist. Im Normalfall errechnet man das Alter nicht immer genau nachweisbar ist. Im Normalfall errechnet man das Alter eines Baumes nach der Anzahl der Jahresringe. Mit einem speziellen Holzbohrer kann man bis zum Kern des Baumes vordringen und sie aus der Probe ablesen. Die alten Bäume, um die es hier geht, sind jedoch meistens hohl, da bleibt nichts zum Bohren. Die Bäume leben zwar weiter, sie ernähren sich nach wie vor über die dünne Kambiumschicht zwischen Rinde und Holz, aber der Kern mit den Jahresringen ist vergangen. zu manchen Bäumen fand man in alten Chroniken Angaben über genau zu datierende Ereignisse, die sich in seinem Schatten abgespielt haben; dann ist die Altersbestimmung sicher durchzuführen. Sind diese Voraussetzungen nicht gegeben, ist man eben auf Schätzungen angewiesen.

Die älteste deutsche Eiche dürfte in *Erle*, Kreis Borken (Nordrhein-Westfalen) stehen. Unter dieser Feme-Eiche wurde schon zur Zeit Karls des Großen Gericht gehalten, sie muß also schon damals ein stattlicher Baum gewesen sein. Heimatforscher schätzen somit ihr Alter auf 1500 Jahre. Im Jahre 1902 beschrieb der Oberlehrer A. Weskamp das Erscheinungsbild der Eiche so: »Ihr Stamm besteht nur noch aus einem 15,20 cm dicken, oben offenen und mit mehreren Astlöchern und Spalten versehenen Mantel; der Hohlraum von 2 3/4 Meter ist so groß, daß vor kurzem der aus fünfzig Schülern bestehende Gesangchor des Gymnasiums zu Dorsten in demselben Platz finden konnte. Gebeugt von der Fülle der Jahre neigt der greise Recke sein Haupt stark nach Südwesten, und nur drei mächtige Krücken hat er es zu verdanken, daß er trotz Wind und Wetter sich noch aufrecht zu erhalten vermochte. Wie lange noch?«[103]

Nun – die Zahl der Krücken mußte erhöht, auch ein Baumchirurg mußte bemüht werden, aber die Eiche steht noch und kann weiterhin
von Stürmen und Unwetter, Umweltkatastrophen, Fehden oder ruhigen Zeiten berichten.

Die *Dicke Eiche von Airlenbach* im Odenwald hat heute nur noch wenige grüne Äste in der Spitze der Krone, die von einem gewaltigen Stamm – Durchmesser 8,60 Meter – getragen wird. Das Alter dieses Baumveteranen wird auf 800 bis 1000 Jahre geschätzt. Noch im Jahre 1888 stellte sich diese ungewöhnlich starke Eiche ganz anders dar. In den Worten des Heimatdichters:

»Da, wo von wald'ger Höh' der Pfad sich mählich senkt zum Airlenbacher Tal,
Rechtsseits da strebt in urgewalt'ger Schöne empor zum Licht, zum Sonnenstrahl
Ein deutscher Baum: die tausendjähr'ge Eiche. Mächtig ragen
Vom Stamm, den noch vier Männer nicht umfassen,
Kraftvoll die Äste, jeder Ast ein großer Baum, und tragen
Das Dach des grünen Doms. – Zwiefältig Wunder, nicht zu fassen!«

Der Dichter erzählt auch, wem die Eiche ihr Entstehen verdankt:

»Und da erzählt der alte Eichbaum:
›Kühl war's und feucht, und der hercynische Wald bedeckte weithin Hag und Flur.
Da jagt Held Sigfrit hier, verfolgt den Elch und Eber, Hirsch und Hinde und des Halpur Spur,
An diesem Platze hier fällt er den grimmen Ur. Da, wo wildes warmes Blut hinfloß,
Fiel in die Lache, die des Starken Fuß gestapft, die Eichel, der ich starker Baum entsproß.‹«[104]

Wohl eine der mächtigsten alten Eichen in Deutschland, die zudem noch gut erhalten ist, ist die *Missionseiche bei Lauenburg* im Solling. Die hat den imponierenden Umfang von 9,90 Meter, eine Höhe von 34 Meter. Ihr Alter wird auf 1000 jahre geschätzt. In ihrer unmittelbaren Nähe stehen noch zwei weitere mächtige Eichen: die Schnessereiche mit einem Umfang von 7,20 und einer Höhe von 32 Metern, die es auf 800 Jahre bringt, und die Donnereiche mit 7,10 Meter Durchmesser und 28 Meter Höhe; sie ist 700 Jahre alt.

Im Hunsrückstädtchen *Buch* (bei Kastellaun) gibt's eine 1000jährige Eiche, die noch voll »im Saft« steht; die mißt in Brusthöhe 6,45 Meter Durchmesser und erreicht eine Höhe von 12 Metern. »Was könnte die Eiche alles erzählen von fremden Kriegsvölkern! Kurtrierer, Pfälzer, Franzosen, Schweden und

Spanier lagerten dort in ihrem Schatten oder zogen nur eilends vorbei. Und manches Mal hat sie leiden müssen, bei großen Bränden, durch Astabbrüche und im Bombenhagel des letzten Weltkrieges.«[105]

Eine uralte Eiche stand bei *Geisfeld*, östlich von Bamberg. Vor ihrem endgültigen Zusammenbruch im Jahre 1969 hatte sie eine Höhe von 29 und einen Bodenumfang von 13 Metern, ihr Alter wurde auf 1500 Jahre geschätzt. Nach Mitteilung des Schulamtsdirektors G. Freisinger aus Geisberg kommt für die Deutung von Name und Alter diese Version in Frage:

»Keltische und germanische Stämme bevölkerten bis zur Landnahme der Franken im Main-Regnitz-Gebiet um 750 n.Chr. unsere Gegend. Die Franken bauten das Land unter Beteiligung der bisherigen Siedler aus. Der Platz der Eiche könnte demnach eine germanische Opferstätte gewesen sein, deren Bedeutung nach der Christianisierung dieses Gebietes um 800 verloren ging. Statt die Eiche pietätlos zu schlagen, deutete man sie auf den christlichen Bauerheiligen St. Wendelin, den Beschützer von Vieh in Haus und auf der Weide um.« Demnach müßte die Wendelinus-Eiche ein Alter von mehr als 1500 Jahre gehabt haben.

Seindt heilsam für allerley giftiger Thiere Biß oder Stich

Nach Meinung der Wender, der Heilzauberer, können auch auf die Eiche Krankheiten abgeleitet werden. Bei Gicht z.B. sagte man vor der Eiche den folgenden Spruch auf:

»Eichbaum ich klage dir,
Die Gicht, die plaget mir,
ich wünsche, daß sie mir vergeht
Und in dir besteht. Im Namen des Vaters usw.«

Diese Methode war auch bei Fieber, Zahnweh und Mundfäule hilfreich. Bei Kopfweh ging der Kranke zum Eichbaum und sagte:

»Eichbaum, ich hör dich rauschen,
Geschoß und Nachtgeschirr tut mir tauschen,
Behalts bis zum Jüngsten Tag,
Bis ich's wieder haben mag.«

In alten Eichen kann man hin und wieder Holzpflöcke oder Nägel finden. Sie wurden vor Zeiten dazu gebraucht, Krankheiten in sie zu »verspunden« oder zu »verbohren«. Bei Brüchen berührte man die erkrankte Stelle mit einem

Sargnagel, stellt den Kranken dann barfuß vor den Eichenstamm und schlug unter Hersagen vorgeschriebener Sprüche den Nagel direkt über dem Kopf des Patienten in die Eiche. Bei Gicht, Zahnschmerzen, Kropf und Brüchen bohrte man die Eiche an, steckte Fingernägel oder abgeschnittene Haare des Patienten in das Loch und verspundete dieses anschließend. Mancherorts hängt man auch Kleidungsstücke des Kranken an die Eiche, um die Krankheit auf sie zu »wenden«.

In Wittstock in der Altmark stand eine Eiche, deren verwachsene Äste ein »Loch« bildeten, durch das man schlüpfen konnte. Dies taten vor allem Lahme und Gichtige. Es wurde so häufig benutzt, »daß man unter dem Baum eine Menge weggeworfener Krücken fand«. Andere Wundereichen standen bei Schleswig und bei Volkshagen. Solche Verwachsungen waren zwar selten, doch wußte man sich zu helfen, indem man junge Eichen spaltete und die Enden wieder zusammenband. Durch das so entstandene Loch zog man die Lahmen, und wenn der Stamm nach diesem Eingriff vernarbte, so war auch der Kranke sein Leiden los.

Trägt man kleine Eichenstücke in einem Säckchen auf dem Leib, können sie die »aufsteigende Gebärmutter» (Gebärmuttervorfall) heilen. Das noch im Spätherbst an den Zweigen hängende Eichenlaub wurde gesammelt und ausgekocht. In dem Absud badete man erfrorene Hände und Füße, wodurch »der Frost herausgezogen wurde«.[106] Das Laub, das noch in der kalten Jahreszeit am Baum hängt, also der Kälte widersteht, soll auch Kälteschäden vertreiben.

Regenwasser, das sich in alten Eichenstümpfen sammelt, soll gegen Sommersprossen, Warzen und Blutharnen helfen. Beim Blutharnen war dieses Wasser sogar tatsächlich hilfreich, weil es aus der Eiche Gerbstoffe herausgelöst hat, die durchaus wirken können.

Die alten Kräuterkundigen hielten sonst aber nicht viel von den »Kräfften« der Eiche. Dennoch heißt es von den Eicheln: »Sie seindt heilsam für allerley gifftiger Thieren biß oder stich. Die Eichelnhülsen gekocht in menschenmilch ist ein gifft wider gifft. Der kern, so im Eichapfel (Eichengalle) ist, thut man in einen hohlen zahn, er legt alsbald den schmertzen. Gekocht seyn sie gut gegen den gyckel oder aushang an der frauen heimlichkeit (Gebärmuttervorfall). – Under essig oder wasser gemischt macht ein schwarz haar.«[107]

Die Naturmedizin von heute gibt folgende Ratschläge: Dicke Hälse sollen mit einem Wickel, getaucht in Eichenrindenabsud, behandelt werden, dieser Absud wirkt auch gegen Frostbeulen. »Wer ein verlängertes Zäpfchen, gelockertes Zahnfleisch und dergleichen hat, der gurgele fleißig mit diesem Absud«; Waschungen mit Auszügen aus der Eichenrinde oder den Blättern helfen bei Wundsein und Schwitzen an den Füßen oder unter der Achselhöhle; »Die erste, beste und sicherste Hilfe bei allen Vergiftungen durch pflanzliche Giftstoffe (Eisenhut, Tollkirsche, Herbstzeitlose, Nachtschatten usw.) ist immer Gerbsäure.«[108]

Nach Angaben der Doktoren Grusche und Maemecke hilft die Eichenrinde bei Blutungen aller Art, die Eichel (als Eichelkakao oder -kaffee) bei Durchfall und Sodbrennen. Der Eichenrindenabsud ist ein Universalmittel bei Frostbeulen, stinkenden Wunden, Gebärmutterkrebs, Kropf und Wolf, weiblicher Unfruchtbarkeit, Bettnässen, Hämorrhoiden, Lungenverletzungen, zu starken Monatsblutungen, Magenkrebs ...[109]

Was kann die Eiche nun wirklich leisten? – Eichenrinde drängt als typische Gerbstoffdroge Entzündungen zurück, mildert den Wundschmerz und hemmt die Flüssigkeitsabsonderung der Wunden. Somit sind Eichenrinden-Präparate besonders geeignet zur Behandlung nässender Wunden, die sich entzündet haben. Bei entzündeten Augen helfen Bäder aus Eichenrinde oft verblüffend schnell.

Die Eiche hilfe den »brüchigen« Männern zum Venuswerck

Die Eiche war den Indogermanen ein männlicher Baum, er war den höchsten Göttern geweiht, dem Donar, dem Zeus und dem Jupiter. Die Römer nannten die Eichel Jovis glans, ein Begriff, der später als Juglans auf die Walnuß übertragen wurde. So wird verständlich, daß die erotischen Wirkungen dieses Baumes sich auf das männliche Geschlecht richten mußten. Der impotente, der »brüchige«, Mann ging zum Eichbaum, bohrte die Eiche bis zum Kern an, steckte seinen Penis hinein und sprach: »O Eiche, so wie dein Herz gesund ist, so möge auch mein Penis gesund sein.«[110]

In heidnischer Zeit war man nämlich der Überzeugung, daß Dämonen – bösgesinnte, aber auch helfende Geister – in den Bäumen wohnten. Die Hilfe der guten Baumgeister nahm man auch für seelische und für Liebesnöte in Anspruch. Man brauchte sie im Liebeszauber, bei Eheschwierigkeiten, zur Hebung der Fruchtbarkeit: Durch Berühren des Baumes oder durch Verwendung der Blätter, Früchte, Rinde und Wurzeln übertrugen sich die Kräfte der Baumgeister auf den Menschen.

Wenn dabei auch noch die pharmazeutischen Wirkungen der Bäume entdeckt wurden – umso besser. Jedenfalls brachte die Verehrung der Eiche auch die Entdeckung ihrer Heilkräfte mit sich, man fand die Gerbsäure, die bei Wunden Heilung brachte. Und man fand auch heraus, daß die Galläpfel auf den Eichenblättern bei Impotenz helfen konnten, wenn man sie im Mai pflückte, fein mahlte, einnahm und fest an ihre Wirkung glaubte. Sicherlich spielte bei diesem Impotenzzauber auch die Form der Eichel eine Rolle; man verglich sie seit altersher mit dem oberen Teil des männlichen Gliedes, der Fruchtbecher entspricht dabei dem Wulst der Vorhaut. »Wenn die Eicheln von Maden durchbohrt sind (als wie von einer Röhre des Samens), folgt ein glückliches Jahr mit vielen Hochzeiten (Posen). Oder vertritt hier die Eichel allgemein die ›Frucht‹, die von der Made, dem Penis, durchbohrt wird, wie es bei der Walnuß der Fall ist: regnet es am Johannistage, so werden die Nüsse wurmig und viele Mädchen schwanger.«[111]

Die Hexen, die ja nach dem Volksglauben ein besonderes Interesse daran hatten, den Eheleuten den kirchlich genehmigten Beischlaf zu vermiesen, konnten mit Hilfe eines Eichenzweiges die Männer impotent machen. Dazu mußten sie ihn gegen die Sonne anspitzen und ihn dann genau dort in die Erde stecken, wo jemand sein Wasser gelassen hatte.

Auch durch Graberde eines Erschlagenen konnte die Manneskraft weggezaubert werden. Gegenmittel: »Nimm ein Eich-Brett von einem todten Baum, da ein Ast inne ist, schlag den Ast daraus, laß dein Wasser durch«, und die Impotenz ist geheilt.[112] Lohbäder aus Eichenrinde wurden gelegentlich gegen Unfruchtbarkeit der Frauen verordnet.

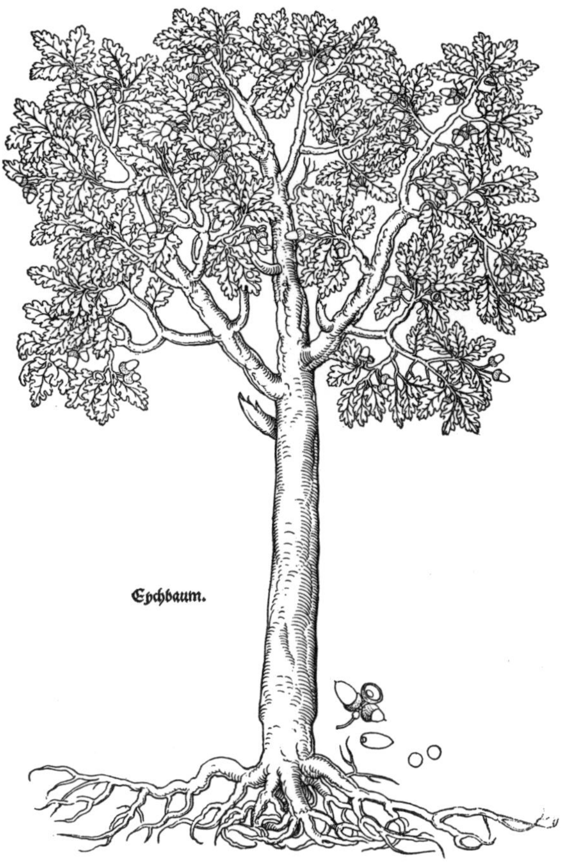

Die Buche

Die Buche ist die Königin des Waldes. Ihre Kronen wölben sich hoch oben:

**»Waldesdom, in deinen Hallen
meine Seele fliegt nach oben;
andachtsvoll muß ich hier wallen
und den ew'gen Schöpfer loben.«
(Dieffenbach)**

In ihrem Reich ist die Buche absolute Herrscherin, sie raubt allen neben ihr aufstrebenden Bäumen das Licht, sie können in ihrem Schatten nicht gedeihen.
Ein solch mächtiger Baum hatte seit jeher seinen besonderen Platz in Zauberglauben, Legenden und Sagen.

Die schöne Buche

**»Ganz verborgen im Wald kenn' ich ein Plätzchen, da stehet
Eine Buche: man sieht schöner im Bilde sie nicht.
Rein und glatt, in gediegenem Wuchs erhebt sie sich einzeln,**

Keiner der Nachbarn rührt ihr an den seidenen Schmuck.
Rings, soweit sein Gezweig der stattliche Baum ausbreitet,
Grünet der Rasen, das Aug' still zu erquicken, umher;
Gleich nach allen Seiten umzirkt er den Stamm in der Mitte;
Kunstlos schuf die Natur selber dies liebliche Bild.

Jetzo, gelehnt an den Stamm (erträgt sein breites Gewölbe
Nicht zu hoch), ließ ich rundum die Augen ergehn,
Wo den beschatteten Kreis die feurig strahlende Sonne,
Fast gleich messend umher, säumte mit blendendem Rand.
Aber ich stand und rührte mich nicht; dämonischer Stille,
Unergründlicher Ruh' lauschte mein innerer Sinn.
Eingeschlossen mit dir in diesen sonnigen Zauber-
Gürtel, o Einsamkeit, fühlt' ich und dachte nur an dich!«
(Eduard Mörike)

Die Rotbuche *Fagus silvatica*

STECKBRIEF

Die wichtigste Buchenart in unseren Breiten ist die Rotbuche, benannt nach der rötlichen Farbe ihres Holzes; sie gehört in die Familie der Birkengewächse.

Die Krone ist bei jüngeren Bäumen schlank, im Laufe der Jahre wird sie breiter und wölbt sich kuppelförmig. Im Waldverband hat dieser Baum eine blattreiche Krone, die nur wenig Licht durchläßt. Die Buche kann im Alter von 120 Jahren eine Höhe von 25-30 Metern erreichen.

Die Buche umhüllt ihren Stamm nicht mit einer dicken Borke, sondern bildet nur eine dünne, glatte, silbergraue Rinde aus, die gegen Sonneneinstrahlung empfindlich ist. Eine freistehende Buche bleibt deshalb bis zum Boden hin beastet, um den Stamm vor »Sonnenbrand« zu schützen.

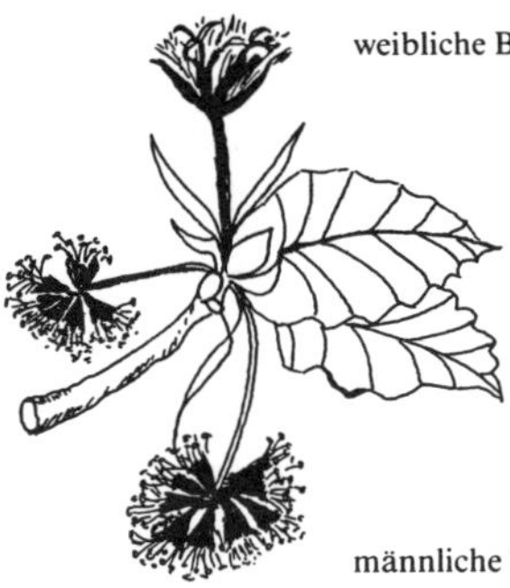

weibliche Blüte

männliche Blüte

Frucht

Die Laubblätter sind zweizeilig angeordnet, sie werden bis zu 10 cm lang, sind eiförmig oder oval und am Grunde abgerundet; der Blattrand ist glatt oder schwach gewellt und anfänglich zottig behaart. Die Blütenstände entspringen in den Achseln der Laubblätter und erscheinen gleichzeitig mit ihnen. Die männlichen Blüten bilden langgestielte, hängende, kugelige Büschel. Die weiblichen Blüten befinden sich oberhalb der männlichen und stehen aufrecht. Aus je zwei Stempeln entwickelt sich später der stachelige Fruchtbecher; der öffnet bei der Reife seine vier Klappen, und die beiden dreikantigen Früchte, die Bucheckern, fallen heraus.

HERKUNFT

In der letzten Periode des Tertiär waren die Buchen in Mitteleuropa stark verbreitet, für die Eiszeit sind sie in diesem Raum nicht nachzuweisen. Wo ihre eiszeitlichen Rückzugsgebiete liegen, weiß man nicht. In der Nacheiszeit erschien die Buche erst lange nach der Eiche und den anderen Laubbäumen in unserem Bereich. Dann aber breitete sie sich mächtig aus. Zumindest auf Böden, die ihr zusagten, setzte sie sich rücksichtslos durch; die starke Beschattung des Bodens und die Triebkraft ihrer Flachwurzeln sicherten ihr die Vorherrschaft. Eigentlich müßte heute noch die Buche der beherrschende Baum unserer fruchtbaren Landschaften sein, hätte der Mensch nicht ständig durch Rodungen eingegriffen.

Vom ausgehenden Mittelalter an verringerte sich der Anteil der Buchen an der Waldfläche immer stärker zugunsten der Nadelhölzer. Überhaupt war der Wald seitdem ständigen Veränderungen unterworfen, die immer von ökonomischen Zwängen vorgeschrieben waren, bis er sich in absehbarer Zeit aus den gleichen Gründen von uns verabschieden wird. Die Vernichtung der Kiefern, Fichten und Tannen durch Umweltgifte ist vorprogrammiert. Buchen, Eichen und andere Laubhölzer werden folgen, wenn die Gifte tief genug in den Boden eingedrungen sind. Dann ist der Wald endgültig verloren, denn es gibt keine Baumarten, die an ihre Stelle treten könnten. Bevor sie noch Gelegenheit hätten, sich im Boden zu verankern, wäre dieser weggeschwemmt und das Land verkarstet, so wie es vor langer Zeit mit den Böden des Balkans und im Mittelmeergebiet geschah, als man Raubbau an den Wäldern dieser Landschaften betrieb.

STANDORT

Die Rotbuche bevorzugt tiefgründige, nährstoffreiche Lehmböden, und sie liebt ein feuchtes Klima; sie ist aber empfindlich gegen stauende Nässe und einen hohen Grundwasserstand. Sie verlangt ein ausgeglichenes Klima, also keine zu trockenen Sommer und keine zu strengen Winter. Sie fühlt sich somit im atlantischen bis subkontinentalen Klima am wohlsten.

NAME

Das indogermanische Wort für Buche ist bhags, das allerdings nur bei den Germanen gebräuchlich war. Der althochdeutsche Name buocha kehrt auch in anderen Sprachen wieder: boe (altenglisch), beech (neuenglisch), boek (altniederländisch), beuk (neuniederländisch), bok (altnordisch und schwedisch).[113]

Auch die Begriffe Buchstabe und Buch gehen auf die Buche zurück. Die Germanen lernten das Lesen und Schreiben zwar von den Römern, sie übernahmen aber nicht deren Wort »liber« für Buch. Das hieß im Urgermanischen bokiz, daraus wurde im Gotischen bokas und im Altnordischen bokr. Danach muß das Einritzen von Runen in Buchenholztafeln schon sehr lange bekannt gewesen sein. Die ersten Bücher bestanden bei uns aus zusammengehefteten Buchenholztafeln und die Worte Buch und Buchstabe wurden mit Sicherheit von Buche abgeleitet: »Ein Ritter so gelehret was, daß er in den buochen las, zwas er drin geschrieben vand«, lauten die ersten Zeilen der Erzählung »Der arme Heinrich« von Hartmann von der Auge (geboren zwischen 1210 und 1220). Auch Gutenberg verwendete für seine ersten Versuche in der Buchdruckerei Lettern aus Buchenholz.

Im Niederdeutschen heißt die Buche Beuk, Bäuk oder Böke; andere Namen sind Heister oder Heester (Rheinland), die auf junge Buchen angewandt werden. Die Früchte der Buche nannte man früher Akram oder Acheram (Schweiz). Das Wort Buchecker taucht erst später als Bucheckir oder Puchecker auf.

Einen Hinweis darauf, daß die Buchen bei uns früher viel weiter verbreitet waren als heute, geben die zahlreichen deutschen Ortsnamen, die von der Buche abgeleitet sind; davon soll es 1567 geben, die Eiche bringt es »nur« auf etwas mehr als 1400. Auch Familiennamen wie Buchele, Buchwald, Buchholz, Buchberger, Büchner oder – im Niederdeutschen – Beuker, Braukmann und Bokmann sind auf die Buche zurückzuführen.

NUTZUNG

Buchenholz ist fest und widerstandsfähig, wenn es auf Zug beansprucht wird, es »arbeitet« und verzieht sich unter wechselnden Feuchtigkeitsbedingungen. In gedrechselter und gebogener Form eignet es sich gut zur Herstellung von Sitzmöbeln. Das blaßrote Holz nimmt beim Dämpfen eine kräftigere Rotfärbung an, dabei werden dem Holz die Stoffe entzogen, welche eine Fäulnis begünstigen würden; es läßt sich dann auch besser biegen und auch zu Schälfurnier verarbeiten.

Bucheckern waren früher für die Gewinnung von Speiseöl von großer Bedeutung; vor allen in Kriegs- und Notzeiten wurden große Mengen davon gesammelt, um zu Öl oder Margarine verarbeitet zu werden. Die Rückstände der Ölgewinnung, die Preßkuchen, waren in dieser Zeit ein beliebtes Viehfutter.

Zudem sind Bucheckern vielen Waldtieren ein willkommenes, energiereiches Futter; die Samen enthalten immerhin bis zu 45 Prozent fettes Öl. Auch die Schweinemäster wollten an diesem Reichtum teilhaben: »Die Schwein haben sonderlich Lust zu diesen Buchnüßlein, und wird das Fleisch wohlgeschmack und lieblich darvon. Wie wohl der Speck von den mit Bucheckern gemästen Schwein nit so fein hart ist, wie von den Eichelen, sondern wenn er in den Rauch und Schornsteinen hänckt, gewaltig tropft.«[114]

Junge Buchenblätter wurden früher als Gemüseersatz gegessen, daher rührt der Name »Eßlaab«, der ebenfalls für die Buche gebräuchlich war. Conrad von Megenburg schreibt dazu in seinem »Puch der natur» (1482): »Des paumes pleter sint gar lind und habend süez fäuchten, und dar umb, wenn sie dannoch junk sint, so machent arm leut muos dar zu und siedent si sam ain kraut.«

Zur Glasherstellung, in der Seifensiederei und zur Gewinnung von Backtriebmitteln wurden früher große Mengen Pottasche gebraucht. Man gewann sie durch Auslaugen von Holzasche (vornehmlich Buchenasche) und Eindampfen in großen eisernen »Pötten«. Vor allem in der Nähe von Glashütten wurden die Buchenbestände »verheizt«: für die Gewinnung von 100 kg Pottasche wurden 200 Kubikmeter Buchenholz verbraucht. Die Glasherstellung verschlang so große Mengen an Buchenholz, daß die Wälder in der Umgebung der Glashütten in kurzer Zeit ausgerottet waren. War das erreicht, baute der Glasbläser eine neue Glashütte in einer anderen waldreichen Gegend, um diese in kurzer Zeit ebenfalls zu verheeren.

Buchen liefern ein ausgezeichnetes Brennholz. In einer Tabelle sollen die Heizwerte der bei uns gebräuchlichen Holzarten (in kWh je Raummeter) verglichen werden:

Laubbäume		Nadelbäume	
Weißbuche	2.200	Kiefer	1.700
Rotbuche	2.100	Lärche	1.700
Eiche	2.100	Fichte	1.500
Birke	1.900	Tanne	1.400
Weide	1.400		
Pappel	1.200		

Der Heizwert von einem Raummeter lufttrockenem Laubholz ist demnach etwa so groß wie der Heizwert von 200 l Heizöl, 2,5 dz Koks oder 4 dz Brikett.[115] Diese Werte gelten nicht für die in Mode gekommenen offenen Kamine, bei denen die erzeugte Wärme zum Schornstein hinausgeht und die zudem eine unnötige Umweltbelastung darstellen.

Hier muß noch kurz eingegangen werden auf die

Hain- oder Weißbuche *Carpinus betulus*

Sie hat außer dem Namen mit der Rotbuche wenig gemein; allerdings gehört sie auch in die Familie der Buchengewächse.

Die Hainbuche wird bis zu 20 Metern hoch, die Äste breiten sich schirmartig aus. Die ovalen oder länglichen Blätter laufen spitz zu und sind am Rande doppelt gezähnt; die Blattnerven treten stark hervor.

Die Hainbuche ist einhäusig, die Blüten erscheinen mit den Laubblättern. An ihrem charakteristischen Fruchtstand ist die Hainbuche leicht zu erkennen. Er besteht aus bis zu 5 cm langen, blattartigen, dreiteiligen Deckblättern von hellgrüner Farbe; das Mittelblatt ist deutlich länger als die beiden Seitenblätter. In der Achsel befindet sich die kleine ovale Nuß.

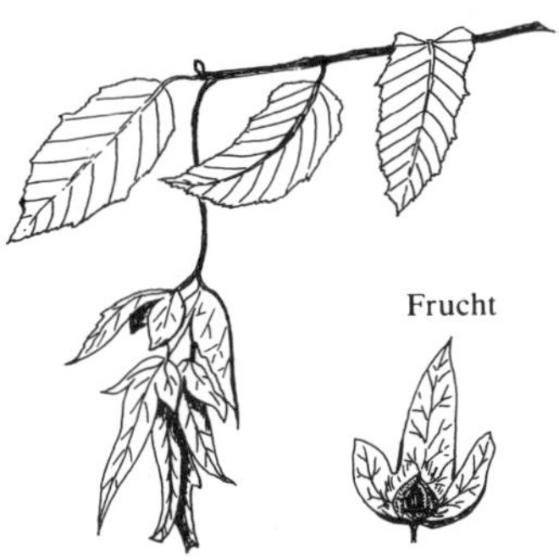

Zweig mit Fruchtstand

Die Hainbuche wächst zumeist in Mischwäldern auf kieselsauren Böden in trockenen Lagen, in Deutschland ist sie allgemein verbreitet. Noch heute kann man gut geschnittene Hecken bewundern, die zu Laubengängen oder Labyrinthen geformt sind und die man früher »Berceaux« nannte. Sie bestehen aus den dichten Zweigen der Hainbuche, denen die Heckenschere des Gärtners die Form aufgezwungen hat. Auf diese Hecken weist auch der Name

Hagebuche für diesen Baum hin; Hagebuche (haganbuohha) ist von hag abgeleitet, das Einzäunung bedeutet. Der zweite Wortbestandteil deutet auf die Ähnlichkeit mit der Rotbuche hin.

Die Buche im Zauberglauben

Im Zauber- und Volksglauben der Deutschen ist die Buche nicht so fest verwurzelt wie die Eiche oder die Linde. Sie konnte mit ihrer schlanken, aufstrebenden Gestalt, »dem derben, der rohen Kraft huldigenden Sinn unserer Ahnen nicht so zu fesseln« wie andere Bäume. Es stand der Buche eher an, den Baumeistern der mittelalterlichen Kathedralen als Vorbild zu dienen.

Die Buche war denn auch keinem Gott geweiht wie die meisten anderen Bäume. Wer allerdings ein Buchenblatt mit dem Zeichen T fand, stand fortan unter dem Schutz des Gottes Thor; er war vor Verzauberung durch Hexen und Dämonen sicher. Runenstäbe und Loszeichen, die der Weissagung dienten, wurden aus Buchenholz geschnitzt.

Die Buche konnte Hexen entlarven – ähnlich wie die Erkennungskräuter: »Wenn man Gundermann auf Walpurgisnacht sammelt und hernach inmitten der Nacht einen Kranz daraus macht, und solchen am folgenden Tag auf den

Hexe verzaubert einen Mann
(Ulrich Molitor, 1489)

Kopf setzt, so kann man die Hexen erkennen.« »Ein probates Mittel, zu erkennen, ob jemand eine Hexe ist oder nicht: Erstlich schau, daß du Johanniskraut bekommst und ein Kraut Motto genannt . . . « Vom vierblättrigen Klee hieß es: »Viel glauben, der vierplettert Klee mach, daß man könnt Gaukeln sehen.« Setze man sich einen Kranz aus Tausendgüldenkraut aufs Haupt, wurde sein Träger hellsichtig, er konnte Hexen bei ihrem Treiben beobachten, er konnte sehen, wie sie durch die Luft fliegen oder wie sie Vorbereitungen zum Schadenszauber trafen.

So konnte auch die Buche helfen, eine Hexe zu enttarnen. Man brauchte dazu nur Weihnachten auf einen Schemel zu steigen, der aus Buchenholz gefertigt war und den vorher noch niemand benutzt hatte – und schon war die Hexe in Aktion zu sehen, und man konnte sie sofort zur Verantwortung ziehen.

Die Buche war darüber hinaus ein geschätzter Wetterprophet. Wenn sich am Johannistag (24.6.) die Fruchtbecher öffnen, werden die Früchte taub, eine andere Version sagt genau das Gegenteil. Wenn es viele Bucheckern gibt folgt ein strenger, schneereicher Winter. In der Schweiz glaubte man, dann könnte auch ein Mäusejahr folgen: »Viel Buech, viel Fleuch.«

Auch über die Ernteaussichten bei Getreide kann die Buche einiges aussagen. Treibt die Buche früh aus, gibt's eine frühe Ernte, treibt sie aber erst nach Georgi (23.4.), wird das Getreide erst nach dem 25. Juli reifen. Im Frühjahr strichen die gerissenen Kornhändler um die Buchen: schlugen die nämlich von unten aus, so stieg der Getreidepreis, regte sich das Grün aber zunächst in den Wipfeln, so sank bald darauf der Getreidepraxis. Die Händler zogen aus diesen Prognosen ihren Vorteil und den Bauern das Fell über die Ohren.

Brauchte man dringend eine Wettervorhersage für den kommenden Winter, so schnitt man am Allerheiligentag einen Span aus der Buche. War der trocken, gab's einen gemäßigten Winter, war er feucht, folgte ein sehr kalter Winter:

»Hau in die Buche einen Span, wenn er ist trucken,
so wird ein warmer Winter herrucken;
Ist er naß, der abgehauenen Span,
so kommt ein kalter Winter auf den Plan.«

Die wohl bekannteste Wetterregel, die Buche bei Gewitter als Schutzbaum aufzusuchen, hat sich bis heute bewährt:

Eichen sollst du weichen,
vor Fichten sollst du flüchten,
Weiden sollst du meiden,
Buchen aber suchen.«

»Eichen sollst du weichen,
Buchen sollst du suchen,
kannst du Linden gerade nicht finden.«

Diese alten Bauernregeln finden durch neuere »Blitzstatistiken« ihre Bestätigung. Wenn man für die Buche den Faktor eins für die Blitzgefährdung annimmt, ergibt sich für Nadelhölzer ein solcher von 15, für die Eiche von 54 und andere Laubhölzer von 40. Blitzempfindlich sind solche Bäume, die einen hohen Wasserverbrauch auf feuchten Standorten aufweisen und eine Pfahlwurzel haben. Holzarten mit glatter Rinde und steiler, den Abfluß des Regenwassers begünstigender Aststellung sind weniger gefährdet.

Die Voraussagen des keltischen Horoskops stehen unter dem Zeichen der Buche für die am 22.12. Geborenen, dem Tag es Sonnentiefstandes: »Die Buche ist schön und edel und sehr auf ihr Äußeres bedacht, manchmal übertrieben. Sie beweist viel Geschmack, sowohl in der Auswahl ihrer Kleidung als auch ihrer Bleibe, wenn sie die notwendigen Mittel dazu hat. Sie ist ein Materialist. Sie plant nicht nur kühne Projekte, sie realisiert sie auch.

Ihr Leben ist hervorragend organisiert. Einerseits praktisch und lebensnah, ist sie doch andererseits durchaus edler und tiefer Gefühle fähig. Wirtschaften kann sie ausgezeichnet, sie ist sparsam, aber weder geizig noch verschwenderisch. – In der Liebe zeichnet sie sich nicht gerade durch Phantasie aus, sondern auch dabei ist sie ›vernünftig‹. – Die Buche wünscht sich alles, was ›man haben muß‹: ein komfortables Haus, Kinder, Fernseher, Autos, vielleicht auch ein bißchen mehr.

Sie ist versessen darauf, immer in Form zu bleiben: Diät, Sport – Hauptsache die Figur und die Schönheit bleiben bis ins hohe Alter erhalten. – Die Buche strebt nach Reichtum und Glück. Sie ist ein starker, widerstandsfähiger Baum.[116]

Sagen und Legenden um die Buche

In alten Sagen ist häufig von Hexenbuchen die Rede, unter ihnen sollen die Hexen ihre berüchtigten geheimen Versammlungen abgehalten haben. Es waren Tänze, Gelage und ausschweifende Orgien beobachtet worden, die der Vorbereitung des Fluges zum Hexensabbat dienten. Einige behaupteten sogar, den Teufel selbst unter einer Buche gesehen zu haben. Nach einer wahren Begebenheit konzipierte Anette von Droste-Hülshoff ihre Erzählung »Die Judenbuche«. Darin wird die Buche zum Todesbaum: Der Vater des »Helden« Friedrich Mergel, ein Trinker und gewalttätiger Mensch, verunglückt unter einer Eiche. Der Sohn, ein zwiespältiger, geltungssüchtiger Charakter, ermordet den Juden Aron, der ihn beleidigt hatte, unter einer großen alten Buche und verschwindet spurlos. Nun geht die Handlung unmerklich auf die Buche über, die seit diesem Vorfall Judenbuche heißt. Sie wird von Juden gekauft, die in arabischer Schrift in den Baum einritzen: »Wenn du dich diesem Ort näherst, so wird es dir ergehen, wie du mir getan hat.« Armelig, verkrüppelt und verkommen kehrt Friedrich schließlich heim, er nähert sich der Buche und erhängt sich daran.

Eine der größten Buchen soll bei Plön in Schleswig-Holstein gestanden haben, die »Arnsböke«, auch »Adlerbuche« genannt; auf ihrem Wipfel befand sich ein Adlerhorst. Vor langer Zeit wurde über dem Baum das Bild der Gottesmutter Maria gesehen, viele Jahre pilgerten die frommen Christen zu diesem Wallfahrtsort.

Auf alte Baumkulte weisen noch Bezeichnungen wie Marienbuche (bei Lohr), Rastbuche (in Niederbayern) und St. Leonhart im Buchert (bei Schnaitsee in Oberbayern) hin. Auch sie wurden zu Wallfahrtsorten.

In der Gemeinde Gütenbach im Schwarzwald steht eine fast 300jährige Buche, um die sich viele Sagen ranken. »Wandert man von Gütenbach ... ins Tal der Wilden Gutach, dann trifft man auf eine Wegmarke mit der Aufschrift ›Balzer Herrgott‹. Folgt man diesem Wegzeichen, so kommt man zu einer starken Buche. In ihrem Stamm ist ein steinerner Christuskörper fast völlig eingewachsen, der ›Balzer Herrgott‹. Er ist das Ziel vieler Wanderer und Spaziergänger. Fast alle stehen vor der schlichten und in ihrer Art ergreifenden Gottesfigur. Für viele ist es ein stiller Wallfahrtsort.«

Inzwischen ist die Umklammerung des Herrgotts durch die Buche immer stärker geworden. 1975 schloß sich die Rinde unterhalb der Brust. In ein paar Jahren wird nur noch das Haupt zu sehen sein und dann wird wieder nach Jahren auch dieses von der Buche aufgenommen.[117]

Buchen können ein Alter von 250 Jahren erreichen, manche werden auch noch älter, wie z.B. die Süntel-Buche in Raden bei Hameln (300 Jahre). Der Bavaria-Buche in Pondorf im Fränkischen Jura geben die Heimatforscher sogar 900 Jahre.

In besonderem Ansehen standen die Blutbuchen (Fagus silvatica, var. purpurea) mit ihren blutroten Blättern. Diese »Blutbäume« waren schon unseren heidnischen Vorfahren heilig. Sie waren Opferbäume, an denen die Schädel und Felle der geopferten Tiere aufgehängt wurden. Aus dem Rauschen ihrer Blätter deuteten die Priester den Willen der Götter.

Von einer Blutbuche berichtet auch eine Sage aus Schlossau im Badischen: »Ernst ging ein Mann um ein Uhr nachts in den Wald von Rodenberg, um von einer Buche Holz zu Fackeln zu holen. Kaum hatte er den ersten Axtschlag gethan, so entstand ein fürchterliches Jagdgetöse, das bei den folgenden Schlägen immer näher und näher kam und von der wilden Jagd des Hackelberend herrührte. Der Mann erkannte, daß jene Buche ein »gefeiter« Baum war, er ließ von seinem Vorhaben ab, und der wüste Lärm verlor sich in der Ferne.«[118]

. . . Gibt eine edle Artzeney zu allerlei Grind an Menschen und Viehe

In der magischen Medizin fand die Buche nur wenig Verwendung. Bei Fischbach in der Pfalz steht eine alte Buche, die Kindern, die nicht recht gedeihen wollten, helfen sollte. Man steckte diese »rauhlichen« Knaben oder Mädchen durch das »ungebohrte« Loch des Baumes in der Hoffnung, nun werde sich das Kind normal entwickeln. Die Wunderbuche in Kattenbach bei Weißenburg (Bayern) konnte das Geschlecht des werdenden Lebens festlegen. Trank die Schwangere einen Absud aus dem Holz dieses Baumes, sollte ein Knabe geboren werden. Der Absud vom Lindenholz hingegen machte Mädchen.

Noch ein heißer Tip für Jogger durch den Buchenwald: ein Blatt von der Buche, unter den Hut gelegt, »nimmt jede Ermüdung und Neigung zum Erhitzen oder Schwitzen während des Marsches fort«. Zu erklären sei das so: »Durch die ›elektromagnetische Rückschwingungsbrücke‹ bleibt das Blatt mit dem Mutterbaum noch weiter in Verbindung. Über die elektromagnetische Rückschwingungsbrücke fließt nun alle Erhitzung über den Baum zur Erde ab, der Mensch bleibt also ohne Erhitzung frisch. Daher dann die bessere Marschleistung.«[119]

Der Frankfurter Arzt A. Lornicerus schrieb über die Buche: »Die frische Blätter zertheilen die hitzige Geschwulst. Das Wasser, welches in den hohlen und alten Buchenbäumen gefunden wird, gibt eine edle Artzeney zu allerley Grind an Menschen und Viehe.Die Färber brennen aus dem faulen Holtz eine Asche zu dem Tuch zu färben. Das Holtz wird zu mancherley gebraucht und ist auch viel besser zu brennen, denn das Eichenholtz.«[120]

Die Buchenrinde wurde noch vor nicht zu langer Zeit als Fiebermittel empfohlen; man führte ihre heilende Wirkung auf den Gehalt an Gerbstoff

Schäfer unter der Buche
Aus: H. Bock, Kräuterbuch, 1546

zurück. Absud aus der Buchenrinde mußte über lange Zeit getrunken werden, um prophylaktisch gegen Fieberanfälle wirksam werden zu können. Eine zu hohe Dosis konnte allerdings Brechreiz bewirken und auch abführend sein. Andere empfahlen Buchensaft zum Blondfärben der Haare, und zerstoßene Buchenblätter gegen Zahnfleischbluten.

Noch heute wird der durch trockene Destillation aus Buchenholz gewonnene »Buchenteer« verschrieben, er ist unter dem Namen Pix Fagi oder Pix Fagina in den Apotheken zu kaufen. Seine wichtigsten Inhaltsstoffe sind Guajakol, Creosol und Cresole. Dieser Teer wird äußerlich angewandt bei Hautleiden, Gicht und Rheuma. Vor der innerlichen Anwendung muß dringend gewarnt werden, da seine Inhaltsstoffe Krebs erzeugen können.

In den Bereich der Zaubermedizin gehört sicherlich auch die Anwendung einer Essenz aus Buchenblüten, die bei Kritiksucht, Arroganz und Intoleranz Wirkungen zeigen soll. Diese negativen Eigenschaften entspringen nämlich einer Seelenverstimmung: »Man verurteilt andere ohne jedes Einfühlungsvermögen. Ist diese Blockade dank der Behandlung aufgehoben, befindet sich also der Patient im positiven Beech-Zustand (beech, englisch Buche), so ist die in ihm angelegte Seelenqualität der Einfühlsamkeit und Güte befreit.«[121]

Die Buche – Fruchtbarkeitssymbol

Wegen ihres Reichtums an Bucheckern war die Buche unseren Vorfahren lieb und teuer, dieser Fruchtreichtum war auch der Grund dafür, daß die Buche zu heidnischen Fruchtbarkeitsgöttinnen in Beziehung stand. Da ist es verwunderlich, daß die Buche in der Geschichte der Erotik überhaupt nicht in Erscheinung tritt.

Nur im Rheinland übernimmt vielerorts an Stelle der Birke eine junge Buche die Funktion der Dorfmaie als Baum des Lebens und der Fruchtbarkeit.

In Bayern kennt man Kindlbuchen, die den Heiligen geweiht sind, deren Hilfe man bei Entbindungen anruft. Aigremont vermutet, daß die Buche im altgermanischen Glauben für den Ahn des Menschengeschlechts gehalten wurde; erst später soll die Esche diese Rolle übernommen haben.[122] In Wipperfürth kamen die Kinder aus der Buche und auch in Schlehbusch bei Düsseldorf holte man die Kinder aus einem ausgehöhlten Buchenstumpf, dem »Hohlen Stock«.

Im Liebeszauber wurde die Buche nur wenig gebraucht; aber: wenn das neugeborene Mädchen sofort in einer buchenen Wanne gebadet wurde, konnte es gewiß sein, daß ihm später die Männer in Scharen nachlaufen würden.

Die Linde

**»O Lindenduft! O Lindenbaum!
Ihr mahnt mich wie ein Kindertraum,
Wo ich euch immer finde
Die Linde lieb ich überaus;
Es stand ja meines Vaters Haus
Im Schatten einer Linde!«**

»Am Brunnen vor dem Tore« ... »Vor meinem Vaterhaus steht eine Linde«. Es wird viel Aufhebens um diesen Baum gemacht. »Ja, die Linde ist ihr Baum«, ärgert sich der Dichter Gottfried Benn über seine Landsleute, er ist »süß und innig, und man kann Tee daraus kochen«. Und dennoch – man kann die Linde nicht übergehen, zur Blütezeit verströmt sie einen betörenden Duft, die Heilkraft der Blüten ist unumstritten und ihre gewaltige schattenspendende Krone bildet seit jeher den Mittelpunkt des Dorfes; unter ihr feierte man Fest (»Wo wir uns finden, wohl unter Linden ... «), hielt Gericht und Gottesdienste.

Vielleicht kann das Gedicht »Die Linde« von Friedrich Daniel Schubert (1739-1791) die Kritiker des überzogenen Linden-Kultes versöhnen:

»Warst so schön, breitwipf'liger Baum,
Als dir schwollen die Knospen,
Als du Blütendüfte verhauchtest;
Warst du schön!

Dich umsummt' im Lenzabend der Käfer,
Geflügelte Ameisen schwärmten
Wie Mittagswölkchen, die die Sonne
Versilbert, um deinen Blütenzweig.

Die Blüte fiel; da warst du grün
Und stärkest mein Auge,
Das, ans falsche Dunkel meines Kerkers
Gewöhnt, blinzt' im Sonnenstrahl.

Und nun bist du halbnackt;
Der Herbststurm blies in deinen Scheitel
Und deinen Schmuck; die goldnen Blätter
Wälzt nun wogend der Odem des Sturms.

Die schwarzen Äste starren trauernd,
Ihrer Decke beraubt, in der Luft.
Dich flieht der Sperling, denn du bis
Ihm nicht mehr Hülle gegen den Sperber.

Einst knospete ich, o Linde!
Schöner als du. Trug Blüten
Des Knaben, des Jünglings, die süßer
Dufteten als du im Frühlingsschmuck.

Meine geringelten Seidenlocken
Waren schöner als dein grünes Haar.
Schöner als deines Finken und Distelvogels
Scholl mein Gesang und Flügelspiel.

Ich war ein Mann, breitwipfligt
Und lieblich im Sonnenstrahl spielend.
Meines Geistes Fittich deckte die Meinen
Wie dein schattender Wipfel den Pilger.

Aber ach! mein Herbst ist gekommen;
So früh ist schon mein Herbst gekommen! –
Das Schicksal blies mit kaltem, stürmendem Odem;
Und meine Blätter fielen.«

STECKBRIEF

Die bei uns vorkommenden Lindenarten – Sommerlinde und Winterlinde – gehören in die Reihe der Malvengewächse. Die Familie der Lindengewächse umfaßt neben der Gattung Linde noch die Gattungen Jutestrauch und Zimmerlinde.

Sommerlinde *Tilia platyphyllos*
Winterlinde *Tilia cordata*

Beide Lindenarten haben als besonderes Kennzeichen zweizeilig angeordnete Blätter, die asymmetrisch, herzförmig und am Rande gesägt sind. Typisch für beide ist auch der hängende Blütenstiel, der bis zur Hälfte mit einem flügelartigen Vorblatt verwachsen ist.

Winterlinde

Blütenstände

Frucht

Blüte

Die Blüten haben je fünf Kelch- und Kronblätter. Die zahlreichen Staubblätter sind zu fünf Bündeln zusammengefaßt, daneben ist nur ein oberständiger Fruchtknoten vorhanden.

Die Blüten produzieren viel Nektar und geben einen süßlichen Duft ab, der unzählige Insekten, vor allem Bienen, anlockt (Lindenblütenhonig). Im Herbst löst sich der ganze Fruchtstand mit dem Vorblatt ab, wird in drehende Bewegung versetzt und vom Wind fortgetragen.

Die Linden erreichen eine Höhe von 30 Metern, sie bilden eine weitausladende kugelförmige Krone. Der Stamm ist kurz und dick, die Rinde ist zunächst glatt und bräunlich, später bildet sich eine schwärzliche Borke mit Längsfurchen; bei der Sommerlinde ist diese Borke gröber und rissiger.

Es ist recht schwierig, die beiden Lindenarten von einander zu unterscheiden. Am ehesten gelingt das, wenn man die Blätter genauer anschaut; die der Winterlinde sind unterseits kahl und haben nur geringfügig hervortretende Nerven, die in den Winkeln rostfarbene Haarbüschel tragen. Die etwas kleineren Blätter der Sommerlinde sind an der Unterseite behaart, an den deutlicher hervortretenden Blattnerven findet man weißliche Haarbüschel.

HERKUNFT

Schon im Diluvium (vor etwa 100.000 Jahren) lassen sich Sommer- und Winterlinde bei uns nachweisen, wie zahlreiche Pollenfunde belegen. Während der Eiszeit zogen sie sich nach Osten zurück, von wo sie nach dem Rückzug der großen Eismassen zu uns zurückkamen. sie bildeten zunächst mit anderen Laubhölzern große Mischbestände, die allerdings später nach einer Klimaänderung, die die ozeanisch-atlantische Phase brachte, den Buchen, Fichten und Tannen weichen mußten.

Die Linde ist kein Waldbaum, jedenfalls nicht bei uns. In Rußland und Polen soll es noch reine Lindenwälder geben, in Ostpreußen bildete sie zusammen mit Hainbuche und Esche größere Waldbestände. Noch vor dem Zweiten Weltkrieg stand in der Letzlinger Heide südlich von Gardeleben (heute DDR) ein Lindenwald von 450 ha Größe. »Dieser Lindenwald gehört zu den größten forstwirtschaftlichen Sehenswürdigkeiten überhaupt. .. Ein Besuch des Lindenwaldes gehört zu den schönsten Walderlebnissen«, schwärmte der Chronist.[123]

Der Lindenwald mußte weichen, da das Lindenholz keinen interessanten Marktpreis hatte; andere Bäume traten an ihre Stelle. Dieses Schicksal wurde der Linde schon öfter zuteil: Im Mittelalter wurde sie von intensiveren Landwirtschaftlichen Kulturen verdrängt, und schon viel früher – etwa zur Hallstadt-Zeit um 750 v.Chr. – wurde sie infolge einer Klimaverschlechterung von der Buche vertrieben.

STANDORT

Beide Lindenarten stellen an Boden und Klima ähnliche Ansprüche. Die in ganz Mitteleuropa heimischen Linden bevorzugen sonnige Lagen auf nährstoffreichen, lehmigen Böden. Die Sommerlinde ist bei uns seltener zu finden als die Winterlinde, sie »klettert« in den Alpen und den anderen Gebirgszügen höher hinauf, die Winterlinde ist eher ein Baum der Ebene.

Sommerlinde, Blatt, Blüte, Frucht

NAME

Das Wort Linde kommt in allen germanischen Sprachen mit dem gleichen Wortstamm vor, im Althochdeutschen hieß sie linta, im Mittelhochdeutschen linde, im Altnordischen linda und im Angelsächsischen lind. Vielleicht ist auch das russische lutie und das griechische elata mit diesem Wortstamm verwandt. Die Bedeutung des Wortes Linde blieb bis heute unklar, vielleicht bedeutet sie soviel wie lind, weich, geschmeidig, da das Holz der Linde weich und der Lindenbast geschmeidig ist.

Mundartliche Bildungen sind: Linn (niederdeutsch), Lingeboom (niederrheinisch), Lingen (Gotha); ansonsten wird die Linde auch noch Bastholz, Schmeerlinde, Stenlinde (für Winterlinde) genannt.

NUTZUNG

Als waldbildender Baum ist die Linde bei den Forstleuten wenig beliebt, da sie hohe Ansprüche an die Bodenbeschaffenheit stellt, und dafür nur geringen wirtschaftlichen Nutzen bringt. Das helle, im Längsschnitt schwach seidenglänzende Holz ist ziemlich grobfaserig, dabei aber weich und gut biegsam. Als Bauholz ist die Linde nicht zu gebrauchen, da sie zu wenig fest ist und unter fäulnisfördernden Bedingungen leicht angegriffen wird.

Dafür liefert die Linde ein hervorragendes Schnitzholz. Wegen seiner weichen Beschaffenheit und der einheitlichen Struktur wurde es schon früh zur Herstellung von Heiligenfiguren herangezogen, man nannte es daher Lignum sanctum (heiliges Holz). Viele berühmte Altarbilder aus früheren Jahrhunderten lassen erkennen, welch bemerkenswerte Detailgenauigkeit bei Verwendung des Lindenholzes zu erreichen ist. Noch heute werden sakrale Kunstgegenstände, Schachfiguren, Zierschränke und Bilderrahmen aus der Linde geschnitzt.

Seit langem findet da Lindenholz auch seinen Einsatz in der Herstellung von Hutformen und im Klavierbau. Viele Küchengeräte und Gebrauchsgegenstände der Molkereiwirtschaft werden ebenfalls aus Lindenholz hergestellt. Die Möbelindustrie verzichtet auf die Linde, es sei denn, sie wird als Blind- oder Sperrholz eingesetzt. Früher galt sie noch etwas im Waggonbau, in der Wagnerei, im Schiffsbau und der Kistenfabrikation.

Die Linde liefert zudem eine gute Holzkohle, die zur Herstellung von Zeichenkohle und Schießpulver gebraucht wird. Die Kohle wurde als Zahnpulver genutzt, was übrigens auch heute wieder propagiert wird: Lindenholzkohle auf die Zahnbürste streuen und Zahnfleisch damit gründlich massieren! Diese Kohle diente auch der Wundbehandlung, sie wurde in offene Wunden gestreut, ihre stark fäulnishemmende Wirkung beschleunigte den Heilungsprozeß.

Früher dienten Lindenholzspäne den ärmeren Leuten als Matratzenfüllung. Das Lindenholzmehl ist recht stärkehaltig und wurde daher – nicht nur in Notzeiten – als Viehfutter eingesetzt.

Zwischen Rinde und Holz der Linde verlaufen Bastfaserstränge, die vielseitig verwendet wurden: Bindebast für den Gärtner, Stricke, Wäscheleinen, Matten. Zur Bastgewinnung wurden beinstarke Bäume herangezogen. Die wurden Mitte Mai gefällt und die Rinde in 10 cm breiten Streifen abgezogen; bis Oktober wurden sie in kaltem Wasser »geröstet«. Später konnte man die einzelnen Jahreslagen leicht trennen. In einer Länge von 1-2,5 m und einer Breite von 2,5 cm gelangte der Bast in den Handel. Wollte man den Bast verspinnen, mußte er noch durch Kochen mit Chemikalien aufgeschlossen werden. Die stark verholzten Fasern eigneten sich jedoch nur für grobe Gespinste (Säcke, Bastschuhe).

Die Linde – Wohnstatt der Götter

Unseren Altvorderen war die Linde heilig, sie war der Frigga geweiht, der Göttin der Fruchtbarkeit, des Wohlstandes und der Liebe; wer diesen Baum mutwillig beschädigte, hatte mit Strafen von höchster Stelle zu rechnen. In der deutschen Mythologie hatte sie einen bevorzugten Platz: Unsere Ahnen betrachteten die Linde als »Abbild des Kosmos mit seinen drei Bereichen«. Der Raum unter dem Blätterdach war die Unterwelt, sie wurde den Dämonen und Unholden zugewiesen; oberhalb der ersten Aststufe befand sich die Erde, der Raum für die Menschen; darüber – im Himmel – wohnten die Asen.[124]

In jedem Dorf war der zur Verhandlung der Dorfangelegenheiten ausgewählte Platz zugleich die Kultstätte; sie war zumeist von Linden umstanden. In diesen heiligen Bäumen wohnte die schützende Gottheit. Bei feierlichen Anlässen wurden sie prächtig geschmückt, dann wurde unter ihnen getanzt. Noch heute gibt es Erinnerungen an solche heiligen Bäume, meist in der Nähe der Kirche; die Kneipe daneben heißt manchmal heute noch »Zur Linde«.

Frigga, die Liebesgöttin, war die wichtigste Bewohnerin. Im Lindenbaum ahnten die Alten das »milde Angesicht«, den mütterlichen Schutz der Göttin, die Zuflucht der Liebenden, die sich unter den »Tanzlinden« fanden.

Nach der Christianisierung wurde der Baum oft zur »Marienlinde«, behängt mit frommen Bildchen. Andere Linden wurden aber auch zu Hexenbäumen, unter denen sich die Hexen versammelten, um von dort aus zum Sabbat zu fliegen. Wie es da zuging, läßt der berüchtigte Hexenjäger Pierre de Lancre in »Tableau de l'Inconstance« von einem seiner Opfer beschrieben:

»Jeanette d'Abadie, sechzehn Jahre alt, hat ausgesagt, daß sie dort den Teufel in Gestalt eines schwarzen und scheußlichen Mannes gesehen habe, mit sechs Hörnern auf dem Kopf und einem großen Schwanz hinten . . . ; daß die besagte Gratienne (eine Hexe), nachdem sie präsentiert habe, eine Handvoll Gold als Belohnung eingefangen habe, dann habe der Teufel sie widersagen und abschwören lassen ihrem Schöpfer, der heiligen Jungfrau, den Heiligen, der Taufe, Vater, Mutter, dem Himmel, der Erde und allem, was in der Welt ist . . . dann sei sie daran gegangen, ihn auf das Gesäß zu küssen; daß der Teufel sie sein Gesicht, dann seinen Nabel, dann sein Glied, dann sein Gesäß habe küssen lassen . . .

Lehns Kuß für den Teufel, Gnaccius, 1626

In bezug auf die Paarung (hat sie ausgesagt), daß sie gesehen habe, wie jedermann sich auf inzestuöse Weise und gegen alle Ordnung der Natur vermischt habe .. wobei sie sich angeklagt hat, selbst durch Satan defloriert worden zu sein und unzählige Male (fleischlich) erkannt worden sei durch einen ihrer Verwandten und andere, die sie dazu aufforderten; daß sie der Paarung mit dem Teufel ausgewichen sei, weil er, da er ein aus Schuppen gebildetes Glied habe, die Erduldung eines außerordentlichen Schmerzes bewirke; außerdem, daß sein Same äußerst kalt sei, daß er niemals schwängere, auch nicht derjenige (Samen) der anderen Männer, obwohl er natürlich sei. Daß sie außerhalb des Sabbats niemals Schuldhaftes getan habe, daß sie aber auf dem Sabbat ein wunderbares Vergnügen bei den Paarungen gehabt habe . . .

Daß sie gesehen habe, wie Hexen sich in einen Wolf, einen Hund, eine Katze und andere Tiere verwandelt hätten . . . , und wie sie ihre Gestalt wiedererlangt hatten, wenn es ihnen gut erschienen sei. Daß es an den großen Festen allgemeine Versammlungen der Hexen gebe; daß man dabei eine Form von Rat abhalte, wo nur beschlossen werde, daß jeder so viel Böses tun solle, wie er tun könne, und zu diesem Zweck wurden das Gift und die verschiedenen Pulver an einen jeden ausgeteilt.«[125]

Auf der anderen Seite galt dieser Baum aber auch als dämonen- und hexenabwehrend, wurde zum Schutzbaum für das Gehöft oder das ganze Dorf. Man pflanzte ihn in die Nähe des Bauernhauses, um den Hexen keine Chance zu lassen, ihr Unwesen auf dem Hof zu treiben. Zum Schutz vor Schadenszauber genügte es schon, wenn man Lindenzweige in den Dunghaufen steckte oder an Haus und Stall befestigte. Am Johannistag aber waren die Hexen besonders aktiv, da mußten besondere Vorkehrungen getroffen werden, um sie gar nicht erst in Haus und Stall eindringen zu lassen. Die Tiere wurden an diesem Tag mit Lindenbast angebunden oder man wand ihnen den Bast um die Hörner. Hatte die Hexe es dennoch geschafft, die Tiere so zu verzaubern, daß sie keine oder verdorbene Milch gaben, beräucherte man die Tiere mit Rauch aus Lindenblüten.

Dem Menschen bot ein Amulett aus einem Lindenblatt Schutz vor bösen Geistern. – Äcker und Gärten wurden von Ungeziefer frei, wenn man sie mit Asche aus Lindenholz betreute. – Wollte man Heilkräuter ausgraben, die man gegen angezauberte Leiden einsetzte, mußte man das unbedingt mit einer Schaufel aus Lindenholz tun. – Unter der Linde glaubte man sich auch vor Blitzschlag sicher, weil die Heilige Familie auf der Flucht nach Ägypten unter einem Lindenbaum Schutz gefunden haben soll. Neuere Untersuchungen belegen aber, daß gerade die Linde bevorzugt vom Blitz heimgesucht wird.

Die Linde hatte auch prophetische Gaben, die Schuld oder Unschuld eines Menschen offenbaren konnten. Ein Beispiel: Der Schloßherr von Buchlau wurde ermordet, und verdächtigt wurde einer seiner Knappen, »der sich nicht anders zu rechtfertigen wußte, als daß er einen jungen Baum nahm und ihn verkehrt in die Erde pflanzte. Da nun die Wurzeln bald Blätter trieben, erkannte man seine Unschuld«.[126]

Auch die Gertrudenlinde auf einem Kirchhof in Oldenburg soll als Unschuldszeichen gewachsen sein: »Eine reiche Kaufmannsfamilie nahm einst ein Waisenmädchen namens Gerlinde auf. Durch ihre Tugendhaftigkeit gewann sie bald die Herzen der Pflegeeltern. Allmählich warf der müßiggehende Kaufmannssohn – Oltmann war sein Name – ein Auge auf sie. Eines Morgens nach durchzechter Nacht versuchte er, ihr Gewalt anzutun. Doch sie drohte, laut zu schreiben, und so mußte er von ihr ablassen. Aus Rache stahl er seiner Mutter einige Silberlöffel, um sie in Gerlindes Schrank zu verstecken. Schließlich wurden diese dort entdeckt und das Mädchen dem Gericht übergeben, wo man seinen Undschuldbeteuerungen keinen Glauben schenkte.

Zum Tode verurteilt, steckte sie auf dem Weg zur Richtstätte einen dürren Zweig in die Erde. Sie betete, er möge Wurzeln schlagen und zu einem Lindenbaum heranwachsen, so gewiß wie sie unschuldig sei. Sieben Tage nach ihrem Tode begann das Lindenreis zu grünen und wurde schnell zu einem sieben Ellen hohen Baum. Nach sieben Jahren war die Linde um weitere sieben Ellen größer. In den folgenden sieben Jahren wuchs eine zweite Baumkrone heran.

So erfüllten sich die Worte des Mädchens Gerlinde zum Zeichen seiner Unschuld. Oltmann jedoch zeigte erst auf dem Sterbebett Reue. Er ließ einen Stein am Eingang des Gertrudenfriedhofs einmauern, dessen Inschrift lautet:

»O ewich is so lanck.«[127]

Auch auf dem Heiligen-Geist-Kirchhof in Berlin standen drei Linden, die mit den Trieben in den Boden gesetzt worden waren und so die Unschuld von drei des Mordes Verdächtigen nachwiesen.

Die Linde auf dem Friedhof in Annaberg (Sachsen) lieferte sogar einen theologischen Beweis. Dort hatte der Bergschreiber Adam Ries Schwierigkeiten, die Auferstehung von den Toten zu begreifen. Sein Beichtvater wollte den Beweis führen, indem er ein Lindenbäumchen verkehrt in den Boden pflanzte. Dabei sagte er: »So wahr aus diesen Zweigen Wurzeln und aus diesen Wurzeln Zweige werden, so wahr ist die Auferstehung des Leibes.« Heute weiß man, daß die meisten Gehölzarten als Stecklinge Wurzeln treiben und schließlich neue Pflanzen bilden. Diese Art der vegetativen Fortpflanzung war aber damals wohl noch nicht bekannt.

Im keltischen Horoskop steht die Linde für die Daten 11.-20.3. und 13.-28.9. und verkörpert den Zweifel:

»Je älter sie wird, umso mehr erfreut sie sich des Wohlwollens und der Anerkennung von Verwandten und Freunden. Ruhig und gelassen nimmt sie an, was das Leben ihr bringt: Mühe, Kampf und Hetze sind ihre Feinde, da ihr Charakter leicht träge, zur Bequemlichkeit neigend, sanft und nachgiebig ist. Dauernd träumt sie von einem Leben in Wohlstand, von Zielen, die sie nicht erreichen kann. Das ist auch der Grund, warum sie oft mit ihrem Schicksal hadert, unzufrieden ist oder gar jammert und klagt. Trotzdem ist das Leben mit ihr leicht und angenehm, denn die Linde ist gut und aufopferungsbereit für alle, die ihr nahestehen. Sie ist intelligent und vielseitig begabt, doch kommen ihre Fähigkeiten meist nicht voll zur Entfaltung, da es ihr an der nötigen Ausdauer fehlt.

Manche Linden kommen in ihrer klagenden Einstellung sogar bis zu einer gewissen Wunderlichkeit, andere schließen sich fest und voll Ergebenheit an andere Menschen an, wenn sie in ihnen eine verwandte Seele vermuten. In der Liebe findet sie allerdings selten das erträumte Glück. Die Linde ist sehr eifersüchtig.«[128]

Geschichte und Geschichten um die Linde

Viele Linden können in unserem Lande auf eine lange – oft über tausendjährige – Geschichte zurückblicken: Sie haben als Dorflinde, als Gerichts- oder Femelinde und als Blutlinde eine Fülle von Geschichten erlebt, die in alten Chroniken festgehalten sind. Heute erleben wir das Ende dieser Entwicklung, denn die Linde gehört zu den Bäumen, denen die Luftverschmutzung am meisten zusetzt.

Man streitet sich drüber, wo die älteste deutsche Linde steht. Manche meinen es sei die *Gerichtslinde in Staffelstein* im Coburger Land. Ihr Alter wird auf über 1100 Jahre geschätzt. In einem alten Gedicht, das man in ihrer Nähe gefunden hat, heißt es:

**»Alte Linde bei der heiligen Klamm,
Ehrfurchtsvoll betast' ich deinen Stamm,
Karl den Großen hast du schon gesehen,
Wenn der Größte kommt, wirst du noch stehen.**

**Dreißig Ellen mißt dein grauer Saum,
Aller deutschen Lande ält'ster Baum,
Kriege, Hunger schautest, Seuchennot,
Neues Leben wieder, neuen Tod.**

**Schon seit langer Zeit dein Stamm ist hohl,
Roß und Reiter bargest einst du wohl,
Bis die Kluft dir sacht mit milder Hand,
breiten Reif um deine Stirne wand.**

**Bild und Buch nicht schildern deine Kron',
Alle Äste hast verloren schon,
Bis zum letzten Paar, das mächtig zweigt,
Blätter freudig in die Lüfte steigt.«**[129]

Andere glauben, die *Gerichtslinde in Neuenstadt* am Kocher sei noch älter. Jedoch selbst die Heimatforscher geben sich skeptisch, was das Alter dieses Baumes angeht. Über die Herkunft dieser »Tausendjährigen Linde« sind »zuverlässige, urkundliche Angaben nirgends zu finden. In den vielen Schriften ist schlechthin von ›altgermanischer Gerichts- oder Kultstätte unter den Linden‹ die Rede«.[130] Man spricht in Neuenstadt sogar von einer »Lindenanlage«; die sagenumwobene Linde wurde zwar 1945 zerstört, doch blieb das breite Blätterdach nachgezogener Linden erhalten. Es wird gestützt von zum Teil kunstvollen Steinsäulen, die seit dem Mittelalter von reichen Bürgern und Adeligen der Gegend gestiftet wurden.[131]

Die *Linde in Heede* an der Ems ist zwar nicht so alt wie die in Staffelstein, dafür aber mit ihren geschätzten tausend Jahren noch gesund und grün. »Die Linde wuchs mehr in die Breite als in die Höhe, ihr Kronendurchmesser beträgt 40, die Wipfelhöhe 30 Meter. Der Umfang in Brusthöhe aber ist für einen vollholzigen Baum in Deutschland ein Rekord, er mißt 16 Meter!«[132]

Eine weitere tausendjährige Linde steht in *Upstedt* bei Alfeld an der Leine, sie weist zwar auch einen Stammumfang von mehr als 13 Metern auf, der Stamm ist jedoch hohl. Nach der Upstedter Chronik wurde der Baum im Jahre 850 gepflanzt und damals Marienlinde genannt, damit sich die heidnischen Upstedter unter ihr taufen ließen. Ab 1100 wurde die Linde Gerichtsbaum und so als Thielinde zum Mittelpunkt des Ortes.

Die *Elbrinxner* (Elbrinxen liegt in der Nähe von Bad Pyrmont) halten ihre *Kirchenlinde* ebenfalls für eine der ältesten in Deutschland. Diese Sommerlinde ist mehr als 1000 Jahre alt, 21 Meter hoch und hat einen Umfang von 9,30 Metern. Ihr guter Gesundheitszustand ist nicht zuletzt darauf zurückzuführen, daß seit Mitte des letzten Jahrhunderts umfangreiche Erhaltungs- und Sicherungsmaßnahmen durchgeführt wurden. Die Elbrinxer Chronik erwähnt sie an keiner Stelle, auch sind keine Legenden und Sagen um diese Linde bekannt. »Offenbar wurde sie von allen Generationen als etwas Natürliches angesehen, dessen besonderer Erwähnung es nicht bedarf.«[133]

Die *Kastulus-Linde in Langenbruck* (Bei Reichertshofen in Bayern) befindet sich in beachtlich gutem Zustand, bedarf jedoch trotzdem dringend baumpflegerischer Maßnahmen. Der Hauptstamm hat etwa acht Meter Umfang, teilt sich aber zwei Meter über der Erde in zwei weitere Stämme. Im Wipfel erreicht diese Linde einen Kronenumfang von 100 Metern.[134]

Die *Hindenburg-Linde in Ramsau* im Bergtesgadener Land ist nicht nur sehr alt, sondern hat auch die beachtliche Höhe von 35 Metern bei einem Umfang von 16 Metern. Sie ist sehr gut erhalten, wenn auch inzwischen viele Sanierungsmaßnahmen notwendig wurden.

Die *Tanzlinde zu Schlenkensfeld*, deren Stammkern völlig vergangen ist, wird durch ein umfangreiches Stützsystem gehalten; nur aus den äußeren Baumteilen, die noch leben, sprießen starke Äste hervor.

Die *Kirchenlinde in Langendernbach* (bei Rennerod im Westerwald) bringt es auf eine Höhe von 16 Metern bei einem Stammumfang von mehr als elf Metern. »Die Krone ... war in vier Stockwerken aufgebaut. ... In der Linde, die mächtige Ausmaße besaß, wurde getanzt, gefeiert und getrunken. Keine Braut hätte es sich nehmen lassen, im ersten Stock den Brauttanz zu drehen. Im zweiten Stock saßen die Fiedler und Bläser, im dritten die Brauteltern, und der vierte blieb leer – er war den Überirdischen vorbehalten. Unten am Boden tanzte und vergnügte sich das Volk.[135] Die *Stufenlinde in Limmersdorf* (südlich von Kulmbach) wird noch heute »betanzt«.[136]

Nicht nur »Freudenbaum« war die Linde, sondern auch »Rechts- und Dingbaum«. Wichtige Gemeindebeschlüsse wurden, vor allem in Sachsen, unter ihr gefaßt, über Leben und Tod von Straftätern entschieden. Die Femegerichte in Westfalen tagten unter der *Feme-Linde.* Den Vorsitz führte der Inhaber der Freigrafschaft, die Freischöffen waren für Ermittlung und Urteil zuständig. Diese Gerichte tagten öffentlich als »offenes Gericht« (echtes Ding), wenn es um Rechtssachen im Bezirk ging. Zur Verhandlung auswärtiger Angelegenheiten wurde »heimlich« (gebotenes Ding) unter Ausschluß der Öffentlichkeit verhandelt.

Die unter der Feme-Linde zum Tode Verurteilten wurden sofort an der Linde aufgeknüpft. War der Beschuldigte nicht anwesend, so wurde er »verfemt«, d.h. geächtet; er konnte ohne weiteres hingerichtet werden, wenn man seiner habhaft wurde. Nach der ersten Hälfte des 15. Jahrhunderts verfiel die Femegerichtsbarkeit, weil sie keine feste Rechtsform hatte. Eine Erinnerung an die Übergriffe, die sich häuften, sind die Feme-Morde, die in Deutschland zwischen 1919 und 1923 von Rechtsradikalen an ihren politischen Gegnern oder auch an den eigenen Leuten begangen wurden. Hans Fallada schildert einen solchen Feme-Mord in seinem Roman »Wolf unter Wölfen«.

In Dortmund standen zwei Feme-Linden, die der Dichter Ferdinand Freiligrath gekannt hat:

»Dies sind die Linden; beide morsch und alt!
Rechts die zerbarst: – sie klafft mit jähem Spalt
Auf von der Wurzel bis zur Splitterhaube.
Weit aber greift sie mit den Ästen aus;
Fast wie die Schwester prangt sie grau und kraus
Und schmückt die Stirn mit frühlingsfrischem Laube.«

Diese Linden standen neben dem Dortmunder Hauptbahnhof und hatten einen mächtigen Beschützer. Als die Bahnlinie Köln-Minden geplant war, sollten die beiden dem Fortschritt geopfert werden. Die Aufregung im Lande war groß. König Friedrich Wilhelm IV. hörte davon, zahlte der Bahnverwaltung eine hohes »Lösegeld«, die Bäume waren gerettet. Bei Eröffnung der Bahnlinie stand er zufrieden lachend unter ihrem schattigen Laubdach. Leider sind die beiden Linden dem letzten Krieg zum Opfer gefallen, die Dortmunder haben aber nach der Restaurierung des Bahnhofsvorplatzes eine neue »Feme-Linde« gepflanzt.

Alte Sagen berichten von *Blutlinden*, sie standen – wie die Blutbuchen – in hohem Ansehen. Sie waren heilige Bäume, unter denen den Göttern Tiere geopfert wurden, deren Blut man an die Linden goß. Solche Bäume erwähnt Friedrich von Schiller im »Wilhelm Tell«:

Walther: **Vater ist's wahr, daß auf dem Berge dort**
die Bäume bluten, wenn mann einen Streich
darauf führt mit der Axt?
Tell: **Wer sagt das, Knabe?**
Walther: **Der Meister Hirt erzählt's; die Bäume seien**
gebannt, sagt er, und wer sie schädige,
dem wachse seine Hand heraus zum Grabe.

Die Blutlinde in Frauenstein bei Wiesbaden ist etwa 600 Jahre alt, wird aber als tausendjährige Linde bezeichnet. Ihr Stamm ist so mächtig, daß vier Männer ihn nicht umspannen können. Der Name kam so zustande: Vor langer Zeit kam ein junger Mann in ritterlicher Kleidung nach Frauenstein. Der hatte eine schöne junge Frau bei sich, die vom langen Weg sehr ermüdet war. Der junge Mann blickte ängstlich um sich und wankte mit seiner lieben Last auf ein Haus zu, das unterhalb der Burg stand und dem alten Burgherren gehörte. Der Mann des Hauses nahm ihn freundlich auf. In der Stube aber saß der Burgherr; der faßte den Eintretenden scharf ins Auge, stand dann schleunigst auf und winkte seinen Dienstmann hinaus. Der Fremde, nichts Gutes ahnend, wollte sofort weiterziehen, aber draußen vor der Tür standen schon Geharnischte, die die beiden ergriffen und auf die Burg führten.

»Willkommen«, schrie der Burgherr dem Gefesselten entgegen, »willkommen, du Räuber! Führt in hinab und richtet ihn; er hat die Tochter meines Bruders entführt.« Da wurde der Jüngling fortgeführt, und da, wo jetzt die Linde wurzelt, ist sein Blut geflossen. Gepflanzt wurde sie als Abschiedsgruß des Mädchens, das ins Kloster ging. Seitdem ist es, als ob ein Leben in dem Baum wäre, das nicht sterben kann, und niemand wagt es, einen Zweig abzuschneiden oder ein Blüte zu brechen, weil er fürchtet, es würde Blut herausfließen.[137]

Eine Geschichte aus Rastenburg: Ein Angeklagter war zum Tode verurteilt worden. Am Tag vor der Hinrichtung erschien ihm die Jungfrau Maria, die ihn trösten wollte; sie gab ihm ein Stück Holz und ein Messer, er sollte etwas schnitzen. Er machte sich an die Arbeit und brachte ein Marienbild mit Jesuskind zustande. Als die Richter am folgenden Tag das Bild sahen und auch von der Erscheinung der heiligen Jungfrau hörten, hielten sie das für einen Wink von oben und ließen den Verurteilten frei. Der brachte das Schnitzwerk zu einer Linde und stellte es in ihr auf. Seitdem verlor der Baum seine Blätter nicht mehr, er blieb immer grün.

Geschichten vom Lindenbaum waren schon bei den alten Griechen beliebt. Die Verwandlung von Menschen in einen Lindenbaum hielten sie für eine besondere Gunst der Götter. Dieses Schicksal war Philemon und Baucis bestimmt; Ovid erzählt in seinen Metamorphosen«:

Zeus sah sich in Begleitung von Hermes auf der Erde um. Sie waren als Reisende verkleidet und wurden überall recht unfreundlich aufgenommen, fanden weder Nahrung noch Unterkunft. Schließlich gelangten sie in Phrygien zu einer ärmlichen Hütte, in der ein altes Ehepaar wohnte. Das nahm die Fremden bereitwillig auf und teilte mit ihnen das Wenige, das es hatte.

Bald merkten die Alten, daß der Weinkrug, aus dem alle tranken, sich nicht leerte. Sie schauten ihre Gäste aufmerksam an und fanden heraus, daß sie keine gewöhnlichen Sterblichen waren; da gaben die Götter sich zu erkennen. Sie waren von der Uneigennützigkeit der beiden Alten zutiefst beeindruckt. »Überall sind wir schlecht aufgenommen und von herzlosen Menschen verjagt worden«, sagten sie. »Die sollen bestraft werden. Euch aber wollen wir belohnen.«

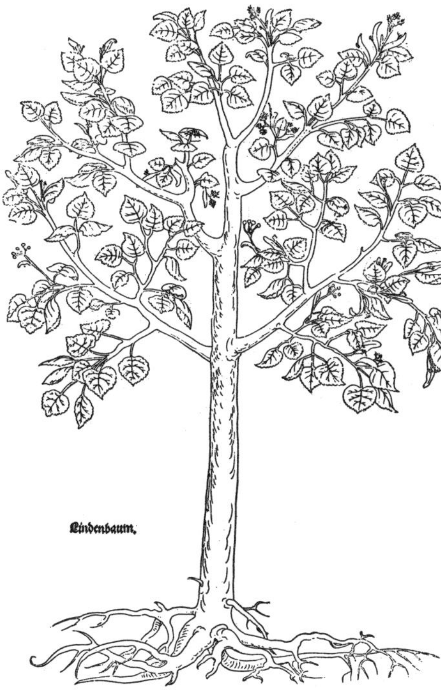

Sie stiegen gemeinsam auf einen Hügel. Ringsum tobte ein Unwetter, das alle menschlichen Behausungen zerstörte. Die Götter aber führten die beiden Alten zu einen prächtigen Tempel, den sie von nun an hüten sollten. Am sehnlichsten wünschten sich die Beiden jedoch, bis an ihr Lebensende zusammenbleiben zu dürfen. Als ihre Zeit zu Sterben kam, wurde Philemon in eine Eiche und Baucis in eine Linde verwandelt. Die Äste wuchsen zu einem Stamm zusammen.

In der Siegfriedsage wird als einziger Baum die Linde erwähnt. Siegfried kämpft gegen Fafnir, einen scheußlichen Drachen, den er mit einem Schwert tötet. Um Unsterblichkeit zu erlangen, badet er in seinem Blut. Aber – »ein Lindenblatt gar breit« weht der Wind während des Bades auf Siegfrieds Schulter; an dieser Stelle bleibt der Held verwundbar. Das nutzt der schurkische Hagen, der durchbohrt Siegfried an der Schulter – wiederum unter einer Linde.

Dieses Lindenblattmotiv wurde später immer dann bemüht, wenn es galt, Niederlagen der Deutschen als bloße Betriebsunfälle der Geschichte umzudeuten. Aus Hagens heimtückischem Lanzenstoß wurde die »Dolchstoßlegende«, die Pannen und verlorene Kriege so hinstellte, daß die aufrechten Deutschen immer wieder Opfer von Verrat und heimtücke wurden.

Lindensafft macht das Haar wachsen und verhindert, daß es nit ausfällt

Ein Baum mit derart positiven Eigenschaften und zauberischen Wirkungen mußte auch in der Sympathie-Medizin zu gebrauchen sein. Selbstverständlich konnten auf ihn Krankheiten »gewendet«, also abgeleitet, werden, vor allem die Gicht. Man mußte nur zur Linde gehen und sprechen:

»Gichtfuß, du sollst stehen,
du sollst vergehen, sollst verschwinden,
wie das Laub an den Linden.
Bei den Toten sollst du's finden.
Im Namen des Vaters usw.«

Wenn man jedoch an den Lindenbaum pinkelte, schlug der Baum zurück, indem er dem Frevler ein Gerstenkorn anzauberte. Das konnte er aber wieder loswerden, wenn er das Auge mit drei Lindenblättern bestrich.

Da oft die primitivsten hygienischen Einrichtungen fehlten, hatten die Menschen früher ständig unter allerlei Ungeziefer zu leiden. Als besonders lästig erwiesen sich Filzläuse. Dabei handelte es sich um eine Läuseart, die vornehmlich an den Schamhaaren des Menschen lebt. Ihre Bisse hinterlassen zuweilen bläuliche Flecken, verursachen aber in jedem Fall einen unangenehmen Juckreiz. Die Filzlaus hat eine Lebensdauer von 26 Tagen und wird beim Geschlechtsverkehr übertragen. Die magischen Kräuterheiler empfahlen zur Bekämpfung dieser Läuse den Rauch von Lindenholz, den man an die »heimlichen Orte« leiten mußte, um die Plagegeister in die Flucht zu schlagen. Manche Quacksalber meinten aber, man dürfe die Filzlaus gar nicht vertreiben, da sie allerlei krankmachende Stoffe aus dem Körper ziehe. »Leute, die schwere Lasten heben müssen, z.B. Müller, pflegen sie direkt in ihren Schamhaaren, weil sie sie vor Brüchen bewahren. Auch die Fuhrleute sehen es gern, wenn sie mit Filzläusen behaftet sind, ja sie kaufen sich welche, wenn sie nicht schon welche haben, weil nur dann ihre Pferde gedeihen.«[138]

Weitere Tips aus der praktischen Magie: Gab man Kindern in ihren ersten Brei Lindensprossen, die am Karfreitag Punkt 12 Uhr mittags gepflückt wurden, bekamen sie niemals Zahnweh. – Wer stark unter Migräne zu leiden hatte, sollte sich Lindenblätter um den Kopf binden. – In Siebenbürgen stellt man am 1. Mai vor dem Haus des Kranken Lindenzweige auf. Aus deren Rinde wurde später mit Zucker, Zwiebeln und Hanfsamen ein Brei gekocht. Die eine Hälfte davon verzehrte der Patient, die andere warf man in fließendes Wasser, damit die Krankheit »weiterfließe«.

Die magischen Heilwirkungen der Linde werden bereits wirksam, wenn man sich in ihrem Schatten ausruht. Man befindet sich unter einem solch großen Baum wie unter einem Schutzschild, der das natürliche statische und elektromagnetische Feld der Erde neutralisieren soll: »Der Raum unter dem Baumdach, erfüllt mit Sauerstoff, gereinigt durch die Baumäste, bietet Entspannung wie kein anderer. Die Nerven können sich beruhigen, die Seele befreit ›ausatmen‹.«[139]

Die ausgezeichneten Wirkungen der Lindenblüte bei Erkältungskrankheiten wurde aber erst im 17. Jahrhundert entdeckt. Schon früher bekannt waren die folgenden Wirkungen: »Die bletter vom Lindenbaum, grün mit essig zerstoßen und übergelegt, heilen die wunden. Der saft aus den blättern und blumen vertreibt runtzeln und flecken des angesichts, damit gewäschen. – Der safft von den inneren rinden angestrichen legt nieder die geschwulst. Gedachter safft angestrichen, macht das Haar wachsen und verhindert, daß es nit ausfällt. – In Wein oder Wasser getruncken, treiben den harn und bringen den frauen ihre Zeit.«[140]

Schon Matthiolus wußte, daß das Wasser von Lindenblüten zur Behandlung von Flecken und Malen im Angesicht geeignet ist. Noch heute wird empfohlen, die Lindenblüten zur äußerlichen und inneren Anwendung als Schönheitsmittel zu nutzen. Die Lindenblüte soll die Haut entschlacken und sie gründlich von schädlichen Giftstoffen reinigen. Hildegard von Bingen: »Im Sommer soll man sich, wenn man schlafen geht, mit frischen Lindenblättern die Augen und das Gesicht bedecken. Das macht die Augen klar und rein.«[141]

Jean Schroder gibt in seiner Pharmakopöe (1665) den Rat, die Rinde des Lindenbaums gegen Kopfschmerzen, Fallsucht und Schlaganfälle einzusetzen. Michael Ettmüller meint etwa zur gleichen Zeit, daß eine Abkochung aus Lindenblättern Unterleibsschmerzen ebenso stille wie den ständigen nervösen, aber erfolglosen Drang zum Wasser lassen.[142] M. Mességué gibt heute allen Schlaflosen die Empfehlung, den Lindensaft regelmäßig zu nehmen. »Ich empfehle die Linde allen, besonders aber nervösen, chronisch schlaflosen, besorgten und angstgequälten Menschen.«[143] Nach ihm hat die Linde blutverdünnende Wirkung, sie reinigt das Blut, läßt es besser fließen und beugt damit Arterienverkalkung, Venenentzündung, Angina pectoris und Herzinfarkten vor.

Die moderne Kräuterheilkunde empfiehlt den Lindenblüten-Tee nach wie vor bei Erkältungskrankheiten.

Allgemein anerkannt ist auch die schweißtreibende Wirkung dieser Droge; sie ist zudem fiebersenkend und mobilisiert die Abwehrkräfte des Körpers bei Erkältungen.

Die Linde: Der Liebes- und Freudenbaum

Aphrodisische Wirkungen sind von der Lindenblüte oder anderen Teilen diese Baumes nicht zu erwarten. Es ist vielmehr das Flair, das diesen Baum umgibt, das ihn in Liebesdingen so Wunderbares vollbringen läßt.

In den Worten von Th. Lessing: »Die Linde. Warum ist dieser Baum der Baum der Liebe? Zunächst denkt man an den sinnlich erregenden, wunderschönen Duft seiner Blüten.

Die Besamung der Blüte ist eng verknüpft mit dem Liebesleben zahllose Insekten.

Dieser Baum offenbart in Sommernächten ein hochaufrauschendes, summendes, singendes, bacchisches Leben. Er brennt durch die Nächte wie eine wollusttrunkene Fackel der Liebessehnsucht, und die Bienen, Hummeln, Käfer, Fliegen umtaumeln das offene Brautbett als trunkene Mänaden.«[14]

Aphrodite, Venus und Frigga, die Liebesgöttinnen, wohnten in dem Baum und noch im frühen Mittelalter wurde die Linde als befruchtender Vegetationsdämon angesehen.

Die vielen Dorflinden könnten ein bleibender Ersatz für die nur kurzzeitig aufgestellten Maibäume gewesen sein.[145]

»Nur reine, jungfräuliche Mädchen durften den Vortanz um die Dorflinde halten. Hatte eine Tänzerin die jungfräuliche Ehre verloren, verunehrte sie den heiligen Lebensdämon, die Linde mußte ›gescheuert‹, d.h. der Rasen um sie aufgegraben werden.«[146]

Noch für Heinrich Heine ist sie der Treffpunkt der Verliebten:

»Sieh das Lindenblatt, du wirst es
wie dein Herz gestaltet finden,
darum sitzen die Verliebten
auch am liebsten unter den Linden.«

Und viel früher bei Walter von der Vogelweide (1156-1230):

»Unter den linden auf der heide,
da unser zweier bette was,
da muget ir vinden schône beide
gebrochen blumen unde gras.
vor dem Walde in einem tal,
tanderadei,
schône sanc diu nahtegal.«

Tanzende Bauern unter der Linde

Auch Tristan und Isolde finden nach Gottfried von Straßburg Trost unter einem Lindenbaum. Nachdem Isolde von ihrem Mann, dem König Marke, wegen ihres Ehebruchs mit Tristan vom Hofe verbannt war, ziehen die Liebenden in die Wildnis:

»Wenn aber dann die lichte Sonne
sich höher hob im Himmelsblau
und heißer ward die Luft der Aue,
so suchten sie die Linden
mit ihren linden Winden,
daß ihnen dort die sanfte Kühle
wohlig Brust und Herz umspüle.
Da wurden Aug' und Sinn gestillt.
Wie war der Schatten süß und mild
von Lindengrün und Lindenduft;
wie hauchte die erfrischte Luft
in diesen Schatten so gelinde!
Auch war der Ruhesitz der Linde
von Gras und Blumen weich und kühl,
der bestgewirkte Rasenpfühl,
den eine Linde je gewann.

Dort saßen sie und sahn sich an
und sprachen liebverbunden
von fernen Liebeskunden,
von Herzen, die vor langer Zeit
vergingen in der Liebe Leid.«[147]

Die Birke

Wegen ihrer grazilen Schönheit galt die Birke oft als die Baumnymphe schlechthin. Börries von Münchhausen besang in seinem Gedicht »Birkenlegendchen« ihre Mädchengestalt:

»Birke, du schwankende, schlanke,
wiegend am blaßgrünen Hag,
lieblicher Gottesgedanke
vom dritten Schöpfungstag.

Gott stand und formte der Pflanzen
endlos wuchernd Geschlecht,
schuf die Eschen zu Lanzen,
Weiden zum Schildgeflecht.

Gott schuf die Nessel zum Leide,
Alraunwurzeln zum Scherz,
Gott schuf die Rebe zur Freude,
Gott schuf die Distel zum Schmerz.

Sinnend in göttlichen Träumen
gab seine Schöpfergewalt
von den mannhaften Bäumen
einem die Mädchengestalt.

Göttliche Hände im Spiele
lockten ihr blonden das Haar,
daß ihre Haut ihm gefiele,
seiden und schimmernd sie war.

Biegt sie und schmiegt sie im Winde
fröhlich der Zweigelein Schwarm,
wiegt sie, als liegt sie ihr ein Kinde
frühlingsglücklich im Arm.

Birke, du mädchenhafte schlanke,
schwankend am grünenden Hag,
lieblicher Gottesgedanke
vom dritten Schöpfungstag.«

Die Familie der Birkengewächse (Betulaceae), die in eine Reihe mit der Buche gehöre, umfaßt auch noch die Hasel, die Hainbuche und die Erle.

Die Weißbirke *Betula pendula*

Der schlanke, weiße Stamm, die lichte Krone und die herabhängenden oberen Zweige (»Hängebirke«) machen die Weißbirke zu einer unübersehbaren Erscheinung in unserem Landschaftsbild. Sie hat eine Pfahlwurzel, auf steinigen Standorten bildet sie aber auch ein flaches, ausgedehntes Wurzelsystem aus. Der unregelmäßig zylindrische Stamm kann eine Höhe von 30 Metern erreichen; die Krone ist anfangs spitzkegelig, später rundlich gewölbt. Nach 20 Jahren verlangsamt sich das Längenwachstum, mit 50-60 Jahren ist die Birke »erwachsen«, sie kann aber ein Alter von 100 Jahren erreichen.

Die papierdünne Rinde läßt sich leicht abziehen, erst mit zunehmendem Alter wird der ganze Stamm mit einer dunklen Korkschicht überzogen. Die dreieckigen bis rautenförmigen, am Rande gesägten Blätter sind im Frühjahr von stark duftendem Harz überzogen. Die Belaubung der Birke ist nicht so dicht wie bei anderen Bäumen: Da sie in den kälteren Regionen des Nordens

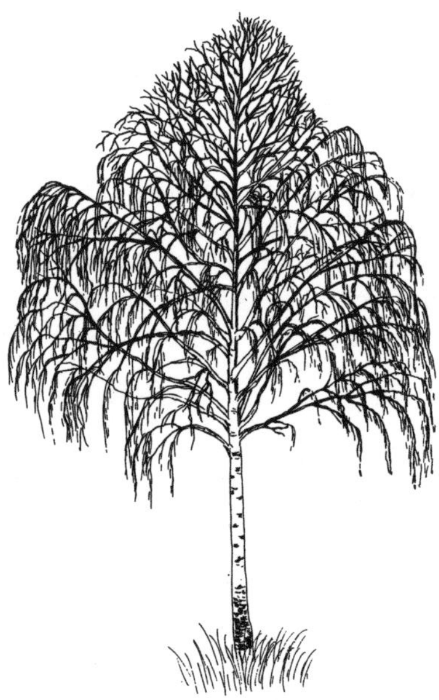

zu Hause ist, muß sie den Mangel an Wärme durch bessere Lichtausnutzung ausgleichen; das kann sie nur erreichen, wenn sich die Blätter nicht gegenseitig das Licht nehmen.

Die Birke wird nach etwa 20 Jahren »mannbar«. Schon im Sommer werden die männlichen Blütenstände angelegt; sie überwintern und werden im nächsten Frühjahr reif. Die Birke ist einhäusig, die Blüten eingeschlechtlich. Die reifen männlichen Blüten stehen zu zwei oder drei Kätzchen zusammen. Die weiblichen Blütenstände bilden sich erst im Frühjahr unter den männlichen Kätzchen aus, sie kommen mit den Laubblättern zum Vorschein. Die zweiflügeligen Früchte werden vom Wind oft über weite Strecken fortgetragen.

Die Moorbirke *Betula pubescens*

Diese Birkenart ist der Weißbirke sehr ähnlich. Die Rinde bleibt am ganzen Stamm allerdings meist weiß und glatt, es bildet sich keine Korkschicht aus. Die jungen Zweige sind behaart und nicht klebrig. Die Zweige hängen nicht herab, sondern stehen aufrecht. An diesem Merkmal kann man die beiden Birkenarten leicht unterscheiden.

HERKUNFT

Es gilt als wahrscheinlich, daß die Birken die Eiszeit im Gebiet nördlich der Alpen überdauert haben. Von dort aus leiteten sie nach der Eiszeit die Wiederbewaldung großer Flächen Mittel- und Nordeuropas ein. Erst mit Beginn der Wärmezeit setzte der Rückzug der Birke ein, im Wettbewerb mit anderen Baumarten wurde sie immer mehr zurückgedrängt. Zu Beginn des vorigen Jahrhunderts erlebte die Birke aber eine Renaissance. Wegen ihrer geringen

Ansprüche an Boden und Klima wurde sie anderen Bäumen vorgezogen und wahllos angepflanzt Es stellte sich aber bald heraus, daß die Birke viel weniger Holzmasse erzeugte als Buche oder Eiche auf dem gleichen Standort. Daraufhin ließ man die Birke als Waldbaum wieder völlig fallen. Dabei übersah man allerdings, daß die Birke auf den Böden, die ihren Ansprüchen gerecht werden, in der Holzproduktion mit anderen Bäumen durchaus konkurrieren kann.

Weißbirke Moorbirke

STANDORT

Beide Birkenarten stellen nur geringe Ansprüche an den Standort, sie sind außerordentlich anpassungsfähig an die jeweilige Umgebung. Sie wachsen auf armen, trockenen und sauren Sandböden ebenso wie auf feuchteren und etwas besseren Standorten, sie können sogar in Felsenrissen und Mauern Fuß fassen.

Die Weißbirke ist in ganz Europa verbreitet – von den britischen Inseln über Skandinavien und Rußland bis zum Weißen Meer; in südlichen Breiten wächst sie meist im Gebirge. Die Moorbirke finden wir vornehmlich in Nord- und Mitteleuropa. Im Süden dringt sie lediglich bis zum Südfuß der Alpen und in die Karapaten vor.

NAME

Der Name Birke – im Althochdeutschen biriche, im Mittelhochdeutschen birche, birke – ist von der glänzenden, schimmernden Rinde abgeleitet. Er ist auf einen indogermanischen Wortstamm zurückzuführen, der sich in den germanischen Sprachen wiederfindet: im Altnordischen heißt björk Hellschimmerer, im Angelsächsischen bedeutet beork dasselbe.

Im Niederdeutschen wird die Birke Besebom oder Rutebom genannt, weil seine Zweige gern als Besen oder Rute genutzt wurden. Geläufig sind auch die Namen Maien, Mayen und Mädchenmaie.

Viele Ortsnamen leiten sich von der Birke her; jemand hat über 5000 solcher Ableitungen gezählt. Auch Familiennamen stehen mit der Birke in Zusammenhang, Birkner und Pirkheimer sind zwei Beispiele dafür.

NUTZUNG

Das Holz von Weiß- und Moorbirke hat ähnliche Eigenschaften; das der Weißbirke ist etwas zäher und grobfasriger, das Holz der Moorbirke ist schwerer. Ansonsten sind beide Holzarten ziemlich weich, elastisch und biegsam, haben aber auch einige Nachteile: Das Holz besitzt nur geringe Tragfähigkeit, reißt leicht und neigt zum Verwerfen; im Freien fault es schnell und ist auch dem Insektenfraß stärker ausgesetzt. Als Bauholz ist es also nicht zu gebrauchen. In der Möbelindustrie und auch zu Schreinerarbeiten wird es dagegen gern genommen. Den Papierfabriken der nordischen Länder liefert es reichlich Rohstoff.

Aus der äußeren Rindenschicht wird der Rindenteer gewonnen, ein gutes Konservierungsmittel für Leder und Holz. Der innere Teil der Rinde enthält viel Gerbstoff; er wird vor allem in Skandinavien zum Gerben von Leder verwendet. Die Rinde wurde früher, da sie kaum wasserdurchlässig ist, als Unterlage für Bahnschwellen, für Bedachungen und Balken verwendet. Man stellte aus ihr auch Tabakdosen, Körbe, Matten, Stricke und Fackeln her. Großer Beliebtheit erfreute sich auch der Birkenwein, den man in Ermangelung besserer Ausgangsstoffe (z. B. Weintrauben) im hohen Norden aus dem zuckerhaltigen Birkenwasser gewann.

Die Birke – der mythische Baum der Nordländer

Den nordischen Völkern ist die Birke Sinnbild des Frühlings und seiner Lebenskraft. In Gestalt des Maibaums ist sie Symbol der erwachenden Liebe, sie liefert die Lebensrute, deren Schlag gesund und fruchtbar macht und vor Verhexung bewahrt.

Die Isländer hielten die Birke für wunderwirkend, ihre Priester beteten zu ihr und richteten Zaubersprüche an sie. In einem alten Runenlied heißt es:

»Beok (Birke) ist früchtelos,
trägt eben wohl
Zweige ohne Samen.
Doch in der Spitze
rauscht sie, lieblich
bewachsen mit Blättern
von der Luft bewegt.«

In ihrer nordischen Heimat ist sie eng mit dem Leben des Menschen verbunden, vieles gibt sie ihm zu seinem täglichen bedarf: Kleidung, Feuerung, Geräte für Haus und Hof, Heilmittel und anderes mehr.

Sie ist der Lieblingsbaum der Finnen, der weltschöpferische Baum. Im Nationalepos der Finnen, der Kalevala, rodet der Held Väinämoinen den Wald, um Ackerland zu schaffen; eine Birke aber läßt er stehen:

»Väinämoinen alt und weise,
der bestellt ein scharfes Beil sich,
alle schönen Bäume stürzt er,
rodet er das große Brandland,
ebnet ungemessenen Boden,
bleiben läßt er eine Birke,
recht als Vogelrufplatz fertig,
recht als Kuckucksrufplatz künftig.

Her vom Himmel kam ein Adler,
er, der oberen Lüfte Vogel,
kam alles anzuschauen:
›Warum ward denn so gelassen
diese Birke ungebrochen,
ungestürzt der schöne Baum nur?‹

Sprach der alte Väinämoinen:
›Deshalb ist sie so gelassen,
allen Vögelein zum Ausruhn,
hier des Himmels Aar zu Sitzen.‹«

Bei einer Überschwemmung der Erde rettet sich der Weltgeist in Gestalt eines Adlers auf die Birke. Als Dank dafür, daß Väinämoinen die Birke verschonte, nimmt der Adler den Heiden, der tagelang hilflos umhergeschwommen war, auf seinen Rücken und gibt ihn der Erde zurück.

Für die Germanen war die Birke ein heiliger Baum; auch sie war der Frigga, der Göttin der Liebe und der Fruchtbarkeit geweiht. Ihr zu Ehren pflanzte man den Maibaum, unter ihm huldigte man der Göttin und feierte so das Erwachen der Natur. Gegen diesen heidnischen Brauch wetterten die christlichen Glaubenseiferer; auch die weltliche Obrigkeit folgte beflissen den Wünschen der Kirche und stellte das Einholen des Maibaums unter schwere Strafe – vergebens, der Brauch hat sich bis heute gehalten.

Denn noch immer stellen die heiratswilligen Burschen junge Birkenzweige vor die Haustür der Angebeteten; sie stehen dort als Symbol des Frühlings und der Liebe. In Niederbayern treibt man immer noch das Vieh mit Birkenzweigen aus den Ställen auf die Weide. Die Birkenzweige schützen als Lebensruten die Tiere vor Krankheiten und Schäden, und sie sorgen auch dafür, daß die Kühe fruchtbar blieben und das ganze Jahr über reichlich Milch gaben.

Die gleichen Bräuche gab es auch in Rußland. Noch bis zum Ende des 19. Jahrhunderts wurde dort die Birke verehrt, ja angebetet. Hier gingen jedoch die Mädchen in den Wald, um den Baum zu holen. Dabei sangen sie:

»Freut euch nicht, Eichen,
Freut euch nicht, grüne Eichen,
Nicht zu euch gehen die Mädchen,
Nicht euch bringen sie Kuchen,
Backwerk, Omletten.
So, so Semik und Troitsa!
Freut euch ihr Birken,
Freut euch ihr grünen!
Zu euch gehen die Mädchen,
Euch bringen sie Kuchen,
Backwerk und Omletten.«

Birkenreiser wurden in ganz Europa zum Abstecken von Grenzen und zum Auspeitschen von Delinquenten und Irren verwendet, da man der Meinung war, damit böse Geister vertreiben zu können.[148] Im keltischen Alphabet steht die Birke als erster Baum für den Buchstaben B, denn sie ist der Baum des Anfangs. Sie ist der erste Baum des Waldes, der Blätter ansetzt. Nach ihm richten sich die Bauern bei der Aussaat des Sommergetreides.

Das Keltische Horoskop sah die Birke als die Schöpferische, sie stand für die am 24.6. Geborenen, dem Tag des Sonnenhöchststandes. Es heißt dort:

»Die Birke ist ein zarter und schöner Baum: lebhaft, anziehend und elegant. Immer sympathisch und freundlich, ist sie als Gesellschafter gern gesehen. Sie ist anspruchslos und verlangt nicht viel. Selbst frei von Überheblichkeit und Snobismus, verabscheut sie alles Vulgäre und Pöbelhafte.

Sie liebt das Leben in der Natur, kann sich aber auch mit Leichtigkeit jeder anderen Lebensweise anpassen, – wenn man sie in Ruhe arbeiten läßt. Und lassen Sie sich nicht durch ihr zartes Aussehen täuschen, sie kann arbeiten wie ein Berserker.

Das Liebesleben der Birke ist nicht besonders leidenschaftlich, dafür ist sie aber in ihren Gefühlen beständig und treu. Sie tut alles nur Denkbare, damit ihr Partner mit ihr glücklich wird. Und nie wird sie eine Wahl bereuen, es sei denn, sie hat es besonders schlecht getroffen.

Ihre Intelligenz ist überdurchschnittlich und mit Vorstellungskraft gepaart. Deshalb wird sie unter günstigen Bedingungen immer eher schöpferisch tätig werden.«[149]

Birke, du wunderbare, zauberhafte

Junge Birken, die in Ruinen wachsen, waren oft Anlaß für Sagen, wurden mit zauberhaften Wesen in Verbindung gebracht. Im niederbayrischen Kötzing suchte ein Bauer nachts in der Burgruine seine entlaufene Kuh. Dabei traf er eine weiße Frau, die ihn um Erlösung bat: »Denn erlöst du mich nicht, so muß ich wandern, bis aus jenem Birkenzweig ein Baum wird, bis aus dem Baum Bretter geschnitten, aus den Brettern eine Wiege gemacht, in der Wiege ein Knabe gewiegt und dieser zwanzig Jahre alt ist.«

In Dondangen wuchs an der Stelle, wo der Burgherr im Zweikampf gefallen war, ein Birkenbäumchen, dessen Stamm nie dicker als ein Zoll wurde. Der jüngste Besitzer des Schlosses versuchte mit allen Mitteln, dem Bäumchen ideale Wachstumsbedingungen zu verschaffen – aber die Birke ging ein, sobald die Strafzeit der grünen Jungfrau vorüber war, die dort wandelte.[150]

Als Frühlingsbaum war die Birke Lieferant der Lebensrute. Nach uraltem Zauberglauben bargen ihre Zweige Wunderkräfte, die sich auf alles Lebendige, das mit ihnen in Berührung kam, übertrugen. So schlug man Haustiere mit Birkenruten, damit sie gesund und leistungsfähig blieben, den Hirten folgten und fruchtbar wurden. Brautpaar beschworen mit ihrer Hilfe reichen Kindersegen und Gesundheit. Ursprünglich war der Schlag mit der Lebensrute Bestandteil eines alten Fruchtbarkeitsritus, erst später richtete er sich gegen Dämonen, die den Menschen Unfruchtbarkeit anzauberten. Die Rute konnte auch – an die Stalltür geheftet – allerlei Ungeziefer und Krankheiten vertreiben.

Sollten auf dem Acker und im Garten die Früchte gut gedeihen, griff man auf die Hilfe der Birke zurück. In Böhmen steckte man einen Birkenzweig in den Boden, um die Flachsernte zu sichern und die Flachsröste störungsfrei ablaufen zu lassen. Waren die Kohlköpfe stark mit Raupen befallen, ging der Bauer mit einem Birkenzweig dreimal um das Kohlfeld und sprach dabei:

»Raupen, packt euch,
der Mond geht weg,
die Sonne kommt.«

Auf ähnliche Weise vertrieb man die Ratten. Mit einem Birkenreis in der Hand lief man während des Glockengeläuts um das Haus, schlug an die Türen und forderte die Ratten auf: »Hallo, hallo, zur Kirche!«

Nicht alles daran ist der schiere Aberglaube. Neuerdings hat man nämlich entdeckt, daß der Birkenteer bestimmte Inhaltsstoffe enthält (Phenole vor allem), die durchaus gegen Räude und auch gegen Ungeziefer wirken.

Vor allem in den slavischen Ländern galt die Birke als zauberabwehrender Baum. Eine auf frischer Tat erwischte Hexe wurde mit Birkenreisern geschlagen, um ihr die Zauberkraft ein für allemal zu nehmen.

Hatte eine Hexe einer Kuh die Milch weggezaubert, wurde ein Birkenscheit unter dem Lager der Kuh vergraben – und die »versiegene« Milch kehrte zurück. Wenn eine Kuh gekalbt hatte, schlug man einen Pflock an der Stelle, auf die das Kalb gefallen war, so tief in den Boden, daß man ihn nicht mehr ehen konnte; das sollte die Hexen abschrecken, die trotz aller anderen Vorsichtsmaßnahmen Zutritt zum Stall gefunden hatten.

Am Walpurgisabend steckte man Birkenzweige an die Stalltüren oder auf den Mithaufen, um den Hexen den Zutritt zu verwehren. Das wurde damit begründet, »daß die Hexen die Blättchen der aufgestellten Birkenzweige zählen müßten und es dabei Tag werde.«[151]

In Böhmen wurde am 1. Mai auch das Vieh mit Birkenruten auf die Weide getrieben, die mit Palmzweigen geschmückt waren. Der Schlag mit dieser Lebensrute sollte das Vieh das ganze Jahr über vor angehexter Unbill schützen.

Magische Wirkungen traute man der Birke in der Kindererziehung zu; schon in der Antike galt die Birkenrute als ultima ratio der Pädagogik. Sehr viel später meinte Geiler von Kaysersberg (1445-1510), ein bekannter Volksprediger, die Kinder müßten die Hiebe mit der Rute freudig und dankbar annehmen: »Wenn man ein kind houwet, so muß es dankbar die routen küssen und sprechen:

›Liebe rout, traute rout,
werst du nit, ich thet nimmer gout‹.«

Auch der deutsche Arzt Lonicerus stößt in dieses Horn: »Die Birke ist auch heut zu Tag in großer Ehr, dieweil sie die böse und ungehorsame Kinder und Jugend straffet. Daher man dann in Teutschen Reimen sagen:

›O du gute Bircken Ruth,
du machst die ungehorsamen Kinder gut!‹«[152]

Lonicerus zur reinigenden Wirkung der Birke: »Sie läßt sich auch zu anderen Diensten gebrauchen, nemlich die unflätigen Häuser da mit zu kehren.«

Noch in einem »Kräutersegen« aus dem Jahre 1886 kann man die pädagogische Maxime lesen: »... gegen Ungehorsam, Trotz und Unart der Kinder hat die Birkenrute sich als zauberkräftig erwiesen, und wenn ihre Bekanntschaft im Augenblicke der Züchtigung auch höchst scharf und beißend schmeckt, so ist sie doch in der Folge zur wirklichen Wohltat geworden.«[153]

Ein Opfer dieses pädagogischen Unsinns hat die Birke angezapft und später gereimt:

»O Birke, grausam durst'ger Baum,
mein ist nun Recht und Rache;
oft tranket du mein junges Blut,
nun trinke ich deins und lache.«

Die Kinder bohrten gern den Baum an und sammelten den Birkensaft. Das beschreibt Konrad von Megenburg schon vor 600 Jahren: »Ich waiz wol in dem maien, wenn der paum gar safftig ist und man einen span dar auz hauwet, so fleuzt gar viel safft dar auz, und trinket diu klainen kint auf dem gän (Land), wan es süez und stinkt nit.«[154]
Dazu noch ein Volksrätsel:

»Es grünt im Busch,
es blüht im Busch
und macht die Kinder schreien.«

Sein Gebrauch ist gering in der Artzeney

Die therapeutischen Möglichkeiten der Birke wurden erst recht spät entdeckt. Griechen und Römer wußten noch nichts über ihre Heilkräfte, und hierzulande begann man erst im Verlauf des 17. Jahrhunderts, die Birkenblätter wegen ihrer diuretischen Wirkung bei Nieren- und Blasenleiden einzusetzen.

In der magischen Volksmedizin war das anders. In der Nähe von Marburg zogen die Gichtkranken bei abnehmendem Mond in langer Prozession zum Neuhof; dort führte man sie kurz vor Sonnenaufgang in einen Birkenwald, jeden vor einen Baum. Zunächst wurde der Spruch auf gesagt:

»Ich stehe hier vor Gottes Gericht
und verknüpfe meine Gicht,
und meine Krankheit am Leibe
soll in dieser Birke verknüpft bleiben.«

Der verantwortliche Zeremonienmeister knüpft dabei einen Knoten in einen Birkenzweig, um die Gicht auf die Birke zu übertraten, zu »wenden«.[155]

Dieses Wenden klappte allerdings nur dann, wenn die Gicht angezaubert worden war. Die Einnahme von Birkensaft hingegen erscheint aussichtsreicher, wenn man berücksichtigt, daß die Inhaltsstoffe der Birke harntreibend wirken und somit auch Stoffe ausschwemmen, die zur Gicht führen können.

Die renommierten Kräuterkenner der beginnenden Neuzeit äußern sich aber nur beiläufig zu den Heilkräften der Birke. A. Lonicerus sagt lediglich etwas zum Birkensaft: »Der süße Safft, so im Lentzen aus den Birken gesammelt wird, getruncken, soll sehr gut sein wider den Stein und Geelsucht. Dieser Safft für sich selbst gebraucht und zuvor destilliert heilet die Fäule des Mundes, Zittermähler und Flecken der Haut.« Und: »Der Safft ins Milchgerinsel gethan, läßt keinen Wurm in Käsen wachsen.«[156]

Kaltes Fieber wurde bekämpft, indem man auf die Birkenblätter urinierte; verdorrten die Blätter nach dieser Behandlung, war der Kranke geheilt. Wer unter Warzen litt, mußte neun Zweige vom Birkenzweig pflücken und die Warzen damit schlagen, just in dem Moment, in dem die Kirchenglocken läuteten. Noch heute geben manche Kräuterkundige der Birke magische Kräfte: »Birkensaft ist ein Lebenselixier für alte Leute, Abscheidungen lösend, erfrischend, ausscheidend. Bei zurückgetretenem Fußschweiß steckt man die Füße über Nacht in einen Sack mit Birkenblättern oder legt die weiße Rinde unter die Sohle, um so den Fußschweiß zurückzuholen.«[157]

In Lappland werden Rheuma-Kranke noch heute nackt in ein Bett aus Birkenlaub gelegt und bis zum Kopf mit Blättern bedeckt. »Dem anfänglichen Jucken folgt ein heftiger Schweißausbruch und Erleichterung. Die Wirkung des ›Laubbades‹ beruht darauf, daß die Blätter der Birke einen schweißtreibenden Stoff enthalten, der auch in unserem heimischen Birkenblättertee zur Entfaltung kommt.«[158]

Nach M. Mességué, dem »Großmeister« der Kräuterheilkunde, können Birkenblätter entscheiden mehr als nur den Harn treiben und das Rheuma besiegen. Er meint, sie regen auch die Verdauung an, sie heilen die Grippe, senken das Fieber, verleihen dem Teint junger Mädchen die Farbe von Rosen. Ein Vollbad aus Birkenblätter-Auszügen garantiert dem Übergewichtigen das mühelose Abschmelzen überflüssiger Pfunde.[159]

Die Birke hilft in Liebesnöten

Die Birke ist bis in unsere Tage ein Baum des Lebens und der Fruchtbarkeit geblieben – wohl wegen des frühen Hervorbrechens der Knospen und der schnellen Begrünung. Die Frauen holten sich die Birke ins Dorf, sie sangen und tanzten unter diesem Baum, dem Sitz der Fruchtbarkeitsdämonen. Mit Birkenreisern schlug man Mädchen und Frauen auf die Geschlechtsteile, um sie fruchtbar zu machen. Schon den Germanen war bekannt, daß man aus

Birkenblättern einen Wein herstellen konnte, der nicht nur als Schönheitsmittel begehrt war, sondern auch die Potenz heben sollte.

So lieferte sie den »brüchigen« (impotenten) Männern ein Stärkungsmittel. Birkenlaub konnte auch das gefürchtete »Nestelknüpfen« unwirksam machen. Das war eine von den Hexen geübte Methode, den Eheleuten den Beischlaf unmöglich zu machen. Beim Nestelknüpfen wurde von einer Hexe im Augenblick der Trauung, wenn der Priester die Worte hersagte: »Was Gott zusammengefügt hat, soll der Mensch nicht scheiden«, ein Knoten geknüpft, wobei Zaubersprüche zitiert wurden. Anschließend wurde der Knoten so versteckt, daß er unauffindbar blieb. Diese Prozedur nahm dem Bräutigam seine Potenz. Die verlorene Manneskraft kehrte aber zurück, wenn der Brüchige durch einen Kranz von Birkenzweigen urinierte. Und wenn einer dazu noch regelmäßig Birkensaft trank, gingen aus der Ehe viele Kinder hervor.

Das Nestelknüpfen war schon den Hexen des Altertums bekannt, nur die Methoden waren damals etwas anders. Beim Knüpfen des verhängnisvollen Knotens sagte man nicht nur einen Zauberspruch, man verwendete auch narkotisierende Mittel oder aber eine magische Puppe: Von dem Mann, der behext werden sollte, fertigte man eine Wachspuppe an und stach dort in sie hinein, wo man die Leber vermutete. Davon sollte er impotent werden, denn die Leber galt den Alten als der Sitz sinnlicher Begierden.

Die Hexenjäger J. Sprenger und H. Institoris widmeten dem Unvermögen der Männer zum Venuswerk viele Seiten ihrer Schmähschrift »Der Hexenhammer«. Sie stellten die goldene Regel auf: »Wenn die Rute sich gar nicht bewegt, so daß der Mann niemals ein Weib erkennen kann, so ist dies ein zeichen von Kälte; aber wenn sie sich bewegt und steift, er aber nicht vollenden kann, so ist dies ein Zeichen von Hexerei.«[160]

An einer anderen Stelle des »Hexenhammers« heißt es: »Hier ist jedoch zu bemerken, daß eine solche Hinderung (der Zeugungskraft) von innen und außen bewirkt wird; erstens wenn sie (die Hexen) direkt die Erektion des Gliedes, die zur Befruchtung nötig ist, unterdrücken; und das möge nicht unmöglich erscheinen, da sie ja auch sonst die natürliche Bewegung in einem Gliede hindern können. Zweitens, wenn sie die Sendung der Geister zu den Gliedern, in denen die bewegende Kraft ist, verhindern, indem sie gleichsam die Samenwege versperren, daß sie nicht zu den Gefäßen der Zeugung gelangt.« Hier wirkt die Kraft der Dämonen, »die derartige Hexen täuschen«. Und die Hexen können dann mit Hilfe der Dämonen die Zeugungskraft bezaubern, »daß nämlich der Mann der Frau nicht beiwohnen kann und die Frau nicht empfangen kann«.[161]

Ist die Manneskraft aus anderen Gründen verloren gegangen, empfiehlt sich eine Methode, die der Arzt L.C. Hellwig in seinem »Recept-Buch« beschreibt: »Nimm Bircken-Baum-Holtz, binde die Zweige zusammen wie ein Besen, kehre die Stümpffe unter sich und die Schosse über sich, laß den Urin von oben darein.«[162]

Zum Erfolg in der Liebe können auch die Schönheitsmittel der Birke beitragen. In der Haarpflege hat sich das Birkenwasser seit langem bewährt: Inhaltsstoffe des Birkenwassers (organische Säuren, Eiweißstoffe) und der Birkenblätter (Flavonoide, Saponine, Gerbstoff) zeigen gute Wirkung bei Schuppenbefall, fettigem Haar, Kopfjucken und beginnendem Haarausfall.

Die Esche

In der Mythologie der Germanen ist die Esche der Weltenbaum, ihre Krone reicht bis nach Asgard, dem Wohnsitz der Götter, ihre mächtigen Wurzeln reichen in die Welt der Menschen und noch tiefer ins Reich der Riesen und Dämonen in der Unterwelt. Nach nordischem Glauben kamen die ersten Menschen aus einer Esche, holte man die Kinder aus diesem Raum.

Dennoch ist festzustellen, daß die Esche weniger tief im Bewußtsein der Menschen wurzelt als etwa Eiche oder Linde. Allenfalls ist sie noch ein verläßlicher Wetterprophet (»Grünt die Esche vor der Eiche, bringt der Sommer große Bleiche . . . »).

Esche

An einem hellflimmernden Sonnentag
suche ich deine Nähe und schaue
hinauf in deine Krone,
die sich wie ein hoher, weiter
Turm über mich ausbreitet
und versuche, die zarten Konturen
deiner Blätter zu umfassen,
mich verliernd in deinem Anblick. *(Aleke Thuja)*

STECKBRIEF

Die Esche gehört zur Familie der Ölbaumgewächse, zusammen mit dem Olivenbaum, dem Liguster, aber auch Jasmin und Flieder. Die Gattung der Esche umfaßt 70 Arten, von denen für unser Gebiet lediglich die Gemeine Esche von Bedeutung ist.

Die Gemeine Esche *Fraxinus exelsior*

Dieser Baum wird bis zu 40 Meter hoch, hat ein tiefreichendes Wurzelwerk und eine sehr lichte Krone mit steil aufragenden Ästen. Die bräunliche Rinde hat kurze Längsrinnen.

Die gegenständigen Blätter sind unpaarig gefiedert, das Einzelblatt ist lanzettlich, lang zugespitzt und am Rande scharf gesägt. Vor den Blättern erscheinen aus kugeligen, vorn zugespitzten schwarzen Knospen die schwarzen bis purpurroten Blütenbüschel, die an dünnen Stielchen hängen, Die Einzelblüten haben weder Kelch- noch Kronblätter und sie mögen sich nicht auf ein bestimmtes Geschlecht festlegen; es gibt männliche, weibliche und zwittrige Blüten. Die Früchte stehen auf dünnen Stielen in Rispen, sie bleiben den ganzen Winter über am Baum hängen und werden später vom Wind verbreitet. Die Mannbarkeit der Esche tritt erst mit 30-40 Jahren ein.

Die Esche stellt unter den Laubbäumen etwas Besonderes dar; sie zögert lange, ehe sie die schwarzen Knospen sprengt, die wie Zwiebelturmspitzen auf den Zweigen sitzen. Sie wartet im Frühjahr bis zuletzt damit, noch länger als die Eiche. Dafür hält sie das Laub lange fest. Ihre Blätter verfärben sich im Herbst nicht, sie fallen blaßgrün zu Boden.

Von den anderen Eschenarten soll hier kurz die *Manna-Esche* (Fraxinus ornus) erwähnt werden, ein Strauch, der in Südeuropa und in Kleinasien zu Hause ist. Einige Sorten werden wegen ihres »Mannas« angebaut. Aus Einschnitten in der Rinde quillt ein hellgelber Saft, der zu einer weißen Masse erstarrt – das Manna, das in Abführ-Tees verwendet wird. Dieses Manna ist nicht mit dem Manna der Juden zu verwechseln, von dem sie sich in der Wüste Sinai nach dem Auszug aus Ägypten ernährten. Das stammte entweder von bestimmten Flechten oder stellte eine Ausscheidung von Blattläusen dar.

Blatt, Knospe, Frucht

Blüte

Frucht

STANDORT

Die Esche ist über ganz Europa verbreitet, sie tritt aber selten in geschlossenen Beständen auf, ihr Verbreitungsgebiet deckt sich etwa mit dem der Eiche. Sie bevorzugt feuchte oder anmoorige Böden. Am besten gedeit sie in Auenwäldern, an Ufern und auch eingestreut in Buchen-Eichen-Wäldern. Aber auch in wasserführenden Tälern mit nährstoffreichen und triefgründigen Böden im unteren Bergland fühlt sie sich wohl. Gegen Spätfröste sind Eschen empfindlich, darum treiben sie ja auch so spät aus. -- Die raschwüchsigen Bäume erreichen ein Alter von 200 Jahren; bei einer Wuchshöhe von 30-40 Metern erreichen sie einen Stammumfang von 1,60-1,80 Metern.

Erfahrene Kräuterweiber wußten schon immer, daß man Eschen niemals in einen Garten pflanzen durfte; diese Bäume sind so gierig, daß sie im Umkreis von vielen Metern die Erde derart auslaugen, daß dort nichts anderes mehr wachsen kann.[163]

NAME

Das Wort Esche hat seinen Ursprung im Germanischen; im Althochdeutschen hieß sie ask. Dieses Wort wird in vielen nordischen Sprachen ähnlich gebraucht; schwedisch und dänisch – ask; englisch – ash. – In den deutschen Mundarten hat der Name der Esche viele Abwandlungen erfahren; im Niederdeutschen heißt sie Eske(nbom), im Schwäbischen Asch (so hieß sie auch schon bei Hildegard von Bingen), Ische in Lothringen. Wegen der Form ihrer Früchte heißt die Esche auch Sperlingszungenbaum; die Namen Bogenbaum und Wundholzbaum weisen auf die Verwendung des Eschenholzes hin. Die Bezeichnungen fraisne und freine im Französischen und frassino im Italienischen beziehen sich auf den lateinischen Gattungsnamen Fraxinus.

Viele Ortsnamen erinnern an die Esche: Eschenz, Eschi, Eschenbach, Eschenrod, Eschershausen, Aeschi u.a.

NUTZUNG

Der Stamm der Esche ist vor allem in dichteren Beständen lang und gerade gewachsen und ist bis zur Höhe von 20 Metern astfrei.

Das Holz ist zäh, hart, elastisch, dabei druck- und biegefest; es ist jedoch schwer zu spalten. Deshalb wird sie zur Herstellung von Sportgeräten verwendet, aber auch für Werkzeugstiele und -griffe, beim Fahrzeugbau, zur Herstellung von Gewehrschäften und auch in der Möbelindustrie. Als Brennholz steht sie der Eiche im Brennwert nicht nach.

Für bäuerliche Betriebe der Mittelgebirgslagen war die Esche von besonderer Wichtigkeit. Ihr Laub wurde – und das nicht nur in Notzeiten – in zweijährigem Rhythmus als Viehfutter geerntet, getrocknet und über weite Strecken zum Hof getragen.

Die in der Edda erwähnte Ziege Heidrun ernährte sich ausschließlich von den Blättern des Lärad, eines Baums über Odins Halle; wohl verwandt mit der Weltenesche Yggdrasil. Die Ziege Heidrun verwandelte die Eschenblätter in den edlen Met, den die Bewohner Walhalls genossen. – Und was der Ziege Heidrun recht war, konnte den wiederkäuenden Haustieren nur billig sein.

Die Esche als Weltenbaum

Der Weltenbaum bildet in vielen Urreligionen die Mitte des Universums. Krone, Stamm und Wurzel verbinden Himmel, Erde und Unterwelt miteinander und stellen das Prinzip Ordnung dar.

Bei den Germanen war die Esche dieser Weltenbaum. In »der Seherin Weissagung«, dem Eingangslied der älteren Edda, heißt es von der immergrünen Esche Yggdrasil:

»Eine Esche weiß ich,
sie heißt Yggdrasil,
die hohe, benetzt
mit hellem Naß:
von dort kommt der Tau,
der in die Täler fällt;
immergrün steht sie
am Urdbrunnen.«

Ihre Zweige umfassen die ganze Welt, die Krone reicht bis Asgard oder Walhall, dem Wohnsitz der Götter, und die Wurzeln stoßen tief unter der Erde bis in die Unterwelt vor. Sie ruht auf drei Hauptwurzeln, unter denen drei Quellen entspringen. Eine der Wurzeln, an der sich der Brunnen Urd findet, reicht nach Mitgard, dort wo die Menschen wohnen. Die zweite Wurzel wächst nach Utgard, dem Reich der Dämonen und Riesen, der Gegenspieler der Götter. Die dritte Wurzel verzweigt sich nach Niflheim, wo Kälte und Todesdunkel herrschen; an dieser Wurzel nagt der Drache Nidhögg (Neiddrache).

»Yggdrasils Esche muß Ungemach leiden
mehr als ein Menschenkind ahnt;
oben frißt der Hirsch, es fault eine der Seiten,
während Nidhögg die Wurzel benagt.«

Dieses Ungemach ist für Yggdrasil so lange nicht lebensbedrohend, als die drei Nornen, die Schicksalsgöttinnen, sie mit dem lebensspendenden Wasser aus dem Brunnen Urd besprengen.

In der Krone residiert der Adler, der Vielwissende, das Sinnbild des Guten; an der Wurzel nagt Nidhögg, der neidische Drache. Zwischen ihnen läuft ständig das Eichhörnchen Ratatosk hin und her, um das Gute gegen das Böse auszuspielen; es trägt dem Nidhögg und dem Adler die gehässigen Bemerkungen zu, die sie über den anderen machen:

»Ratatosk heißt das Eichhörnchen, das da rennen muß
an Yggdrasil auf und ab, oben hört es des Adlers Worte,
die es nieder zu Nidhögg bringt.«

Die Edda berichtet auch, daß die ersten Menschen aus den Bäumen askr (Esche) und embla (wahrscheinlich Ulme) hervorgegangen sind: »Als nun Burs Söhne am Meeresstrand wandelten, fanden sie zwei Bäume und schufen aus ihnen Menschen: der erste gab ihnen die Seele, der zweite das Leben, der dritte Gehör und Gesicht, und es hieß der Mann Ask und die Frau Embla. Von ihnen entstand da Menschengeschlecht, dem unter Mitdard die Wohnstätte eingeräumt ward.«

In der Edda spricht Odin (nordgermanisch für Wotan):

**»Ich weiß, daß ich hin am windbewegten Baum (Yggdrasil)
neun Nächte hindurch,
verwundet vom Speer, geweiht dem Odin,
ich selber mir selbst,
(an dem mächtigen Baum, von dem Menschen nicht wissen,
aus welchem Holz er wuchs.)**

**Man bot mir kein Horn noch Brot zur Labung,
nach unten spähte mein Aug',
ächzend hob ich, hob aufwärts die Runen,
zu Boden fiel ich alsbald.«**

Das Motiv des leidenden Gottes hat gelegentlich zu Vergleichen mit der christlichen Kreuzigung geführt. Darstellung und Deutung des Baumkultes der nordischen Völker werden aber gerade dadurch erschwert, daß auf Schriften zurückgegriffen werden muß, die unter dem Einfluß des Christentums standen.

Das gilt auch für die Edda: Die Haupthandschrift der Lieder-Edda ist erst gegen Ende des 13. Jahrhunderts in Island schriftlich festgelegt worden, zu einer Zeit also, in der längst die Christen an der Macht waren.
Schon im 7. Jahrhundert v.Chr. hatte aber der griechische Dichter Hesiod vom drittem, dem kriegerischen Geschlecht berichtet, das aus einer Manna-Esche hervorgegangen sein soll. Aus ihren Ästen waren die Lanzen der Krieger gemacht.

Als Äneas auf der Fahrt von Troja in das verheißende Land Italien in Cumae gelandet war, machten sich seine Gefährten sofort auf die Suche nach Eschenholz, um daraus Lanzen, Pfeile und Bogen herzustellen, denn für die Herstellung dieser und anderer Waffen gab es kein besseres Material. Der Kentaur Chiron wurde meist mit einem Speer aus Eschenholz dargestellt, den er gut zu gebrauchen wußte. Er fertigte auch dem Achilles einen Speer aus dem Holz der heiligen Esche vom Berge Pelion, mit dem der den Herkules besiegte. Noch heute kann man in Museen Lanzen, Armbrüste, Bogen und Jagdspieße aus dem hochelastischen, langfasrigen und bruchsicheren Holz der Esche bewundern.

Die Esche im Zauberglauben

So wie aus der Esche der erste Mensch kam, so holte man später in Tirol die Kinder aus der Esche, dort hieß sie der »Kleinkinder-Baum«. Doch kann man daraus nicht ohne weiteres eine Verbindung zu askr herleiten, denn viele andere Bäume wurden ebenfalls für anthropogen gehalten.

Einen Hinweis auf die Weltenesche kann aber die Bezeichnung »Wolkenbaum« für die Esche geben; so wird sie oft in Sagen genannt, wenn Gewitter im Spiel sind. In diese Vorstellungen sind die Hexen als Wettermacherinnen verstrickt:

Eine Dirn aus dem Alpachtal in Tirol fand auf ihrem Weg zur Alm einen Eschenzweig, den sie aufhob. Sie gelangte an eine Grube mit Schneewasser, in dem Froschbrut und Salamander schwammen. Um die Tiere zu erschrecken, schlug sie mit dem Zweig ins Wasser. Da erhob sich plötzlich ein Unwetter, und es tat sich ein schrecklicher Hagelschlag. Das Eschenreis war nämlich den Händen einer Hexe entfallen, die es zum Wettermachen benutzt hatte.[164]

Aus den Akten der Hexenprozesse in Deutschland im 16. und 17. Jahrhundert geht hervor, daß die Hexen häufig an Seen und Bächen saßen und mit ihren Gerten von Eschen oder anderen Bäumen solange ins Wasser schlugen, bis Nebel aufstieg, der sich zu dunklen Wolken verdichtete. Auf diesen Wolken fuhren sie dann in die Höhe und lenkten sie an die Stelle, wo Unwetter und Hagel den größten Schaden anrichten konnten. Wenn die Hexen aber den dringend benötigten Regen vertreiben wollten, sammelten sie Eschenlaub in Mannshemden und hängten die an einen Baum; sofort erhob sich ein Wind, der die Regenwolken wegblies und heiße, trockene Witterung brachte.

Auch im keltischen Zauberglauben verkörperte die Esche die Macht des Wassers – im Guten wie im Bösen. Sie kann den dringend benötigten Regen herbeizaubern, kann aber auch Überschwemmungen bewirken. Der Besenstiel der Hexen, auf dem sie zum Sabbat reiten, ist aus Eschenholz, er soll sie vor dem Ertrinken retten, wenn sie einmal über dem Meer abstürzen sollten.

Als sich einmal ein gewaltiges Unwetter erhob, dauerte es nur solange, bis ein Jäger mit einer geweihten Kugel in die schwärzeste Stelle einer Wolke schoß. Da fiel aus ihr eine nackte Hexe tot zur Erde, und das Unwetter verzog sich augenblicklich.

Vielfach ging es den Hexen aber gar nicht darum, die Feldfrüchte der Nachbarn zu vernichten, sondern darum, vom Feld weg auf ihre eigenen Äcker zu entführen. Das schildert auch der »Hexenhammer«: »Es wußten diese Hexen, wenn es ihnen gefiel, den dritten Teil Mist, Heu oder Getreide oder jeder beliebigen anderen Sache vom Acker des Nachbarn ... nach dem eigenen zu schaffen.«[165]

Die Esche eignet sich besonders gut zur Wettervorhersage, eine alte Bauernregel besagt:

»Grünt die Esche vor der Eiche,
bringt der Sommer große Bleiche.
Grünt die Eiche vor der Esche,
bringt der Sommer große Wäsche.«

Und wenn die Eschen sehr viele Blätter treiben, gibt es viel Hagelgewitter. Die Engländer glauben, daß die Esche den Blitz anziehe, anderswo ist man der Meinung, sie halte den Blitz ab.

Vielen war die Esche ein unheimlicher Baum.

Weil Hexen und Dämonen diesen Baum für Zusammenkünfte bevorzugten, hat er so merkwürdige Astbildungen, die wie Sicheln oder Bischofsmützen aussehen. Fest steht, daß der Druidenstab, der Stab der keltischen Priester, aus Eschenholz bestand. Und dieser Stab besaß Zauberkraft; es konnte vor dem Ertrinken retten, und die Druiden setzten ihn im Regenzauber ein. Die Fischer fertigten Ruder und Bootsrippen aus Eschenholz, wenn sie sich aufs offene Meer hinauswagten.

Die beiden englischen Kräuterhexen Maureen und Bridget Boland berichten von einem Erlebnis mit einer Bergesche in ihrem Garten. Sie wollten einen Rosenstock an der Esche hochziehen und bogen die Zweige der Rose in die Esche hinein, damit sie dort Halt fanden. »Jedoch starb jeder einzelne Zweig der Rose bis zu genau dem Punkt ab, wo sie die Esche berührt hatte.« Das gleiche passierte ihnen, als sie Wicken an Eschenreisern anbanden. – Die Kräuterhexen raten auch dringend, eine Esche erst dann zu fällen, wenn man sie vorher um Erlaubnis gefragt hat. (»Wie sie ihre Einwilligung ausdrücken würde, wissen wir nicht, aber vielleicht bedarf es nur der Höflichkeit der Anfrage.«)[166]

Im keltischen Horoskop (25.5.-3.6./22.11.-1.12.) stand die Esche für den Ehrgeiz: »Die Esche hat ein ungewöhnlich anziehendes Wesen. Aufgrund ihres lebhaften Charakters, impulsiv und fordernd, macht sie stets das, was sie für richtig hält und pfeift auf Kritik oder gar boshafte Bemerkungen. Sie steht immer über der Masse.

Die Esche ist sehr ehrgeizig, intelligent, begabt – fast immer eine glänzende Persönlichkeit. Hochgesteckte Ziele erreicht sie meist spielend, doch wenn ihr das nicht gelingt, zieht sie sich von der Welt zurück, manchmal bis ins Kloster. – Obwohl sich die Esche im allgemeinen wohlwollend und freundschaftlich verhält, kann sie auch egoistisch sein und ihrer Umgebung ihre Forderungen aufdrängen.

In der Liebe ist dieser schwärmerische Individualist treu und umsichtig. Manchmal überwiegt der Verstand das Gefühl – aber wenn sich die Esche einmal für das Leben zu zweit entschieden hat, dann ist es ihr ernst damit. Ob es stürmt oder schneit, ob gute oder schlechte Tage kommen, im Schatten ihrer Zweige wird es dir immer gut gehen.«[167]

Die Esche hat eindeutig apotropäische (Unheil abwehrende) Eigenschaften. Der Saft der Esche schützt vor dem Biß der Schlangen, das gleiche bewirkt auch Bier, in dem Eschenlaub gekocht wurde. Daß die Esche gegen den »Natter Biß« schütze, hängt vielleicht mit dem Drachen Nidhögg zusammen. Da die Esche imstande war, dieser Schlange zu widerstehen, mußte sie auch den Menschen vor Schlangenbisen schützen können. Die Schlangen haben überhaupt großen Respekt vor der Esche. In einem alten Spruch heißt es:

»Ich bin von den Alten gelart,
der Eschenbaum hab diese Art,
daß keine Schlange unter ihm bleib,
der Schatten auch hinweg sie treib,
ja die Schlange eher ins Feuer hinläuft,
eh sie durch seinen Schatten schleift.«

Plinius erzählt folgende Geschichte: Ein Jäger tötete eine große Schlange mit einem einzigen leichten Schlag der Eschenrute. Dies gelang ihm, »weil die Esche unter dem Einfluß der Sonne von Jupiter steht, die Schlange aber dem Merkur und dem Mond unterworfen ist«. Plinius will das selbst gesehen haben: »Aus eigner Beobachtung kann ich versichern, daß eine Schlange, welche man mit einem Kreis von Feuer und Eschenblättern umgibt, eher in das Feuer geht, als zu den Eschenblättern ihre Zuflucht nimmt. Es ist daher eine besonders kluge Einrichtung der Natur, daß die Esche früher blüht, als die Schlangen hervorkommen und nicht eher ihre Blätter verliert, als bis sich die Schlange wieder verkrochen hat.«

Das Wundholz

In der Sympathie-Medizin spielte das Wundholz eine bedeutende Rolle. Es wurde auf recht umständliche Weise gewonnen: »An gewissen Tagen, z.B. wenn Mariä Verkündigung mit Karfreitag zusammenfällt, am Neujahrsmorgen, am Johannistag usw. und zu gewissen Stunden vor Sonnenaufgang geschnitten, heilt es alle Wunden und im besonderen auch das Nasenbluten. Es werden Äste geschnitten, die nach Osten stehen, ein reiner Knabe muß mit gewaschenen Händen den Ast unbeschrien abhauen, der Ast darf auch vorher nicht berührt werden. es genügt, wenn man die Wunde bloß mit dem Holz berührt, oder das Holz wird in das Hemd des Verletzten eingenäht.«[168]

Auch Konrad von Megenburg wußte schon um die Kräfte des Wundholzes: »Des paumes rind oder sein pleter, wann asch daraus worden ist, pint man diz über zeprochen pain, diu wachsend schier zesammen.«

Die Fähigkeit der Esche, Blutungen zu stillen, liegt am hohen Gerbstoffgehalt der Rinde. Er wirkt zusammenziehen und damit blutstillend; Aberglaube und Erfahrung wirken hier im Volksglauben zusammen. Berühmt geworden ist die Esche auch als »Schwindholz«, als Mittel gegen die Schwindsucht. Um diesem Holz die rechten Kräfte beizugeben, mußte man es ebenfalls unter besonderen Bedingungen gewinnen: es wurde drei Tage nach Neumond geschnitten; wer das tat, mußte völlig nackt sein, der Zweig durfte dabei nicht mit der Hand berührt und mußte dann in der Luft aufgefangen werden, da er auch die Erde nicht berühren durfte.

Die Bayern glaubten, die Esche könne die Sprachlosigkeit beheben, man brauchte dazu nur ein Stückchen Eschenholz unter die Zunge des Sprachlosen zu legen.

Dioscorides, der Leibarzt Neros, hatte gemeint: »Der Saft ihrer Blätter mit Wein getrunken oder die Blätter gestoßen und übergelegt sind gut wider der Natter Biß. Die Asche von der Rinde gebrannt und angestrichen, vertreibt den Grind. Man sagt aber, daß die kleinen Stücklin dieses Holtzes, die herabfallen, getruncken, tödlich seyn.«[169]

Die Volksmedizin empfahl die Eschenrinde als harntreibendes Mittel. Bei Gicht und Rheuma wurde Tee aus den Blättern verordnet. Man aß die Blätter auch roh als Salat, der allerdings sehr bitter geschmeckt haben muß. Die Rinde wurde lange Zeit als europäische Chinarinde gegen fiebrige Infektionen eingesetzt.

Die moderne Pflanzenheilkunde hat diese Erfahrungen übernommen. M. Mességué behandelte einen bettlägerigen Gichtkranken und heilte ihn innerhalb kurzer Zeit mit Eschenblättern. Ein anderer Patient, der von Rheuma ganz steif war, wurde nach der gleichen Kur putzmunter. Nach Mességué haben Eschenblätter keine abführende, sondern stopfende Wirkung.[170]

Die wissenschaftlich betriebene Kräuterkunde empfiehlt die Eschenblätter dagegen als Abführmittel und die Rinde als Fibrifugum. Das Manna der Manna-Esche dient als Laxans vor allem in der Kinderheilkunde. Im übrigen wird es zur Gewinnung von Mannit herangezogen, das als osmotisch wirkendes Diuretikum und als Diabetikerzucker eingesetzt wird.

Die Esche – Baum des Lebens und der Liebe

Die lebensspendende Weltesche stand sicherlich Pate bei der Vorstellung, daß die Geburt leichter verlaufe, wenn man Eschenblätter ins Feuer warf. In Schweden wurde das Geburtszimmer mit Eschenfrüchten ausgeräuchert. Der Lebensbaum inspirierte den italienischen Arzt Matthiolus zur folgenden Empfehlung: »Eschensamen, gestoßen, erregt die unkeusche Gelüste, vermehrt den natürlichen Samen. Man soll ihn zwei Gulden schwer mit Pimpernüßlein und Pinienkernen, mit Zucker bestreut, essen.« Wenn es um »die Unvermöglichkeit, Ohnmacht und Schwachheit zum ehelichen Werke bei einer Manns-Person« geht, empfiehlt L.C. Hellwig eine Mischung aus verschiedenen Kräutern, Eschensamen und etwas vom geschabten Glied des Ochsen und des Hirsches.[171]

Die Indianer Amerikas griffen zum Samen der amerikanischen Esche, um sich sexuell zu stimulieren, und die Chinesen glaubten, daß der Same einer asiatischen Abart der Esche den Genital- und Harnapparat anregend beeinflussen könne.

Im Liebeszauber konnte die Esche gute Dienste leisten: »Trag ein Eschenblatt bei dir, und du heiratest den ersten, der dir begegnet.« Kann man vom Kopf eines Mädchens, das man begehrt, drei Haar ergattern, so klemmt man diese in einen Rindenspalt der Esche, so daß sie mit der Rinde verwachsen. Das Mädchen kann dann nicht mehr von dem Jungen lassen.

Solche Geheimmittel gegen alle möglichen Krankheiten, gegen Gedächtnisschwund, Liebeskummer und eben auch gegen Impotenz sind noch immer im Schwange.

So konnte vor nicht allzu ferner Zeit in unseren Breiten der folgende Rat erteilt werden: »Man versuche (bei Impotenz) zuerst die gewöhnlichen, den Geschlechtstrieb anregenden Mittel: Zimt, Vanille, Safran, Myrrhe, Terpentin, Ambra, und wenn die versagen, so hilft das folgende Verfahren: Schneide drei Tage vor Neumond ein Büschel von den Schamhaaren ab, umwickle es mit einem Leinenfaden, hierauf bohre ein Loch in einen Eschenbaum, stopfe es hinein und verschließe das Loch mit einem Keil, der von einem Zweig desselben Baumes geschnitten wird.«[172]

Vielleicht hat man schon früher die Wirkung von Liebesmitteln nicht immer allzu ernst genommen, wie der Bericht Georg Philipp Harsdorfers aus dem Jahre 1424 zeigt: »In der oberen Pfalz hat sich, wie landkundig, zugetragen, daß sich ein Pfaff in eine ehrliche Bürgersfrau verliebt und, da sie in dem Kindbett gelegen, von ihrer Magd, der er etliche Dukaten geschenkt, etliche Tropfen von der Frauenmilch begehrt. Sie gab ihm aber Geißenmilch. Was er damit getan, ist unbewußt, das aber hat er erfahren, daß ihm die Geiß bis in die Kirch bis vor den Altar und bis auf den Predigtstuhl nachgelaufen, was die Frau zweifelsohne hätte tun müssen, so er ihre Milch zuwegen gebracht. Er konnte des Tiers nicht ledig werden, bis er es kaufte und schlachten ließ.«[173]

Die Pappel

Ist von Pappeln die Rede, denkt man zumeist an die Pyramidenpappel, die sich wie ein überdimensionales Ausrufzeichen in den Himmel reckt. Napoleon brachte sie aus der Poebene nach Frankreich und pflanzte sie wie Wachsoldaten an seine Heerstraßen. Dem Dichter Günter Eich kamen bei ihrem Anblick diese Gedanken:

»Pappeln, belaubte Phallen,
am Wege Napoleons.
Gloire im Blätterschatten,
im Winde das Umsonst.«

Die Pappel ist ein Baum der Sehnsucht: der schlanke Stamm steigt aufwärts, dem Himmel entgegen. Lang und schlacksig stehen die Pappeln auch an unseren Straßen und Kanälen; als melancholische Provokation:

»Da stehen sie am Wege nun,
Die langen ›Müßiggänger‹,
Und haben weiter nichts zu tun,
und werden immer länger.

Da steh'n sie mit dem steifen Hals,
Die ungeschlachten Pappeln,
Und wissen nichts zu machen, als
Mit ihren Blättern zappeln.

Sie tragen nicht, sie schatten nicht
Und rauben, wo sie wallen,
Uns nur der Landschaft Angesicht;
Wem können sie gefallen?«
(Friedrich Rückert)

STECKBRIEFE

Die Pappeln gehören in die Familie der Weidengewächse. Die sehr unterschiedlichen Wuchsformen der Pappelarten zeigen deutlich, wie aus der gleichen genetischen Anlage eine beachtliche Formenfülle entstehen kann.

Die Schwarzpappel *Populus nigra*

Aus einer starken, verzweigten Pfahlwurzel wächst ein stattlicher Baum, der bis zu 30 Meter hoch werden kann und dabei einen Stammumfang von zwei Metern erreicht. Die schwärzliche Rinde ist von starken Längsrillen durchzogen (wichtigstes Kennzeichen!). Die aufstrebenden, weit ausgreifenden Äste bilden eine breite lockere Krone. Wie bei allen Pappelarten sind die Blätter unterschiedlich geformt, je nachdem, ob sie an kurzen oder langen Zweigen wachsen. Sie sind gestielt, dreieckig bis rautenförmig und zugespitzt; am Rande weisen sie eine Zähnung auf.

Die männlichen Kätzchen erscheinen vor dem Laub, sie bilden bis zu 9 cm lange, gelblich-braune bis purpurrote »Walzen« mit 1 cm Durchmesser. Die weiblichen Blütenstände sind schlanker, werden aber bis zu 10 cm lang. Die hellbraunen Samen sind von einer schneeweißen Wolle eingehüllt; sie werden schon Anfang Mai in großer Zahl vom Wind durch die Lüfte getragen. Die Amerikaner nennen die Pappel deswegen »Cottonwood« (Baumwollbaum). Weil diese Früchte im Frühsommer wahre Wolken von kleinen Wollknäulen bilden, die eine belästigung darstellen können, bevorzugt man für Parks und öffentliche Anlagen die männlichen Pappelbäume.

Die Pyramidenpappel *Populus nigra ssp. pyramidales*

Diese Pappel ist eine Unterart der Schwarzpappel, sie unterscheidet sich aber deutlich von ihr durch ihre Wuchsform. Der Stamm teilt sich schon früh und strebt steil aufwärts, dadurch kommt der charakteristische säulen- oder pyramidenähnliche Wuchs zustande. Der Baum erreicht eine Höhe von 30 Metern.

»Ein langer Narr, ein dürrer Mann,
hat hunderttausend Schellen an.«
(Volksrätsel)

Die Zitterpappel, Espe *Populus tremula*

Dieser Baum erreicht nur eine Höhe von etwa zehn Metern, sein anfänglich glatter Stamm wird später mehr oder weniger borkig.

Auffallend sind die fast kreisrunden Blätter. Sie stehen auf dünnen Stielen, so daß sie sich beim leisesten Windhauch hin und her bewegen (»zittern wie Espenlaub«). Die Kätzchen der Espe haben ähnliche Gestalt wie die der Schwarzpappel, sie sind jedoch am Rande stark behaart.

Die Silberpappel, Weißpappel *Populus alba*

Diese Pappel unterscheidet sich von den anderen Pappelarten ebenfalls durch ihre Blätter; sie sind immer behaart und weißlich. Der Baum erreicht in 30-40

Schwarzpappel

Zitterpappel

Pyramidenpappel

Jahren eine Höhe von 20 Metern, er bringt also in kurzer Zeit einen hohen Holzertrag. Seine breite Krone ist rundlich, seltener pyramidenförmig.

Blatt der Zitterpappel

Blatt der Pyramidenpappel

STANDORT

Die Schwarzpappel ist außerordentlich feuchtigkeits- und nährstoffbedürftig; zudem macht sie ihr Lichthunger sehr anfällig gegen Konkurrenten. Sie wächst am liebsten auf nährstoffreichen, frischen Böden in Auwäldern, Erlenbrüchen, Flußtälern und Niederungen, wo die Wasserversorgung über das Grundwasser gesichert ist; gegen stauende Nässe ist sie allerdings empfindlich.

Die Weißpappel ist weniger abhängig von Boden und Klima, sie ist anpassungsfähig an die unterschiedlichsten Standorte. Sie gedeiht auf Sandboden ebenso wie auf zeitweise überschwemmten, dichtgelagerten, feinerdigen Böden, nur stauende Nässe verträgt sie nicht.

NAME

Der Name Pappel ist vom lateinischen Wort populus (das Volk) abgeleitet. Die Römer sollen der Pappel diesen Namen gegeben haben, weil ihre Blätter wie das Volk sich in ständiger Bewegung befinden. Zum Ausgang des Mittelalters hießen die Pappeln Bellen; der Name Pappel oder Bappel war den Malven vorbehalten; erst in der folgenden Zeit setzte sich der Name Pappel für die Populus-Arten durch.

Im Oberdeutschen heißt die Weißpappel auch Alber, das geht zurück auf die lateinische Bezeichnung albulus für weißlich, im Niederdeutschen wurde daraus Abele, das auch im Englischen als abel und im Dänischen als abelle wiederkehrt; daraus wurde auch Belle oder Bellenbaum im Deutschen. – Zahlreich sind die Benennungen für die Zitterpappel: Aspe, Espe, Flatterpappel, Zitterbaum; im Niederdeutschen: Bäwecke, Bäweske, Flittereske; im Bayrischen: Agspalter, Flittern; im Schwäbischen: Papierbaum.

NUTZUNG

Das Holz der verschiedenen Pappelarten hat ähnliche Eigenschaften. Alle Pappeln sind schnellwüchsig und gehören zu den ertragreichen Holzarten unserer Breiten. Das Holz trocknet zwar leicht, ist aber nicht besonders stabil und weist nur geringe Festigkeit auf; dafür ist es zäh und leicht zu bearbeiten, wenn die Werkzeuge scharf sind. in der Möbelindustrie wird es gern zur Herstellung von Möbeln leichter Konstruktion genommen. Ansonsten werden Sperrholz, Streichhölzer, Spankörbe und andere Gegenstände des täglichen Bedarfs aus Pappelholz hergestellt.

Auch in der Papierindustrie und zur Fertigung von Spanplatten und Holzwolle wird Pappelholz herangezogen.

Die Pappel – Baum des Todes, des Lichtes und des Alters

Die Griechen sahen in der Pappel einen Baum des Todes, sie war dem Hades, dem Herrscher über das Totenreich, geweiht, der keineswegs mit dem Teufel der christlichen Mythologie gleichzusetzen ist. Die Griechen waren der Meinung, der Mensch begehe böse Taten aus eigenem Antrieb; eines Teufels, der die Menschen verführe und sie damit in die Hölle locke, bedurfte es nicht. Sie hatten auch keine Angst vor Fegefeuer, Hölle und den Strafen, die sie dort erwarten. Hades wurde geachtet, er war der Gott, zu dem jeder früher oder später gehen mußte.

Nach der Mythologie verdankt die Weißpappel ihre Entstehung der Liebe des Hades zur schönen Leuke: Nach ihrem Tod ließ Hades die Pappeln wachsen und erklärte sie zu heiligen Bäumen; damit wollte er der toten Leuke eine besondere Ehre antun. Auch Persephone, der Gattin des Hades, war die Weißpappel heilig. Da sie im Totenreich am Ufer des »Sees der Erinnerung« wuchs, wurde sie von den Irdischen gern auf Friedhöfen angepflanzt.

Die Weißpappel war bei den Griechen aber nicht nur der Baum der Trauer und der Unterwelt, sie galt auch als Baum des Lichtes. Die helle Rinde und die weißlichen Blätter brachten die Griechen mit dem Halbgott Herakles in Zusammenhang. Theokrit nennt die Pappel den heiligen Sproß des Herakles, und auch Vergil nennt ihn den Lieblingsbaum des Helden. Herakles soll die

Weißpappel zum Olymp gebracht haben, wo man aus ihren Zweigen Siegeskränze wand.

Die Pappel kam erst recht spät ins nördliche Europa, in der Mythologie der Nordländer kommt sie kaum vor. Ganz anders bei den Kelten: Die Weiß- oder Zitterpappel ist der vierte Buchstabe im keltischen Alphabet (E für Eadla). Sie ist der Baum des Herbst-Äquinoctiums und des Alters. Im keltischen Gesang »Die Schlacht der Bäume«, den viele Autoren so auslegen, daß die Druiden die Macht besaßen, Bäume in Krieger zu verwandeln und in die Schlacht zu schicken, zeigt sich die Pappel verwundbar: Die Eiche, der »mannhafte Wächter am Tor«, hält entschlossen stand; ungeschlacht und wild ist die Tanne, grausam die Esche, aber »die ausdauernden Pappeln brachen oft in der Schlacht«.[174]

Die Pappel im Zauberglauben

In den alten Rezeptbüchern zur Herstellung von Hexensalben wird auch die Pappel erwähnt. Eigentlich gehörte das Fünffingerkraut (Potentilla repens) in diese Salbe, die die Hexen zur Vorbereitung des Hexenfluges benutzten; das Fünffingerkraut wurde jedoch manchmal durch das fünfspitzige Pappelblatt ersetzt. Es hat zwar keinerlei toxische oder halluzinogene Wirkungen, es sollte aber mit Kinderfett oder einer Schmiere aus Ruß und Schweinefett die giftige Wirkung der anderen Ingredienzen (Eisenhut, Belladonna, Stechapfel, Tollkirsche, Nachtschatten, Schierling u.a.) steigern. Bei allen Rezepten, die die Pappelblätter verwenden, fehlt der Hinweis darauf, warum sie in den Hexensalben verwendet wurden.

Bei dem römischen Komödiendichter Plautus (2. Jahrhundert v.Chr.) gibt's einen Hinweis darauf, daß die Schwarzpappel zur Wahrsagerei herangezogen wurde: sie symbolisierte die verlorene Hoffnung.

Im keltischen Horoskop stand die Pappel für die Ungewißheit , und sie beherrschte die Daten 4.-8.2./1.-14.5./5.-13.8.: »Die Pappel ist sehr dekorativ und erfreut das Auge durch ihr Aussehen, sie scheint überhaupt nicht zu altern. Im allgemeinen hat sie kein sicheres Auftreten, und mutig ist sie nur in entscheidenden Augenblicken, doch auch dann hat sie immer das Gefühl, auf verlorenem Posten zu stehen. Die Zeit spielt in ihrem Leben eine große Rolle und lastet schwer auf ihren Schultern, ihre Wellen bringen mal Schlechtes, mal Gutes.

Sie braucht Wohlwollen und eine angenehme Umgebung, aber da sie auch sehr wählerisch ist, bleibt sie oft einsam und allein. Ihr unruhiges Herz ist großer Gefühle fähig, findet aber selten die Erfüllung. Ihre ungeheure Empfindlichkeit macht ihr das Leben mit anderen schwer. Mal pessimistisch, mal enthusiastisch, verbirgt sie ihre Erlebnisse tief in ihrem Inneren. Sie hat eine

Künstlernatur, ist guter Organisator und neigt zum Philosophieren. Zu ihren schönsten Eigenschaften gehört ihre Zuverlässigkeit in schweren Situationen. Partnerschaft nimmt sie sehr ernst, und sie wird sich nur selten von ihrem Lebensgefährten trennen. – Das unabhängige Wesen der Pappel wird durch Liebe weich und abhängig.«[175]

Anders als bei anderen Völkern, die ihre Horoskop-Einteilungen nach Tierkreiszeichen ausrichteten und daraus Rückschlüsse auf Charakter und Zukunftschancen herleiteten, hielten sich die Kelten an ihre Bäume, in denen ja auch die Götter wohnten. 21 Bäume beherrschen das Kalenderjahr, und das, was man ihnen an Menschlichem andichtete, findet sich in der Charakterisierung der Menschen wieder, die unter ihrem Zeichen geboren sind.

Geschichten

Der tief verwurzelte Glaube an die Wesensgleichheit von Göttern, Menschen und Bäumen wird auch in der Sage von Dryope, der Enkelin des Apoll, deutlich. Ovid berichtet: Dryope wurde in eine Pappel verwandelt, nachdem sie die schönen Blüten des Lotosbaumes gepflückt hatte, der zuvor die Nymphe Lotis war.

In der Erzählung vom Sonnengott Phaeton wird der Apollon-Finger (Goldfinger) mit der Pappel in Verbindung gebracht: Phaeton kam bei dem Versuch, den Himmelswagen seines Vaters Helios zu lenken, ums Leben, weil er nicht die Kraft hatte, die vier geflügelten Pferde im Zaum zu halten. Er stürzte in den Fluß Eridanos (Po), wo ihn seine Schwestern, die Heliaden, so sehr beweinten, daß sie in Pappeln verwandelt wurden. Aus ihren Tränen entstanden Bernsteintropfen.

Den Pappelblättern und -knospen schrieb man früher außerordentlich Heilkräfte zu, wie folgende Sage aus Schlesien verdeutlicht: Ein König hatte einen schönen Garten, in dem er täglich spazieren ging. Darin stand ein Pappelbaum, den er besonders liebte. Der Baum aber wollte nicht so recht gedeihen, was den König sehr traurig machte.

Eines Tages ging er mit seinem treuen Diener Hans in den Garten, und als sie zur Pappel kamen, stand der König still und weinte. Der Diener sprach zu ihm: »Herr König, ich will den Baum wachsen lassen, wenn Ihr mir alles gebt, was ich unter dem Baum in der Erde finde.« Der König willigte ein, und Hans grub den Baum aus. Er fand unter der Wurzel zwei Edelsteine und ein goldenes Buch. Dann setzte er den Baum wieder ein, der nun kräftig zu treiben begann. Die Steine steckte Hans ein, und er las fleißig in dem goldenen Buch, so daß er klug und weise wurde.

Der König aber hatte eine weitere Sorge, seine Tochter war nämlich blind und konnte nicht geheilt werden. Hans trat zum König und sprach: »Mein

Herr König, seid nicht traurig über die Krankheit Eurer Tochter, ich will sie sehend machen.« Und er heilte die Prinzessin mit Hilfe der Pappelblätter. Zum Lohn bekam er die Königstochter zur Frau und nach dem Tode ihres Vaters bestieg er den Thron.[176]

Man verwandte früher große Mühe darauf, herauszufinden, warum die Blätter der Espe unaufhörlich zitterten. Das konnte nur eine fromme Legende erklären: Beim Tode Jesu am Kreuze blieb die Espe hart, stolz und unbeeindruckt, während alle anderen Bäume sich in tiefer Trauer beugten. Zur Strafe mußte die Espe von nun an immerfort zittern -- schon beim leisesten Luftzug. Diese Legende erfuhr mannigfache Abwandlungen. Die Böhmen erzählten sich, daß alles still war, als der Heiland in den Himmel fuhr, nur die Zitterpappel rührte sich, und das muß sie noch heute bei geringstem Anlaß tun. Andernorts meinte man, die Espe müsse unentwegt zittern, weil sich der Verräter Judas an ihr erhängt hat.

In Ostpreußen versuche man mit der Espe flüchtige Diebe zur strecke zu bringen: Man legte einen Teil des geretteten Diebesgutes unter die Herdziegel und verbrannte am Donnerstag Espenholz darauf. In diesem Moment erlitt der Dieb starke Verbrennungen. – Wenn man einen Teil der Beute in ein Loch in der Espe verbohrte, mußte der Missetäter fortan zittern wie Espenlaub.

Des Pappelbaums Rinde, Wurzel und Blätter sind zu vielen Dingen gut

Nach einer Legende aus Schlesien brachte eine Mutter ihr Kind, das an den »doppelten Gliedern« litt, zu Jesus und bat um Hilfe. Der schritt zur nächsten Pappel, pflückte eine Handvoll Blätter davon und riet der Mutter, daraus ein Bad zu bereiten. Die Mutter tat wie ihr geheißen, und das Kind war geheilt.

Früher wurde das Fieber als eine »eigenständige« Krankheit angesehen, während es heute nur noch als Begleiterscheinung bestimmter Krankheiten verstanden wird. Man sprach damals auch von verschiedenen Arten des Fiebers, von denen das »kalte« und das »hitzige« oder »heiße« Fieber die wichtigsten waren. Mit dem kalten Fieber war wohl der Schüttelfrost oder das Wechselfieber gemeint. Mit dem Drei-, Vier- und Fünftagefieber meinte man die Malaria. In den Heilsprüchen dieser Zeit ist von 77, ja sogar von 99 Fieberarten die Rede.

Litt einer unter Fieber, ging er zur Pappel, umarmte sie und sprach dabei:

»Pappel, du alte,
mich schüttelt das Kalte (Fieber),
ich bring das Kalte nicht allein
77erlei Kalte sollen es sein.«

Wir sind versucht, über diesen naiven Annäherungsversuch zu lächeln. Aber nach neueren Versuchen von Cleve Backster meinte der Moskauer Psychologie-Professor N.V. Puschkin: »Vielleicht gibt es eine spezifische Verbindung zwischen den beiden Informationssystemen, den Pflanzenzellen und dem Nervensystem. Die Sprache der Pflanzenzelle könnte mit derjenigen der Nervenzelle verwandt sein. Diese beiden völlig unterschiedlichen Zellen scheinen fähig zu sein, einander zu ›verstehen‹.«[177]

Jedenfalls sah man früher einen Zusammenhang zwischen dem Zittern der Pappelblätter und den krampfhaften Zuckungen der Kranken: Gleiches wurde mit Gleichem geheilt. Dies war auch der Wahlspruch eines Quacksalbers in Braunschweig, der Hautflechten mit den Flechten auf der Pappelrinde kurieren wollte.

Deshalb sollte die Pappel wohl auch im 17. Jahrhundert gegen die Epilepsie wirken. In den Baum wurde ein Loch gebohrt, in das man Zehen- und Fingernägel des Kranken verkeilte.

Man war auch davon überzeugt, daß eine aus Pappelknospen bereitete Salbe das Haar wachsen lasse, oder die Mädchen bohrten ein Loch in den Pappelstamm, steckten einige Haare hinein und verspundeten das Loch mit einem Keil. Denn sie dachten, daß die schnell wachsende Pappel auch ihr Haar schneller wachsen mache.

Dioscorides kann noch einige erstaunliche »Wirckungen« der Pappel beisteuern: »Der Safft der Blätter ein wenig warm in die Ohren gegossen, stillet die Schmertzen der Ohren. Die Knöpffe, die vor dem Aufgang der Blätter entsprießen, mit Honig gestrichen, vertreiben die Tunckelheit der Augen und des Gesichts; es sagen etliche, daß die Rinde des weißen und des schwarzen Popelenbaums, in kleine Stücke geschnitten, und darnach bald in wohlgemiste Erde gesäet und gepflanzet, für das gantze Jahr Schwämme herfürbringen, die man essen möge.«[178]

Im 17. Jahrhundert tauchte dann das berühmte »Unguentum populeum« auf, ein schmerzstillender Balsam, der aber auch sonst noch allerhand bewirken konnte. Ein Rezept für dieses »Unguentum« könnte die folgende Zusammensetzung gehabt haben: Nimm neun Unzen Knospen der Schwarzpappel, zehn Unzen Schweineschmalz, je sechs Unzen guten Essig und Rosenwasser, je vier Unzen von Bilsenkraut, Nachtschatten und Hauswurz sowie drei Unzen grünen Salat. Diese Salbe wurde von vielen Ärzten jahrhundertelang verschrieben. Der Medicus A. Baumé (1728-1804) beschreibt ihre Wirkung so: »Dieser Balsam wirkt beruhigend und schmerzstillend. Man gebraucht ihn mit Erfolg, um Schmerzen und Entzündungen zu vertreiben. Er stillt das quälende Jucken der Hämorrhoiden, er hilft bei Rissen in den Brustwarzen, Verbrennungen und bösen Geschwülsten. Man kann ihn auch dem Klistier zusetzen, das man appliziert, um Schmerzen und Entzündungen der Hämorrhoiden und innere Koliken zu stillen.«[179]

Einige der altbewährten Heilwirkungen der Pappel werden auch heute noch genutzt. Die Pappelknospen sollen harntreibende Wirkung haben und dadurch überschüssige Harnsäure ausschwemmen, ihr Einsatz empfiehlt sich somit bei rheumatischen Erkrankungen.

Bei Lungen- und Bronchialaffekten helfen ihre antiseptischen Inhaltsstoffe, die zudem noch den Schleim verflüssigen, den man dann leichter abhusten kann.

Die modernen Drogenforscher fanden durch Analyse in der Pappelknospe: Salicin, Populin (Glykoside), ätherisches Öl, Gerbstoff und Mannit. Die Knospen werden deshalb heute wieder zum medizinischen Einsatz empfohlen. Das Populin senkt den Bluthamsäurespiegel, indem es eine stärkere Ausscheidung der Harnsäure über die Nieren fördert. Der Einsatz dieser Knospen ist vor allem bei schwereren Formen der chronischen Arthritis angesagt. Die Volksmedizin hält nach wie vor große Stücke auf die Pappelknospen als Diuretikum, Expektorans und als Mittel gegen Erkrankungen der Harnorgane. Auch das »Unguentum populeum« wird heute noch als Wundheilmittel und zur Behandlung von Hämorrhoiden hergestellt und vertrieben.

Die Pappel im Liebeszauber

In der deutschen Volkserotik hat es die Pappel nie zur besonderen Berühmtheit gebracht. In einigen Landstrichen Österreichs und Frankreichs wurde sie als Maibaum verwendet, was immerhin auf ihre Brauchbarkeit im Liebeszauber hinweist.

In der Antike galt die Pappel als Baum der Trauer und der Unterwelt, vielleicht auch deshalb, weil die Pappel der Unfruchtbarkeit zugeordnete wurde. Jedenfalls meinte schon Dioscorides: »Man sagt, daß die (Pappel-)Rinde getruncken mit Maulesels-Nieren unfruchtbar mache, den schwangeren Frauen ein Mißgeburt errege, und daß auch die Blätter mit Wein nach der Reynigung der Monzeit (Menstruation) getruncken dasselbe verrichte.«[180]

Nach Aigremont wird unkeuschen Mädchen im Harz und in Thüringen zu Pfingsten ein Pappelzweig (Schandmaie) vor die Haustür gestellt, wohl eine Anspielung auf die Pappel als Abtreibungsmittel.[181]

Im 17. Jahrhundert half die Pappel beim Liebesorakel: Wenn Mädchen oder Witwen in der Nacht den Mann sehen wollten, den sie einmal heiraten werden, mußten sie sich einen Pappelzweig beschaffen und den mit einem Band aus ungeteertem Garn mit ihren Strümpfen zusammenbinden. Das Ganze legten sie nachts unter das Kopfkissen. Wenn sie sich dann niederlegten, mußten sie sich die Schläfen mit etwas Blut vom Wiedehopf einreiben und dabei ein Gebet hersagen. Beim Erwachen mußten sie sich erinnern, was sie im Traum gesehen hatten. Und war im Traum partout kein Mann erschienen, so mußte man drei Freitage hintereinander während der Nacht diese Prozedur wiederholen. Erscheint innerhalb dieser Frist dem Mädchen keine Mannsperson, so kann sie gewiß sein, daß sie nicht heiraten wird. Die Witwe konnte genau so verfahren, nur mußte sie ihr Kopfkissen ans Fußende des Bettes legen und sich darauf niederlassen.«[182]

Die Weide

Schon im Februar streckt die Weide ihre rutenähnlichen Äste hervor, die mit Blütenkätzchen beladen sind, und wenn der Wind etwas rauher weht, stäubt ein wahrer Goldregen zur Erde. Zu dieser Zeit brechen auch die schmalen Blätter auf und schillern silbern im Sonnenlicht.

Hier steht die Weide als hoher Baum, der seine Wurzeln und Äste das ganze Jahr im Wasser badet; dort sieht man eine Verwandte, die es nur bis zum Strauch gebracht hat, und dort sieht man einen hohlen Strunk, den man für abgestorben halten könnte – aber aus seinen Narben wachsen neue Rutenäste hervor.

Die Weide ist mit dem Wasser verschwistert: »An den Wassern zu Babylon saßen wir und weinten, wenn wir an Zion dachten. Unsere Harfen hängten wir an die Weiden, die da sind«, klagten die Juden in der Gefangenschaft.

Dennoch wurden die Weiden jahrhundertelang gemieden: Sie waren Sinnbild des Todes und eine Zufluchtstätte der Hexen und Dämonen. Mußte jemand nachts eine Weide passieren, überlief ihn ein Schaudern. Als Hexen-Baum hatte die Weide – wie die Hexe – zwei Gesichter:

»Die Weiden, verwachsene Weiber,
gebeugt mit zottigem Kopf,
zerlumpt sind ihre Röcke,
die Läuse nisten in ihrem Kopf.« *(Günter Eich)*

Dagegen steht:

»Weide, silbern Angesicht,
weil ich dich von weitem sehe,
leidet's mich und hält mich nicht,
bis ich grüßend vor dir stehe.« *(Rudolf Alexander Schröder)*

500 Weidenarten gibt es in den nördlich gemäßigten Zonen der Alten und der Neuen Welt.

Die Silberweide *Salix alba*

Die größte ist die raschwüchsige Silberweide, sie wird bis zu 25 Metern hoch; der Stamm verzweigt sich bald und die aufstrebenden Äste bilden eine unregelmäßig geformte, lockere Krone. Die zunächst glatte, weißgraue Rinde geht später in eine längsrissige, braune Borke über. Die 10 cm langen Blätter an den langen, biegsamen, grünlichen Zweigen sind lanzettlich geformt; am Rande sind sie gesägt. Ihre Farbe ist blaßgrün bis silbrig, die Unterseite glänzt seidig.

Gleichzeitig mit den Blättern erscheinen im zeitigen Frühjahr die Blütenstände. Die Weide ist zweihäusig, männliche und weibliche Blüten sitzen nicht auf demselben Baum. Die Männlichen Kätzchen stehen aufrecht, sie sind schlank und zylindrisch geformt. Auch die weiblichen Blütenstände stehen aufrecht, sind aber etwas gebogen. Die für zweihäusige Pflanzen unentbehrliche Fremdbestäubung übernehmen Insekten, die durch den am Grunde des Tragblatts abgeschiedenen Nektar angelockt werden.

Die Korbweide *Salix viminalis*

Meist bleibt sie ein Strauch, seltener bildet sie einen – dann aber bis zu zehn Meter hohen – Baum, die schlanken Äste und Zweige streben aufwärts. Die schmalen, bis zu 15 cm langen, gestielten Blätter sind an der Oberseite blaßgrün, an der Unterseite silbrig schimmernd behaart; am Rande sind die Blätter schwach gezähnt und etwas eingerollt.

Vom Bau der Blüten her könnte man die Weiden für Windblütler halten, da insektenanlockende Blütenteile zu fehlen scheinen. Die farbigen Deckblätter und Antheren ziehen jedoch die Insekten an, so wie es bei anderen Blütenpflanzen die Kronblätter tun. Vor allem für Bienen und Hummeln ist die frühe Blüte der Weiden eine willkommene Nahrungsquelle, denn sie stellt die erste »Bienenweide« im Frühjahr dar. Daher verbietet das Naturschutzgesetz, Weidenzweige mit Kätzchen abzupflücken.

Auf den Korbweiden kann man häufig verschiedene »Überpflanzen« (Epiphyten) finden: Mauerraute, Farnarten, Gräser, Hopfen, Brennesseln, Holunder u.a. Wasseransammlungen in den Höhlungen der Weide ermöglichen ihr Gedeihen; das Wasser beschleunigt die Zersetzung des Holzes, das dann den Überpflanzen einen guten Nährboden bietet. Die Epiphyten sind völlig normal entwickelt, man glaubte aber, daß gerade in ihnen starke Zauberkräfte stecken.

Kurz erwähnt werden soll an dieser Stelle noch die allbekannte *Trauerweide* (Salix babylonica), deren Zweige nach unten hängen. Mit Babylonien hat sie nichts zu tun, ihre Heimat ist China. In Deutschland wird sie zumeist angepflanzt, kommt aber auch wild vor. – Die *Salweide* (Salix caprea) ist auch als Palmweide bekannt; ihre mit austreibenden Knospen besetzten Zweige werden am Palmsonntag als »Palm« in den katholischen Kirchen geweiht.

Korbweide

Salweide

STANDORT

Silber- und Korbweide stellen die gleichen Ansprüche an den Standort. Sie sind häufig anzutreffen in wärmeren Tieflagen auf nassen, zeitweise überschwemmten Sand- und Schlickböden, die allerdings kalkhaltig und nährstoffreich sein müssen. Diese Bedingungen finden die Weiden an Fluß- und Bachufern in ganz Mitteleuropa von Norwegen bis zum Alpenrand.

NAME

Der Name Weide ist aus einem indogermanischen Wortstamm abgeleitet, der für biegsam, drehbar stand; dabei bezog man sich auf die biegsame, zum flechten brauchbaren Weidenzweige. Im Althochdeutschen hieß die Weide wida, im Mittelhochdeutschen wide; dieses Wort für biegsam findet sich auch im Schwedischen als vide oder im Norwegischen als vier für Weide wieder. Wegen ihrer zähen Äste heißt die Silberweide in Mecklenburg Tag-Wied (Zäh-Weide); andere niederdeutsche Namen sind Wiede, Weid, Weede, Weene oder Wichel, von der die Familiennamen Wichelhaus und Wichelmann abgeleitet sind. Im Bayrischen heißt die Weide Felber, dazu passen die Ortsnamen Felben oder die Familiennamen Felbinger. Im Oberdeutschen trifft man auch auf die Namen Pfeifeholz oder Hupeholz, denn auch Weidenpfeifen für die Kinder können aus den Zweigen geschnitzt werden. Die Kopfweide wird auch Wichel oder Weichelbaum genannt und die Silberweide heißt Weißfelber oder Judasweide.

NUTZUNG

Von den zahlreichen Weidenarten haben heute nur mehr wenige eine wirtschaftliche Bedeutung. Das Holz der Silberweide hat ähnliche Eigenschaften wie das Pappelholz, es wird auch wie dieses genutzt.

Die Korbweide wird ausschließlich zur Gewinnung von Flechtmaterial gezogen. Um glatte Ruten zu bekommen, wird die Weide als Strauch angebaut, dessen Stämmchen alle zwei bis vier Jahre gekappt werden; dabei werden die Seitenäste abgeschnitten, und der Mitteltrieb bleibt erhalten. Die Bäumchen nehmen dann nach und nach die bekannte Gestalt der Korbweide an, deren »Kopf« im Dunkeln oder bei Nebel dem Vorübereilenden einen tüchtigen Schrecken einjagen kann.

Weidenpfeifen, nicht immer wohltönende Blasinstrumente der Kinder, werden im Frühjahr gewonnen, wenn der Saft in die Weiden steigt. Dann läßt sich die Rinde der Zweige leicht lösen, vor allem, wenn man sie mit dem Taschenmesser tüchtig klopft. Dabei werden »Bastlösereime« hergesagt.

In Schleswig singt man:

»Sipp, sapp, summ!
Gif' 'ne gode Brumm.
Sipp, sapp, soit!
Gif' 'ne gode Floit.«

Weidenkätzchen

Früchte

Die rheinischen Kinder dichten:

**»Zipper, Zipper, Zapper,
Ech well mech e Flötsche mache,
Flötsche wollt net duege,
Schmiet ech et in den Hüöge,
Van die Hüöge in der Rhin.
Wellt et nu mein Flötsche sien,
Mot et firdig sien.«**

Und in Bayern klingt es beim Bastlösen:

**»Pfeiferl, Pfeiferl gi go
Ziag da Katz d' Haut o (ab),
Übern Kopf und übern Schwanz,
Wird mein Pfeiferl wieda ganz.«**

Statt des Weidenzweiges konnten auch die Blütenschäfte des Löwenzahn, Grashalme oder die Stengel einiger Doldenblütler verwendet werden, um im Kinderorchester Lärm-Musik zu machen.

Die Weide – Todesbaum und Hexenbaum

In der griechischen Mythologie stand die Weide der Hekate nahe. Sie wurde ursprünglich als Fruchtbarkeitsgöttin verehrt, aber sie war auch für das Glück der Menschen, das Gedeihen der Herden und für den Sieg im Kampf zuständig. Im Lauf der Zeit verdüsterte sich das Bild dieser Göttin, sie wurde mehr und mehr mit der nächtlichen Seite des Lebens identifiziert. Als Göttin des Mondschattens und der Kreuzwege wurde sie mit magischer Zauberei in Verbindung gebracht, später dann mit Hexen. Sie selbst hatte aber schon eine Hexe zur Tochter, die berühmte Zauberin Kirke, die alle Menschen, die sich ihrer Insel näherten, in Löwen, Wölfe oder Schweine verwandelte.

Da die Weiden nur unscheinbare Früchte hervorbringen, die zudem noch früh abfallen, wurden sie von den Griechen als »Fruchtabstoßend« bezeichnet. So stand die Weide neben der Schwarzpappel im Hain der Persephone, der Gattin des Hades, in der Unterwelt. »Auch in Kolchis, am Wege zum Goldenen Vlies, befand sich eine von Medea angepflanzte Au aus düsteren Weiden, auf welchen, in Ochsenhäute eingenäht, die Körper Verstorbener aufgehängt waren. Der selben düsteren Auffassung dieser Baumart entspricht es, wenn eine der Hesperiden, die sich um die von Herakles geraubten Goldäpfel zu Tode grämten, Aigle mit Namen, in eine Weide verwandelt wird.«[183]

Zugleich war die Weide aber auch ein Lebensbaum der Griechen: Demeter, die Göttin der Fruchtbarkeit, hielt sich öfters mit ihrer Tochter Persephone, der Göttin des Todes sowie der Wiedergeburt, in den Weiden auf. Bei den Thesmophorien, einem den Frauen vorbehaltenen Fest der Demeter und der Persephone, ruhten die Frauen auf einem Lager aus Weidenzweigen. Auf diesem Fest wurde die Fruchtbarkeit der Äcker ebenso beschworen wie die des Frauenschoßes. Die Weidenzweige sollten ihre Lebenskraft beiden zuteil werden lassen, denn ihr starker Überlebenswille, den sie immer wieder durch Austreiben der neuen Ruten unter Beweis stellte, und ihre enge Beziehung zum Wasser machten die Weide auch zum Bild der Vitalität.

Dennoch ist sie vor allem als Zauberbaum der Hekate, als Sinnbild des Todes, der Unterwelt und der Trauer ins Bewußtsein vieler Völker eingegangen. Der nordische Todesgott Vidharr hatte in den Weidenbüschen der Unterwelt seine Wohnstatt. Unglücklich Verliebte bekränzten sich mit Weidenzweigen als Zeichen der Trauer.

Die Weide galt auch als böser Baum, weil sich der Verräter Judas an ihr erhängt haben soll. Zur Strafe wurde sie verunstaltet, hohl und geborsten, wurde so zum Baum der Selbstmörder. »Böse« ist die Weide auch deshalb, weil sie häufig an Orten wächst, wo es nicht ganz geheuer ist, und ihr Habitus dazu angetan ist, die Phantasie anzuregen. Bei den Slaven war die Weide böse, weil sie dem Satan den Weg gewiesen haben soll, weil er von Jesus verfolgt wurde. Und die Trauerweide muß ewig trauern, weil Jesus mit Weidenruten gegeißelt wurde. Unter ihr wohnten auch Unholde; bei Gewitter durfte man sich auf keinen Fall unter eine Trauerweide flüchten, denn der Prophet Elias vertrieb die bösen Unholde dann mit tödlichen Blitzen.

Hexen machen Blitz, Donner und Hagel, indem sie einen Hahn und eine Schlange in den Kochtopf werfen (A. Molitor, Reutlingen, 1489)

Im keltischen Alphabet steht die Weide an fünfter Stelle für den Buchstaben S (Saille). Zusammen mit den Weiden wurden von den Kelten die lebensspendenden Kräfte des Wassers verehrt; zudem gehört die Weide dem Mond an: die Weide ist der Baum, der das Wasser liebt, und die Mondgöttin ist die Spenderin des Wassers. Auch der wichtigste Kultvogel des Mondgöttin, der Wendehals, nistet in der Weide.[184] In der keltischen Mythologie fehlt der dunkle Aspekt, den die Griechen der Weide gaben.

War die Weide schon seit Hekates Zeiten ein Baum der Zauberer, so wurde sie mit der Christianisierung zum Baum der Hexen. Mit Hilfe eines Weidenzweiges konnten sie Unwetter herbeizaubern und die Felder ihrer Widersacher verwüsten. In den hohlen Weiden hielten sich die Hexen besonders gern auf, ab und zu verwandelten sie sich selbst in Weiden, wenn sie auf der Flucht vor den Bütteln keinen anderen Ausweg mehr wußten. Nach einer anderen Lesart sollten die Hexen mit Vorliebe als schöne Mädchen in den Weiden verschwinden, um etwas später als fauchende Katzen herauszuspringen und die Leute im Dorf zu erschrecken.

Zugleich konnte die Weide auch hexenabwehrend wirken und die Zaubereien der Hexen vereiteln. In Schweden schoß man mit einem Bogen aus Weidenholz gegen die »Hexenschuß« genannten Kreuzschmerzen dreimal über die erkrankte Person. Verhextes Vieh wurde durch Schläge mit der Weidenrute entzaubert; außerdem mischte man dem Vieh Weidenrinde unter das Futter. Ließ sich die Milch nicht verbuttern, brauchte man das Butterfaß lediglich mit Weidenruten zu schlagen, die allerdings nicht mit dem Messer geschnitten sein durften. Nach den Vorstellungen zaubergläubiger Menschen konnte einem Jäger der »Schuß verkeilt« werden, wenn ein Lappen von den Kleidern des Waidmanns vor Sonnenaufgang in einer hohlen Weide festgemacht wurde. Solange der Lappen nicht herunterfiel oder vom Jäger gefunden wurde, hatte er keinen sicheren Schuß.

Nachdem die Weiderute sich somit als apotropäisches Mittel bewährt hatte, konnte man sie auch als Lebensrute probieren. Vor allem in den östlichen Provinzen Deutschlands schlugen die Burschen die Mädchen zu Ostern mit der Weidenrute, um Fruchtbarkeit zu erzwingen. Dieser Brauch erscheint um so erstaunlicher, als die Weide sonst Symbol der Unfruchtbarkeit war.

Die Weide konnte auch das Wetter voraussagen. Waren die Weidenknospen im Herbst sehr klein, erwartete man einen strengen Winter. Auch wenn die Korbweiden auffallend stark ausschlugen, sollte ein kalter Winter folgen. hing am Christtag Eis an den Weiden, so konnte man zu Ostern »Palmen« schneiden. Waren die Zwischenräume zwischen den Ausgangspunkten der Zweige außerordentlich lang und glatt, aber die Zweigwirtel sehr dick, so kam der Winter erst spät.[185]

Im keltischen Horoskop gibt die Trauerweide den Menschen, die vom 1.-10.3. oder vom 3.-12.9. geboren sind, folgende Hinweise:

»Dieser Baum ist schön, doch voller Wehmut. Die weibliche Trauerweide ist von unbeschreiblicher Anmut, und die männliche findet beim anderen Geschlecht viel Anerkennung. Sie ist ausgesprochen einfühlsam in der Liebe und auch gegenüber anderen Mitmenschen.

Die Trauerweide ist künstlerisch veranlagt und liebt das Schöne in jeder Gestalt. Sie träumt von einem Heim, von schönen Kleidern und Schmuck. Es zieht sie hinaus in die Welt ... gleichzeitig hängt sie aber auch an Haus und Familie.

Zwei Seelen wohnen in ihrer Brust: eine ist verträumt und gefühlvoll, die andere voller Unruhe und wechselhaft. Ansonsten ist sie rechtschaffen und ehrlich, und wenn es sein muß, wählt sie den schwierigeren Weg. Sie läßt sich von nahestehenden Personen gern beeinflußen, ist aber trotzdem kein leichter Lebenspartner.

Sie kann kapriziös sein, anspruchsvoll und immer abhängig von Stimmungen, bis hin zur Hysterie. Die Trauerweide besitzt die Fähigkeit, durch ihr Einfühlungsvermögen und ihre Intuition manche Ereignisse vorauszuahnen. Dadurch setzt sie ihre Umgebung immer wieder in Erstaunen.

In der Liebe leidet sie oft, aber manchmal findet sie in der Partnerschaft den ersehnten Hafen. Dann jedoch fühlt sie sich insgeheim unverstanden und zu gering geschätzt.«[186]

In den katholischen Kirchen wird zu Palmsonntag schon seit dem 8. Jahrhundert der »Palm« geweiht zum Andenken an der Einzug Jesu in Jerusalem; seitdem spielt der Palm im Volksglauben eine bedeutende Rolle. Der Palmzweig wurde in unseren Breiten durch den Weidenzweig mit den blühenden Kätzchen ersetzt und durch allerlei Grünzeug ergänzt: Stechpalme, Sadebaum, Tannen- oder Fichtenzweige und andere heimische Pflanzen. Goethe weist darauf in den »Symbolen« hin:

**»Im Vatikan bedient man sich
Palmsonntag echter Palmen,
Die Kardinäle beugen sich
und singen alte Psalmen.**

**Dieselben Psalmen singt man auch,
Ölzweiglein in den Händen;
Muß im Gebirg zu diesem Brauch
Stechpalmen gar verwenden.**

**Zuletzt, will man ein grünes Reis,
so nimmt man Weidenzweige,
Damit der Fromme Lob und Preis
Auch im Geringsten zweige.«**

Die Stechpalme gelangte auf folgende Weise in den Palmbusch: Als Christus in Jerusalem einzog, streute man ihm Palmen auf den Weg, als man aber »Kreuzigt ihn!« rief, bekam die Palme Dornen, und so entstand die Stechpalme. »Wie der ewige Jude fort und fort wandern muß, so muß auch die Stechpalme ununterbrochen im Sommer und Winter grünen.«[187]

In Süddeutschland hat sich der Sadebaum (oder Sevenbaum) den Palm erobert. In den Bauerngärten wurde er gezogen mit der Begründung, man brauche ihn für den Palm. In Wirklichkeit spielte er als Abtreibungsmittel eine viel größere Rolle. Schon H. Bock berichtet: »Die Pfaffen pflegen auf den Palmtag den Sevenbaum mit anderen grünen gewächsen zu weihen, geben füe (vor), der donder und der teuffel können nichts schaffen, wo solche geweihte stengel inn heusern gefunden werden; dardurch würt jr opffer gemehret und der armen seckel geleret. Indem so haben die alten Hexen acht auf die erste schüßling (Schößling), so der pfaff oder andere von sevenpalmen zu dem creutz werfen, geben für, dieselbe schüßling seien gut für hawen (Hauen) und stechen, für zauberei und bös gespenst und treiben damit viel abenthewer, lassens von neuem weihen und messen darüber lesen.«[188]

Die »abenthewer«, die die Hexen mit den Sadezweigen trieben, sahen dann so aus: »Sevenbaum treibt der Frawen Zeit mit Gewalt. Die alten Hexen und Wettermacherinnen üben damit viel Zauberei, verführen damit die jungen Huren, geben ihnen Seveschößlein gepulvert oder heißens darüber trincken, dadurch viele Kinder verderbt werden.«[189]

Hauptbestandteil des Palm blieb aber immer der Weidenzweig. Nach der Weihe werden die Palmbüschel nach Hause getragen und dort der eigentlichen Bestimmung zugeführt: Einige stecken ihn hinter den »Herrgott« in der Wohnstube, um das Haus und seine Bewohner vor Unheil zu bewahren; andere bringen ihn in die Stallungen, um das Vieh vor Verzauberung und Krankheit zu schützen. Auch im Schlafzimmer hat er seinen Platz, um den »Trud« fernzuhalten, der das nächtliche Alpdrücken besorgt. Manche schlucken auch einige Palmkätzchen im Glauben, dann das ganze Jahr vor Halsschmerzen geschützt zu sein. Und noch heute glauben manche daran, daß der Palm gegen den Blitzschlag hilft, wie schon vom Prediger Geiler von Kaiserberg (gest. 1510) geschildert: »Darum so soll man die palmen, die geweiht seind, eerlich halten, in den hüssern (Häusern) uffstecken und ist recht, daß man sie verbrennt, wan es wyttert oder hagelt oder dunnert.«[190]

Erst durch die Weihe wurde dem Palmbusch zauberabwehrende Macht verliehen. Sebastian Franck schreibt in seinem »Weltbuch« (1534) über den Palm: »Auff dieß kumpt der Palmtag, da tragen die christen den tempel voll großer büschel Palmbeum und angebunden äst, die weihet man für alles ungewitter an das füer gelegt. Und führen ein hültzlin Esel auff einem wäglin mit einem darauf gemachten bilt yhres Gots in der statt herumb, singen, werffen palmen für yhn und treiben vil abgötterei mit diesem yhren hültzlin Got. Der Pfarrer legt sich vor diesem bilt nieder, den schlecht (schlägt) en ander Pfaff. Die Schüler singen und deuten mit fingern darauff. Zween Bachanten legen sich auch mit seltzamer Ceremoni und gesang vor dem bilt nider, da wirfft jedermann mit palmen zu, der den ersten erwischt, treibt vil zauberei damit.« Mit dem Palmbusch konnte man aber auch selbst zaubern: Mit einer geweihten Palmgerte kann man Diebe »stellen«; wenn man der Braut, während sie zur Kirchtür geht, ein Haar auszieht und dieses um einen Palmzweig wickelt und mit ihn zusammen verbrennt, dann wird die Braut wahnsinnig; stellt man am Palmsonntag frisch geweihte Palmzweige auf den Dunghaufen, so kommen in der Nacht Hasen und legen Eier darunter; »willt du ein faß mit Win bald ausschenken, so nimm den ersten palm, den der priester auff die matten wirft, leg ihn uff das faß«.[191] – Jakob Grimm fand dazu noch diesen Spruch: »item die pürsten, die man zu dem palm steckt, da pürsten sie das vieh mit, so weret es nicht lausig.«[192]

... Vertreibt die Warzen und die Hühneraugen

In der Volksmedizin war die Weide neben dem Holunder wohl der bedeutendste Baum.

Natürlich konnte man auf sie Krankheiten übertragen.

Für die Weide hatte man sich zur Heilung der Gicht etwas Besonderes ausgedacht: Man stellte Weidenzweige in das Blut der Patienten, das beim Schröpfen austrat; anschließend steckte man die Zweige in die Erde und begoß sie mit dem gleichen Blut. Es wird berichtet, daß nach dieser Therapie mancher Gichtkranke zumindest zeitweise von seinen Schmerzen befreit war. Heute weiß man, daß die Weidenrinde bei Gicht und Rheuma wirkliche Besserung bringen kann; ihr Salicylgehalt ist dafür verantwortlich. Der kommt allerdings beim zauberischen »Wenden« gar nicht an den Leib des Kranken. Nur bei Zahnschmerzen schnitt man aus einem Weidenzweig einen Span, stocherte damit ins Zahnfleisch, bis es blutete und fügte dann den Span wieder in den Zweig; wenn der Span verwächst, waren auch die Zahnschmerzen verschwunden. Man ging aber auch bei zunehmendem Mond zur Weide und sprach:

»Guten Abend, liebe alte Weide,
Ich bring dir meine Zahnschmerzen heute
und wünsche dir, daß sie bei dir bestehen
und bei mir vergehen.«

Auch bei verschiedenen Hautleiden war die Weide gefragt. Weil sie selbst an Flechten litt, sollte sie diese Krankheit beim Menschen heilen. Man bestrich die befallenen Stellen dreimal mit dem Weidenzweig und sprach dabei den »Streitsegen«.

De Wen (Flechte) un de Wied
de güngen beid' to Stried (Streit):
De Wied gewänn,
De Wen verschwünn.« *(Aus dem Meckenburgischen)*[193]

Da die älteren Weiden häufig Auswüchse aufwiesen, konnte man nach dem Grundsatz, Gleiches wird mit Gleichem geheilt, auch Kröpfe und Brüche verpflanzen. Sogar bei Haarausfall war die Weide hilfreich; in Schlesien ging der Glatzkopf zur Weide und sagte.

»Weide, ich komme zu dir und sage dir,
daß alle Kirchen singen,
und alle Glocken klingen,
alle Episteln werden verlesen.
Mein (Haar-)Schwund soll in dir vergehen und verwesen.«

Auch in der Diagnostik war die Weide zu gebrauchen: »So du wissen willst, ob einem die Hirnschale entzwei geschlagen ist: Nimm ein leichtes Stückchen Weidenholz, schlage damit an die Hirnschale und horche oben (am Holzstück) darauf; tönt es hell, so ist sie ganz, läutet sie aber dünn wie eine zerbrochene Glocke, so ist sie entzwey.«[194]

Die seriösen Ärzte und Kräuterkenner des 16. Jahrhunderts hielten schon im 16. Jahrhundert nicht mehr viel von der Sympathie-Medizin, dennoch konnten auch sie sich davon nicht ganz frei machen. L. Fuchs schrieb über die Weidenrinde: »Dieselbige zu äschen (Asche) gebrennt und in Essig gebeitzt und übergelegt vertreibt die warzen und hühneraugen. Die bletter und rinden in wasser gesotten seindt gut denen, so das podagram haben. Gedacht wasser vertreibt die schuppen auf dem haupt. Der safft aus der rinden gesammelt, dieweil die weiden noch blüen, und in die augen gethon, macht lautere augen und ein schön angesicht.« Allerdings: »Die bletter gesotten und getruncken, vertreibt den Lust und neygung zur unkeuschheyt.«[195]

A. Lonicerus gibt folgende Ratschläge: »Wer große Hitze hätte, der nehme Weidenblätter, streu sie umb sich, sie kühlet fast in heißer Zeit. – Ist gut für die Würm im Leib und Bauch. – Das Wasser getruncken, treibt die todte Geburt auß.«[196]

Und die berühmten Ärzte von Salerno reimten von der Weide: »Saft der Weide, geflößt in die Ohren, vernichtet die Würmer. Rinde, in Essig gekocht, befreit die Haut von den Warzen. Blüte und Saft der Früchte verhindern Geburt und Empfängnis.«

Im Laufe der Zeit konzentrierte sich das Interesse mehr und mehr auf die Weidenrinde. Im 19. Jahrhundert wird sie als Fiebermittel, bei Durchfällen, Blutbrechen und Zahnfleischerkrankungen empfohlen. In einem »Kräutersegen« aus dem Jahre 1896 heißt es: »In der Heilkunde wird vorzüglich die

Rinde gebraucht und zwar hauptsächlich jene der 2-3jährigen Äste. Sie ist äußerst bitter und zusammenziehend, und wir dürfen sie als eines unserer besten einheimischen Fiebermittel ansehen.«[197]

Die moderne Heilpflanzenkunde führt die Heilkräfte der Weide im wesentlichen auf das Gykosid Salicin und seine Derivate in der Weidenrinde zurück; hier fand man auch noch Salicylalkohol, der in Salicilsäure aufgespalten wird. Die Droge wirkt in erster Linie bei rheumatischen und neuralgischen Erkrankungen; auch bei grippalen Affekten ist sie angezeigt. In der Schulmedizin wird die Weidenrinde heute nicht mehr verschrieben, man greift lieber auf synthetische Salicylsäurepräparate zurück. In der Volksmedizin behauptet sich die Weidenrinde hingegen nach wie vor bei Gicht und Rheuma, zur Wundbehandlung und bei Blasenerkrankungen.

... Nimmt die Begierd zum Venushandel

In der Volkserotik wurden die zwei Gesichter der Weide noch bis übers Mittelalter hinaus streng von einander geschieden. Der Silberweide (im Süddeutschen Felberbaum genannt) ordnete man die guten, helfenden Geister zu, die Korbweide hingegen war die böse Weide. Dieser Felberbaum brachte nämlich viele Mittel hervor, die der Erotik förderlich waren. Ein Absud aus der Weidenblüte verhalf den Frauen zu schönen Haaren und makelloser Haut; schon Matthiolus empfiehlt allerdings den Saft der Weidenrinde, der ein schön Antlitz macht, darmit angestrich«.[198]

Der Felberbaum half auch gegen das Nestelknüpfen, wie schon erwähnt, eine besonders hinterhältige Bosheit der Hexen. Sie machten während der Trauung heimlich einen Knoten in die Hosenbänder des Bräutigams, und der konnte dann die Ehe nicht vollziehen, da er impotent geworden war. Um diesem Malheur vorzubeugen, mußte der Bräutigam durch eine Röhre aus Felberbaumrinde pinkeln.

Die Hexen konnten aber noch Schlimmeres anrichten: sie zauberten die Zeugungsglieder weg! Von dieser Ungeheuerlichkeit waren zumindest die Verfasser des »Hexenhammers« überzeugt:

»In der Stadt Regensburg nämlich hing sich ein Jüngling an ein Mädchen; und als er es im Stich lassen wollte, verlor er sein Männliches, natürlich durch Gaukelkunst, so daß er nichts sehen und fassen konnte als den glatten Körper, worüber er beängstigt ward. Nun ging er einst in ein Gewölbe, um Wein zu kaufen; hier blieb er eine Weile, als ein Weib hinzukam, dem er den Grund seiner Traurigkeit entdeckte. Die Frau riet ihm, sich an eine bestimmte Hexe zu halten: ›Es ist nötig, daß du mit Gewalt, wo Freundlichkeit dir nicht hilft, sie zwingst, dir die Gesundheit wieder zu geben.‹

Der Jüngling lauerte der Hexe auf und bat sie, ihm die Gesundheit wieder zu verleihen. Als die sagte, sie sei unschuldig und wisse von nichts, stürzte er sich auf sie, würgte sie mit einem Handtuch und schrie: ›Wenn du mir meine Gesundheit nicht wieder gibst, stirbst du von meiner Hand.‹ Da sagte sie, da sie nicht schreien konnte, und ihr Gesicht schon anschwoll und blau wurde: ›Laß mich los, dann will ich dich heilen.‹

Die Hexe berührte ihn mit der Hand zwischen den Schenkeln oder dem Schambein und sprach: ›Nun hast du, was du wünschst.‹ Und, wie der Jüngling später erzählte, fühlte er deutlich, bevor er durch Sehen und Befühlen sich vergewisserte, daß ihm das Glied durch bloße Berührung der Hexe wiedergegeben war.«[199]

Die Silberweide hat eben zwei Seiten: sie ist zwar ein Schönheitsmittel, aber sie macht unfruchtbar. »Die Blätter mit kaltem Wasser getruncken wehren, daß die Weiber nicht schwanger werden«, zudem dämmen sie die Liebeslust bei beiden Geschlechtern.

Der Arzt L.C. Hellwig nimmt sich ebenfalls dieses Problems an, das er so umschreibt: »Bei der allzu großen Begierde beim Beyschlaf und Geilheit, wenn der Mann allzu hitzig ad rem veneream, zum Beyschlaf, ist, also, daß sie bisweilen gar narrisch darüber werden. Die Ursach ist vornehmlich, wenn der Samen so überflüssig dar ist, oder auch zu scharff.« Und wenn es beim Manne so weit gekommen ist, soll er sich der Weidenblätter bedienen, sie mit Zucker betreuen und einnehmen. Er empfiehlt noch: »Ansonsten muß ein solcher Mann lustige Conversation, zumal von galanten und beredtsamen Frauen-Zimmern meiden, Gastereyen, niedliche Speisen und delicate Getränke, Gewürtz, sehr gesaltzen und stark safftige Speisen.«[200]

Die Korbweide wurde immer als Abtreibungsmittel angesehen. Aus ihren Blättern stellte man Zäpfchen her, die man vor oder nach dem Beischlaf in die Scheide einführte, um »den samen zu schädigen und dadurch zu wehren, daß eine Frau schwanger wird«. Schon Dioscorides kannte einen Trunk aus Weidenblättern, der die Empfängnis verhindern konnte: »Allein oder mit Wasser eingenommen verhindern sie, daß eine Frau empfange.«[201]

Die Engländer differenzierten da schon: sie glaubten, daß derjenige, der Weidenblätter als Tee trinke, keine Söhne, sondern »nutzlose, unfruchtbare« Töchter zeuge. Und in Island war man der Meinung, daß die Frauen, die im Haushalt mit Geräten aus Weidenholz hantierten, keine Kinder bekommen konnten.

Einige Autoren nehmen an, die Weide sei in den Ruf gekommen, die Liebeskraft zu schwächen, weil sie mit dem Keuschlammstrauch (Vitex agnus castus) verwechselt wurde.

Dieser Strauch galt schon seit je als Sinnbild der Enthaltsamkeit in Liebesdingen. Mönchen und Nonnen, die der Versuchung nicht erliegen wollten, pflanzten Keuschlamm in ihren Klostergarten. Ein Absud oder ein Lager aus seinen Blättern konnte prophylaktisch gegen allzu heftiges Liebesbegehren eingesetzt werden. Der Arzt Matthiolus gibt folgende Empfehlung: »Er nimmt die Begierd zum Venushandel, und ein solches thut nicht allein der Same, sondern auch die Blätter und Blumen, nicht aber, so man sie isset, sondern auch, wenn man sie im Bett unterstreut.«[202] Hieronymus Bock bestätigt das, er meint kurz und bündig: »Er löscht aus des Fleisches Brunst und Begierde.«[203]

Diese Einstellung zur Weide konnte nicht verhindern, daß sie, wenn auch selten, zum Liebeszauber herangezogen wurde: »Johannis, in der Mittagsstunde von 11-12, pflückten die ledigen Mädchen neunerlei Blumen, wobei aber die Weide nicht fehlen durfte. Diese Blumen werden zu einem Kranz gebunden, wozu der Faden von der Binderin in derselben Stunde gesponnen sein mußte. Ist der Kranz vollendet, so wird er noch in dieser verhängnisvollen Stunde von der Verfertigerin rückwärts auf einen Baum geworfen. Sooft der Kranz geworfen wird, ohne hängen zu bleiben, so viel Jahre währt es noch bis zur Verheiratung.«

Und:

»Einige schneiden den Tag vor Weihnachtsabend neunerlei Holz ab, machen davon Mitternacht ein Feuer in der Stube, und ziehen sich ganz nackend aus, indem sie ihre Hemden zum Gemach hinaus vor die Thür werfen. Beim Feuer niedersitzend sprechen sie: ›Hier sitz' ich splitterfasernackigt und bloß, wenn doch mein Liebster käme und würfe mir mein Hemd in den Schoß.‹ Der Liebhaber wird kommen, das Hemd hereinwerfen, und sie können sein Gesicht erkennen.«[204]

Walnußbaum und Hasel

Botanisch haben Hasel- und Walnuß kaum Gemeinsamkeiten, sie gehören auch ganz unterschiedlichen Familien an. Aber diese beiden bei uns heimischen Nußarten werden ähnlich verwendet; auch im Volks- und Zauberglauben werden sie zumeist im gleich Sinne gebraucht.

So legt sich auch das folgende Rätsel nicht auf eine bestimmte Nußart fest:

»Zur schönen warmen Sommerzeit
da trage ich ein grünes Kleid.
Doch wenn erst kommt der Herbst daher,
trag' ich das grüne Kleid nicht mehr.
Ich trage dann ein Kleid von Stein,
ein Hammerschlag dringt kaum hinein,

und kommt die liebe Weihnachtszeit,
so trag' ich gar ein golden Kleid,
das zieht mir dann das Kindchen aus
und ißt mich selbst zum Weihnachtsschmaus.«

Der Haselstrauch ist in unseren Wäldern und Gärten noch weit verbreitet und geliebt; anders sieht's mit dem Walnußbaum aus. Er ist selten geworden; so ist auch Werthers Wut über einen gefällten Nußbaum zu verstehen:

Werther
als er hörte, daß die beiden
hohen Nußbäume des Pfarrhofs
auf Befehl der neuen Pfarrerin
abgehauen worden waren,
konnte sich nicht fassen.
»Abgehauen! ich möchte toll werden,
Ich könnte den Hund ermorden,
der den ersten Hieb daran tat.« *(Goethe)*

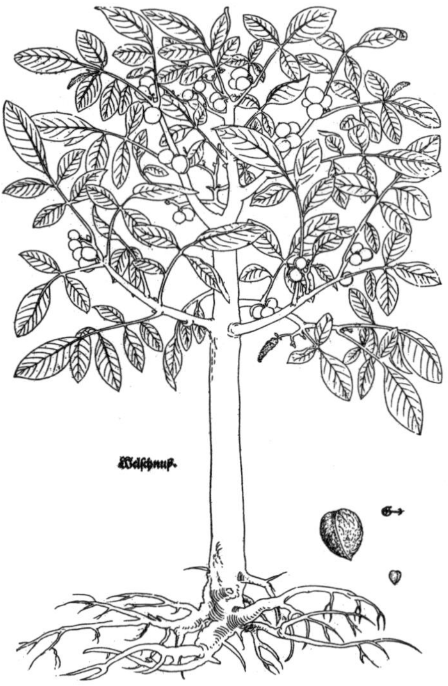

STECKBRIEF

Der Echte Walnußbaum *Juglans regia*

Die Familie der Walnußgewächse umfaßt außer den 15 Walnußarten noch die Gattungen Hickorynuß und Flügelnuß.

Der echte Walnußbaum hat anfangs eine glatte, später eine tiefrissige, dunkle Rinde; der Baum erreicht eine Höhe von zehn bis 30 Metern. Auf dem geraden Stamm wölbt sich eine mächtige, reichbelaubte Krone; der Baum kann 400 Jahre alt werden. Die großen, unpaarig gefiederten Blätter sind breit elliptisch und von glänzend grüner Farbe, die Endblätter werden bis zu 25 cm lang.

Die Walnuß blüht zum ersten Mal nach 15-20 Jahren, sie ist eine einhäusige Pflanze, die Bestäubung erfolgt durch den Wind. Die männlichen Blütenstände hängen schlaff herab; die weiblichen Blüten stehen an den Ende der diesjährigen Zweige. Aus ihnen gehen die Früchte, die Walnüsse, hervor, die im Herbst heranreifen. Es handelt sich um unvollständige, zwei- bis vierfächrige Steinfrüchte, die nach außen durch eine grüne, glatte Außenschale abgeschlossen werden; darunter liegt die hellbraune, gefurchte, steinharte Nußschale. In ihrem Inneren steckt ein zwei- bis vierlappiger Same mit großen, dickfleischigen, ölreichen Keimblättern.

HERKUNFT UND STANDORT

Die Heimat des Walnußbaumes ist mit Sicherheit in den Gebirgen der Balkanhalbinsel auszumachen; zu Hause ist sie auch in den Gebirgen Südwest- und Zentralasiens. Sein natürliches Verbreitungsgebiet in Europa ist das südliche Jugoslawien und Bulgarien; große Bestände findet man auch an der türkischen Schwarzmeerküste.

Seit der Römerzeit wird der Baum auch bei uns angepflanzt. Umfangreichere Plantagen gibt's in Frankreich (berühmt sind die Grenoble-Nüsse), in Italien, Ungarn und Jugoslawien.

Die Walnuß liebt tiefgründige, gut mit Wasser versorgte und nährstoffreiche Lehmböden, sie stellt also hohe Ansprüche an Boden und Klima.

NAME

Da die Walnuß in Gallien häufig angepflanzt und von dort auch wohl zu uns kam, nannte man sie in Deutschland Nux gallico, das dann in wählisch Nuz (so bei K.v. Megenberg, 14. Jahrhundert) übersetzt wurde. L. Fuchs (16. Jh.) nannte sie Welschnuß, daraus wurde dann walnot und schließlich Walnuß. Der lateinische Gattungsname Juglans ist aus Jovis glans = Eichel des Jupiter gebildet.

NUTZUNG

Bei der Nutzung steht natürlich die Frucht des Walnußbaumes im Vordergrund: bei uns werden jährlich fast 20.000 Tonnen Walnüsse verbraucht, die aus Frankreich, den USA oder China eingeführt werden.

Die Nachfrage nach dem Holz dieses Baumes kann kaum befriedigt werden, zumindest dann, wenn die Bäume einen Durchmesser von zwei Metern und eine Höhe von 20 Meter erreicht haben. Das Holz ist ziemlich hart und biegsam, sehr dekorativ und gut verarbeitbar, daher wird es im Möbel- und Innenausbau, in der Drechslerei und zu Schnitzarbeiten gern verwendet. Besonders gesucht ist das Holz aus dem Bereich der Gabeläste, dem unteren Teil des Stammes und den Wurzelknollen. Dort weist es besonders dekorative Zeichnungen und Färbungen auf. Der Walnußbaum wird aus diesem Grund auch nicht oberhalb des Bodens abgesägt, sondern mit den Wurzeln ausgehoben. Die sogenannten Stammkröpfe dienen zur Herstellung der gesuchten Kropffurniere.[205]

Die Walnuß – ein Lebens- und Zauberbaum

Die Frucht des Walnußbaumes ist eigentlich keine Nuß, sondern (wie Pflaume, Pfirsich oder Kirsche) eine Steinfrucht. Sie ist nach außen von einer fleischigen, grünen Haut umgeben, es folgt die holzige Schale, und der eigentliche Fruchtkern ist noch von zwei Häutchen eingeschlossen. Darin sah man ein Sinnbild des Lebens, der Fortpflanzung und der Unsterblichkeit.

In der germanischen Mythologie werden Beziehungen zwischen der Walnuß und Fro (Bruder der Frigga) und auch zu Donar geknüpft. In den germanischen Heldengräbern sind Walnußschalen gefunden worden. Es ist auch überliefert, daß diese Nüsse bei Opferfesten dem Donar geweiht wurden.

Die Edda erzählt von der Göttin Iduna, der Hüterin der goldenen Äpfel, deren Genuß den Asen fortdauernde Jugend verleiht; diese Äpfel wurden vom Riesen Thiassi geraubt. Die Götter begannen zu altern und zwangen Loki, Iduna und die Äpfel zurückzuholen. Ihm gelang es endlich, den Riesen zu überlisten, Iduna in eine Nuß zu verwandeln und sie nach Walhall zu bringen. Thiassi schlüpfte in sein Adlergewand und flog ihnen nach. Als die Asen ihn erblickten, entzündeten sie ein riesiges Feuer, in dem der Adler verbrannte. Iduna in der Nuß – Sinnbild der Wiederbelebung – konnte nun den Göttern die goldenen Äpfel bringen.

Der Gattungsname Juglans weist darauf hin, daß dieser Baum dem römischen Gott Jupiter geweiht war. – Bei den Griechen war die Walnuß Speise der Götter und zudem ein Fruchtbarkeitssymbol. Diese Nuß war als wohlschmeckende Frucht, die von einem harten Kern umgeben ist, auch ein Sinnbild für etwas Wesentliches, das sich hinter Äußerlichkeiten verbirgt; vergleichbar unserem Sprichwort vom weichen Kern in einer harten Schale.

Nach einer anderen Sage war der Walnußbaum aber auch dem griechischen Weingott Dionysos geweiht. Karya, eine Priesterin und die Geliebte des Dionysos, wurde in einen Walnußbaum verwandelt. – In Lakedonien war der Walnußbaum der Göttin Artemis geweiht; unter seinen Ästen führten die Mädchen des Ortes rituelle Tänze auf. »Aus einer solchen Beziehung der Artemis zum Walnußbaum ließe sich folgern, daß die Auffassung der sonst durchweg jungfräulich gedachten Artemis hier eine dem Wesen der Aphrodite und des Dionysos sich nähernden Richtung eingeschlagen habe, wobei orientalische Kulteinflüsse im Spiel gewesen sein könnten. Nach der Localsage von Karya sollten Jungfrauen dieses Ortes, als sie einst im Dienste der Göttin ihre Tänze aufführten, infolge eines plötzlichen Erschreckens zum heiligen Baum der Göttin geflohen sein, und während sie die Zweige desselben erfaßten, in Nüsse verwandelt worden sein.«[206]6

Im Zauberglauben der Völker werden dem Walnußbaum recht widersprüchliche Kräfte und Bedeutungen zugewiesen. Den Deutschen galt er als Lebensbaum, der bei der Geburt eines Kindes gepflanzt wurde. Goethe erwähnt in »Werthers Leiden« einen solchen Geburtsbaum: » . . . da ich nicht umhinkonnte, den schönen Nußbaum zu loben, fing er an, uns . . . die Geschichte davon zu geben: › . . . der jüngere aber dort hinten ist so alt wie meine Frau, im Oktober 50 Jahre alt. Ihr Vater pflanzte ihn des Morgens, als sie gegen Abend geboren wurde.‹«

In südlichen Ländern hingegen betrachtete man den Nußbaum als »Hexenbaum« oder »Waldteufelbaum«. In Benevento (östlich von Neapel) steht ein berüchtigter Nußbaum, unter dem sich die Hexen der Umgebung versammelt haben, um den Hexensabbat, die »beneventische Hochzeit« zu feiern.

Die Brüder Grimm haben die Sage aufgezeichnet:

»Zu Benevent stand bei einer Höhle ein großer Nußbaum, worunter die Hexen nachts ihre Tänze und Zusammenkünfte hielten. Zu Rom war ein Mann, dessen Frau auch eine Hexe, ohne daß man es wußte, und war oft nachts in Benevent. Einmal ist er noch nicht eingeschlafen, da sieht er, wie seine Frau aufsteht und den ganzen Leib mit einem gewissen Öl bestreicht und darauf die Zauberworte spricht:

›Öl, bring mich in der Nacht geschwind
zu dem Baum von Benevent!‹

Damit verschwindet sie vor seinen Augen und kommt erst am anderen Morgen wieder.

Die folgende Nacht paßt der Mann wieder auf und gibt genau Achtung auf die Worte. Kaum ist die Frau fort, so steht er auch vom Bett auf, streicht sich das Öl an den Leib und spricht die Worte, und in der Minute befindet er sich zu Benevent unter dem Nußbaum in einer großen Gesellschaft Hexen, darunter auch seine Frau ist. Es geht lustig her, und er wird mit an den Tisch geführt, wo alles wohlauf ist. Die Speisen wollen ihm aber nicht schmecken, weil sie alle ungesalzen sind; er bittet seinen Nachbarn um ein wenig Salz, der hört aber nicht darauf; er wendet sich zu einem anderen, der will sich auch keine Mühe geben; endlich wird ihm von einem dritten etwas gereicht. Wie er das Salz sieht, ruft er aus: ›Gottlob, daß Salz da ist!‹ Kaum hat er das Wort Gott gesprochen, so ist alles verschwunden, und er liegt ohne Kleider in der dunklen Höhle von Benevent.

Endlich bricht der Morgen an, er sieht nichts als ein einsames Feld und ein paar Ackerleute, die ihm einen Mantel schenken; damit läuft er noch Rom zum Papst und erzählt ihm, was er in der Nacht gesehen und gehört hat. Der Papst läßt den Nußbaum zu Benevent abhauen, und seit der Zeit gibt es keine Hexen mehr.«[207]

Auch in anderen Landschaften tanzten die Hexen unter dem Nußbaum. Daher stammt wohl die Mär, daß sich im Schatten dieses Baumes allerlei Merkwürdiges, ja Schreckliches zutragen solle. Schon der römische Schriftsteller Plinius wußte, daß selbst der Schatten des Nußbaums Böses bewirken könnte; wer in seinen Schatten schlief, bekam Kopfschmerzen. Andere glaubten sogar, daß der Schlaf unter einem Walnußbaum tödlich sei. Die Juden begründeten das so: »Dieweil sich die Teufel zu neunt zusammengesellen, so ist es gefährlich, wenn einer unter einem Nußbaum schlafet, denn siehe, die Teufel wohnen auf demselben, denn an einem jeden Zweig, der an einem Nußbaum ist, hängen neun Blätter.«[208]

Alles, was in der Nähe dieses Baumes wächst, soll vergiftet sein; das Laub darf man auf keinen Fall als Streu für die Kühe nehmen, sie geben dann weniger und zudem minderwertige Milch. Noch heute ist den Bewohnern südlicher Länder der Schatten des Walnußbaumes suspekt; Ethymologen leiten sogar den lateinischen Namen nox für Nuß von nocere = schaden ab.

All diese Vorurteile konnten nicht verhindern, daß der Walnuß auch positive Eigenschaften beigegeben wurden: Legte man Nußbaumscheite auf den Herd, konnte man die Sommergewitter vertreiben. Auf der anderen Seite hieß es aber auch, der Nußbaum ziehe den Blitz an. Dies war wohl ein Irrglaube, den nach neueren Erkenntnissen wird dieser Baum kaum vom Blitz getroffen.

Wer eine Walnuß bei sich trägt, ist vor den Anfeindungen des Teufels sicher; auch schützt sie vor dem »Bösen Blick«. Walnußblätter verjagen Motten und anderes Ungeziefer, wenn man sie am Johannistag pflückt. Überhaupt hat der Walnußbaum durch Feuerkult und Hexenwahn eine starke Beziehung zum Johannistag: Im Johannisfeuer angekohlte Nußbaumzweige können für ein Jahr den Zahnschmerz fernhalten, wenn man herzhaft in den Zweig beißt. An Türen und Fenster gesteckte Nußbaumzweige halten alles Unheil vom Hause fern.

Auch zum Orakel ist der Nußbaum zu gebrauchen: Zu Weihnachten wurden an die Gäste mehrere Walnüsse verteilt. Stellte sich heraus, daß die erste Nuß, die man knackte, schwarz war, bedeutete das schwere Krankheit oder Tod. Zu Neujahr aß man zwölf Nüsse, waren alle genießbar, so folgten zwölf gute Monate.

Der Walnußbaum konnte auch über den Witterungsverlauf eines Jahres Auskunft geben: viele Nüsse im Herbst ließen auf einen frühen und strengen Winter schließen; ähnliche Voraussagen konnten allerdings auch Eichen, Buchen und Haselsträucher machen. Zu Weihnachten stellte man vor der Frühmesse vier mit Wasser gefüllte Walnußschalen auf, für jede Jahreszeit eine; je nach der verdunsteten Wassermenge konnte man Schlüsse auf die Verteilung der Regenmenge in den Jahreszeiten ziehen.

Schläft und träumt man unter einen Walnußbaum, so gilt: »Ein Baumnuß bedeutet ein geitzigen und Bescheißmann, denn sie stinket übel und darumb bedeut sie auch böse sitten und geberden«, meinte man im Kanton Zürich.[209]

Das keltische Horoskop kann unter dem Stichwort Walnuß denen, die vom 21.-30.4. und vom 24.10.-11.11. geboren sind, Auskunft geben: »Der Nußbaum hat einen unbeugsamen Charakter, sonderbar und voller Kontraste! Oftmals egoistisch, aggressiv und unnachgiebig, gleichzeitig edel und mit einem weiten geistigen Horizont. Seine Reaktionen sind unerwartet und spontan und sein Ehrgeiz ist grenzenlos. Das Fehlen jeglicher Flexibilität macht ihn zu einem schwierigen Partner. Er ist nicht immer beliebt, aber er wird oft bewundert und erfreut sich großer Autorität. Selten ruht er aus und läßt auch andere nicht zur Ruhe kommen. In höheren Positionen ist er ein genialer Stratege von vielseitiger Intelligenz. Seine berufliche Entwicklung ist immer von Fleiß und Strebsamkeit gekennzeichnet, ihm liegt nichts an billiger Popularität.

In Liebesdingen reagiert er ausgesprochen eifersüchtig und in Gefühlsangelegenheiten sehr leidenschaftlich. Ein ungewöhnlicher Partner, der sich auf keine Kompromisse einläßt. Der Umgang mit solch einer Persönlichkeit birgt viele Überraschungen und nicht immer nur angenehme. Man riskiert viel Gutes, aber unter Umständen auch viel Schlechtes, wenn man ihm begegnet.«[210]

. . . stärcket er das Hirn und das gantze Haubt gewaltig

Als Sympathie-Mittel wird der Nußbaum gegen Fieber und Gicht eingesetzt. Diese Krankheiten kann man auf ihn übertragen (»wenden«), wenn man vor Sonnenaufgang zu ihm geht, einen Span aus ihm schneidet, in den Spalt einen Zettel mit dem Namen des Patienten steckt und das ganze wieder verkeilt. Dabei muß man sprechen:

**»Nußbaum, ich komme zu dir,
nimm meine 77erlei Fieber (Gichter) von mir,
ich will dabei verbleiben.«**

Mancherorts wurde nach dieser Methode auch die Schwindsucht behandelt. Hier eine weitere probate Therapie bei Fieber: Man spaltet eine Walnuß, entfernt den Kern und legt statt dessen eine Spinne hinein. Die beiden Schalenhälften werden zusammengebunden und an einem langen Faden um den Hals gehängt, so daß die Nuß über der Herzgrube liegt. Nach zweimal 24 Stunden bringt man die Nußschale mit der Spinne vor Sonnenaufgang an ein fließendes Gewässer und läßt sie fortschwimmen – und das Fieber schwimmt mit!

In der Schweiz meinte man, der »zwischen den Beinen gelaufene Wolf« habe auch auf langen Wanderungen keine Chance, wenn man ein Walnußblatt in der Tasche bei sich trage. Das galt auch in Deutschland: ». . . die Erfahrung stand jedenfalls so fest, daß selbst das Königliche Sächsische Exerzier-Reglement für die Infantrie sie verzeichnete.«[211] Ein Kind, das beim Karfreitagsläuten unter einem Walnußbaum zum ersten Mal an die Mutterbrust gelegt wird, bekommt niemals Zahnschmerzen.

Der Leibarzt des Fürsten von Anhalt, Oswald Croll, gibt an Hand der Walnuß ein typisches Beispiel der Signaturenlehre aus dem 17. Jahrhundert, nach der Gleiches mit Gleichem geheilt wird (Similia similibus curentur). »Die Welsche Nuß hat die gantze Signatur oder Zeichen des Haubts: ihr eusserste Rinde vergleichen sich mit dem Häutlein über der Hirnschahl. Dannhero auch das Saltz, aus solchen Rinden gemacht, zu den Wunden dieses Häutleins ein sonderbar Mittel ist. Die harte Schahl vergleicht sich mit der Hirnschahl. Das inwendige Häutlein, mit welchem der Kern selbst überzogen ist, referiert oder präsentiert die Häutlein des Hirns, der Kern selbst aber die Substanz des Hirn. Ist derowegen zu demselbigen auch sehr bequem und schwächt die Gift. Denn wenn er wird gestoßen, mit gebranntem Wein befeuchtet und auf den Haubtwirbel gelegt, stärket er das Hirn und das gantze Haubt gewaltig.«

Die Walnuß kam auch als Bestandteil eines berühmten Gegengiftes zu Ehren. Nach dem Tode des pontischen Königs Mithridates (64 v.Chr.), der ein exzellenter Giftmischer war, fand man das folgende Rezept: » Zwo gedörrte Baumnuüß mit zweyen Feigen, zwantzig Rautenblättern und ein wenig Saltz under einander gestoßen, nüchtern eingenommen, versichert denselbigen Tag vor aller Vergiftung.«[212] Diese Mischung bescherte Mithridates immerhin ein gesegnetes Alter von 69 Jahren, dann fand er am Bosporus seinen Tod bei einem Aufstand, den sein Sohn organisiert hatte.

A. Lonicerus und andere berühmte Ärzte der beginnenden Neuzeit hatten aber auch Vorbehalte gegen den Einsatz der Walnuß in der Medizin: »Die Nüß blähen den Menschen um die Brust, machen Husten und Haubtweh. Nußöl ... bringt zufällige Siechtagen und macht Heiserkeit. Viel Nüß essen bringt den Schlag der Zungen und gibt Ursach zum Erbrechen.«[213] L. Fuchs fügt dem noch hinzu: »Welcher speien will, der soll nüchtern Welchnüß essen.«[214] Und schon Dioscorides hatte erkannt, die Walnuß sei nicht gut für den Magen, »auch macht sie zornig und verursacht Kopfweh. Für den Husten ist sie ein wahrer Feind«.[215]

Nicht viele der wundersamen Eigenschaften des Walnuß haben sich bis in die heutige Zeit gerettet. Dafür gibt's neue Aspekte ihres Einsatzes als Heilmittel. Umstritten ist noch, ob die Walnuß die Verdauung fördern kann; daß die Blätter jedoch Tuberkulose und Diabetes heilen können, wie behauptet wird, muß angezweifelt werden. Die beiden Doktoren Grusche und Maemeke fanden neue Möglichkeiten heraus, die Walnuß medizinisch zu nutzen: »Der Walnußbaum (ist) seiner Natur nach ein Heilmittel für die Skrofulosen. Skrofulose, die von finniger Haut, Pusteln, Flechten, ständig entzündeten Augen, skrofulösen Drüsengeschwülsten, Knochenauftreibungen geplagt sind, finden Heilung, wenn sie monatelang täglich zwei bis vier Tassen Walnußblättertee trinken. Bei alter Lues, Quecksilbersiechtum, chronischer Mittelohrentzündung und Ohrenfluß, Mandelentzündung und starker Schweißabsonderung soll die Walnuß helfen.«[216]

M. Mességué verwendet sogar alle Teile dieses Baumes – Blätter, Rinde, Kätzchen, Saft, Knospen und Schalen – gegen eine Fülle von Gebrechen: Schuppen und Haarausfall, Blutungen, Schnittwunden, Hämorrhoiden, Durchfall (!), Läuse, Flöhe usw. Damit wird dem Nußbaum sicherlich zu viel der Ehre angetan.

Doch wo kann die Walnuß wirklich helfen? Ernstzunehmende Phytotherapeuten trauen dem Walnußblatt wegen seines Gerbstoffgehaltes adstringierende Wirkung zu, die bei Magen- und Darmverstimmungen helfen kann. Äußerlich angewandt können die Blätter die Heilung von Geschwüren und Augenentzündungen beschleunigen. Die grünen Fruchtschalen wirken schweißhemmend. Die Nuß mit ihrem hohen Ölgehalt von 40 bis 60 Prozent wird lediglich als Nahrungsmittel empfohlen.

Der Nußbaum – Symbol der Fruchtbarkeit und der Sinnenlust

Der Walnußbaum war seit jeher ein Sinnbild der Fruchtbarkeit: die Römer weihten ihn dem Jupiter, dem höchsten Natur- und Vegetationsgott. Vor allem seine Früchte waren im erotischen Bereich von großer Bedeutung. Wenn die Braut im alten Rom mit Fackelbegleitung und unter Absingen phallischer Lieder, die die Zeugungsfunktion verherrlichten, aus dem Elternhaus in die Wohnung des künftigen Gatten geleitet wurde, verlangten die Knaben vom Bräutigam das Auswerfen von Nüssen; und je lauter und heller sie klangen, desto glücklicher wurde das Paar.[217]

Auch die Juden trauten dem Nußbaum erotische Kräfte zu. Jeder jüdische Neuvermählte mußte Gott danken, daß er den Nußbaum (als Symbol der Sinnenlust) im Garten Eden gedeihen ließ. Später gingen die Rabbiner gegen diesen Brauch an; es hatte sich die Erkenntnis durchgesetzt, daß auch der in der Ehe praktizierte Geschlechtsverkehr mit Lustgewinn verbunden sein kann, und der war allemal sündhaft. Sie vermiesten ihrer Klientel das Liebesspiel mit der Behauptung, der Teufel halte sich besonders gern im Nußbaum auf.

In Deutschland verehrte man den Nußbaum als Baum der Fruchtbarkeit und des Kindessegens. Somit fand er auch hier bei den Hochzeitsbräuchen reichlich Verwendung.

Es hieß aber auch: »Wenn es viele Nüsse gibt, dann gibt's auch viele Hurenkinder.« Von den unehelichen Kindern sagte man: »Sie sind vom Nußbaum gefallen«; der Mutter eines solchen Kindes stellte man einen Mann aus Stroh in den Nußbaum am Haus.

Wenn aber der Nußbaum selbst fruchtbar werden sollte, mußte er in den Rauhnächten (zwischen Heiligabend und Dreikönige) geschlagen werden. Und das gleiche galt auch für die Frauen. Das erinnert an den Brauch, Frauen und Mädchen mit der Lebensrute auf die Geschlechtsteile zu schlagen: »Wenn man Nußbäume und Weiber nicht schlägt, so tragen sie keine Früchte.« Oder:

**»Drey ding muß man allzeit schlagen,
will man, daß jeren eins guet bleib,
ein Nußbaum, Esel und ein Weib.«**

Oder:

**»Nüsse nur geknackt behagen,
Weiben taugen nur geschlagen.«**

Ebenso wie die Haselnuß ließ die Walnuß einen Vergleich mit dem weiblichen Geschlechtsteil zu. Ein schwäbisches Volkslied macht's deutlich:

»Hans, weck die Magd auf!
Herr, ich bin schon oben auf.
Hans, was machst du oben drauf?
Herr, ich knack die Nüsse auf.
Hans, reich mir doch auch ein' Kern.
Herr, ich fresse selber gern.«

Die Vorteile, die eine Hochzeit mit einer Witwe brachte, umschrieb man so: »Wenn die Nuß gespalten, so kommt man desto eher zum Kern.«

Da war es nur folgerichtig, daß man »Nüsse knacken« mit beischlafen gleichsetzte. »Der muß keine Nüsse knacken, der hohle Zähne hat«, soll nichts anderes ausdrücken, als das ein alter Mann kein junges Mädchen heiraten sollte.

Dazu hatte man schon im Mittelalter eine dezidierte Meinung:

»Ein harte nusz und stumpfer zan,
ein junges Weib und ein alter man
zusammen sich nicht reimen soll;
seinesgleichen jeder nehmen soll.«

Nach Matthiolus kräftigt die Walnuß den impotenten Körper und mehre den Samen des Mannes, das galt aber für alle Nüsse.[218] Schon im Mittelalter wußte man, daß Nüsse »Überschuß an Krafft schaffen«. Im Taunus wurden noch bis vor kurzem Nußbaumblätter abgekocht zu dem Zweck, Glied und Hodensack in den Absud zu tauchen, um in Liebesdingen leistungsfähiger zu werden.

Zum Liebesorakel warfen die Mädchen einen Stock in den Walnußbaum; blieb er dort hängen, so wußte das Mädchen, daß es noch in diesem Jahr heiraten würde.

»Am Sylvesterabend läßt man in einer Wanne oder Schüssel kleine Lichtlein auf Nußschalen oder Zettel mit Namen in Nußschalen schwimmen: deren Schiffchen nun auf einander zuschwimmen, die werden Verlobte und bleiben einander treu; wenn die Schiffchen von zwei Verlobten von einander wegschwimmen, so tritt Trennung ein. Hat ein Mädchen mehrere Liebhaber, so läßt er mehrere Schiffchen schwimmen.«[219]

In England und Frankreich warfen die Liebenden zwei Nüsse ins Feuer. Wenn sie still liegen blieben, so gab es eine glückliche Ehe, fuhren sie aber krachend auseinander, würde die Ehe nicht gut verlaufen. In Schlesien warfen die Mädchen am heiligen Abend Nußschalen unter die Hühner; danach mußte man genau darauf achten, ob ein Hahn oder eine Henne zuerst gackerte:

»Gackert der Hahn, kriegst an Mann,
Gackert die Henn, kriegst ken.«

Um einen Mann zu kriegen, sollten auch die kosmetischen Möglichkeiten der Walnuß genutzt werden. Reibt man Blätter oder Fruchtschalen der Walnuß zwischen den Fingern, so tritt ein Saft mit eigenartig würzigem Geruch aus. Dieser Saft enthält neben Gallussäure, ätherischem Öl und Vitamin C noch Juglon; das ist ein Naphthochinon, das durch Polymerisation in Chinon übergeht. Das schwarze Chinon färbt die zerquetschte Fruchtschale dunkel, und auch die Finger nehmen die schwarze Farbe an. Seit langem nutzt man diesen Färbeeffekt, um mit den Blättern, der Rinde und den Fruchtschalen, denen man Alaun zusetzt, Holz, Wolle oder auch Haut und Haare zu färben. Wer am ganzen Körper gleichmäßig braun sein möchte, der greife zum Walnuß-Sonnenöl. Und wer sein Haar in einem besonders schönen Braunton erstrahlen lassen möchte, der bereite sich im Do-it-yourself-Verfahren ein Haarfärbemittel: Man zieht den Saft aus Fruchtschalen und Blättern aus, versetzt ihn mit Alaun und mischt das ganze mit Tafelöl.

Und hier noch ein Tip aus einem Ratgeber von 1934: »Um reinen Teint zu erzielen, trinkt man täglich morgens auf nüchternen Magen eine Tasse Nußbaumblättertee. Hautunreinlichkeiten sind in Kürze verschwunden. Ein Mittel, das Wunder wirkt.«

STECKBRIEF

Die Hasel *Corylus avellana*

Zusammen mit der Hainbuche, der Birke und der Erde gehört die Hasel zur Familie der Birkengewächse, die in der Reihe der buchenähnlichen Pflanzen stehen.

Die Hasel bildet zumeist einen Strauch, seltener einen Baum; ihr Stamm verzweigt sich kurz über dem Boden. Die am Grunde herzförmigen Laubblätter sind verkehrt eiförmig und zu einer Spitze ausgezogen, der Rand ist unregelmäßig doppelt gezähnt. Ähnlich wie bei der Birke beginnt die Entwicklung der Blütenkätzchen bereits im Sommer, und schon zu Winteranfang sind die männlichen Blütenstände erkennbar. Im Frühjahr strecken sich die Kätzchen und streuen bald, lange bevor die anderen Pflanzen aus ihrem Winterschlaf erwachen, ihren Blütenstaub aus. Zur gleichen Zeit werden die kleinen, aufrechten, mit roten Griffeln ausgestatteten weiblichen Blüten deutlich sichtbar. Die Bestäubung erfolgt durch den Wind, da zu dieser Zeit nur wenige Insekten fliegen.

Dennoch ist der Pollenstaub der Hasel im zeitigen Frühjahr eine wichtige Nahrungsquelle für die Bienen; daher steht dieser Strauch – ähnlich wie die Weide – zur Blütezeit unter Naturschutz. Bei der Hasel ist noch ein weiteres Phänomen zu beobachten: bei ihr ist nämlich Bestäubung nicht mit Befruchtung gleichzusetzen. Die männlichen Samenzellen erreichen nicht sofort die

Eizelle im Fruchtknoten der weiblichen Blüte. Sie bleiben eine Zeitlang lebensfähig, um erst im Mai die Verschmelzung mit der Eizelle zu vollziehen.

Die Früchte sind gegen Ende des Sommers reif; es sind kugelige Nüsse mit holziger Schale, in der sich die harten Keimblätter entwickeln; sie enthalten zur Zeit der Reife 50 bis 65 Prozent fettes Öl und zwei bis drei Prozent Saccharose. Die Nüsse stehen meist zu zweien zusammen, sie werden von ziemlich großen, gelappten und gefransten Deckblättern umschlossen.

HERKUNFT

Pollenanalysen weisen aus, daß der Haselstrauch in der Nacheiszeit in Mitteleuropa sehr stark verbreitet war. Er war den lichtbedürftigen Birken und Kiefern weit überlegen, und man muß sogar annehmen, daß er in der Frühen Wärmezeit größere geschlossene Bestände bildete. Erst das Vordringen des Eichenmischwaldes in der Mittleren Wärmezeit machte der Vorherrschaft der Hasel ein Ende. Immerhin war in der Stein- und auch noch in der Bronzezeit dieser Strauch so weit verbreitet, daß er eine der wichtigsten Sammelfrüchte darstellte.

STANDORT

In Laubmischwäldern findet man häufig die Hasel als Unterholz. Sie bevorzugt lockere, tiefgründige und nährstoffreiche Lehmböden, die gut mit Wasser versorgt sind. Sie ist in ganz Europa anzutreffen, meidet aber den hohen Norden und auch höhere Gebirgslagen. Sie hat wesentlichen Anteil am Bewuchs der schleswig-holsteinischen Knicks, dort wächst sie vornehmlich an der Ostseite.

Ähnlich wie der Holunder gehört die Hasel in die Nähe menschlicher Behausungen; sie unterstand der besonderen Obhut des Menschen – nicht nur der Nüsse wegen. Die Hasel hatte vielerlei Schutzfunktionen zu übernehmen, von denen später noch zu reden sein wird.

NAME

Sprachforscher führen den Namen Hasel (altdeutsch hasal) auf das lateinische Wort corulus, später corylus, zurück. Der lateinische Artname avellana bezieht sich auf den Ortsnamen Abella, heute Avella in der Provinz Avellino. – Im Niederdeutschen nennt man diesen Busch auch Hassel, die Hamburger sprechen von Klöterbusk (klötern = klappern). In Anspielung auf die männlichen Blütenstände heißt die Hasel auch – vor allem in der Kindersprache – Würstlein (Franken), Musekätzchen (Rheinland), Lämmerken (Westfalen).

NUTZUNG

Die Kultur der Haselnuß war schon im Altertum bekannt, in größerem Stil wird sie heute noch in Südeuropa und in der Türkei angebaut; dort ist sie auch ein wichtiger Exportartikel. Die Nuß findet im Haushalt vielseitige Verwendung, sie wird aber auch zur Gewinnung von Speiseöl, zur Bereitung von Ölfarben und in der Parfümerie- und Seifenindustrie in größerer Menge verbraucht. Als Holzlieferant hat der Haselstrauch kaum Bedeutung, da die Abmessungen des Holzes zu gering sind. Das Holz ist aber äußerst hart und gut bearbeitbar; es findet noch in Drechslerei und zur Herstellung von Faßreifen und Spazierstöcken Verwendung.

Die Hasel in Mythos und Zauberwesen

In den Mythen der Griechen und Römer wird die Hasel kaum erwähnt, für die Germanen war sie jedoch eine angesehene Zauberpflanze, deren Bedeutung auch in den kultischen Bereich hineinreichte. Aus vielen Gründen war die Hasel so begehrt: wegen der reichlichen Früchte, des sehr frühen Erscheinens der Kätzchen; auch wegen ihres häufigen Vorkommens und ihrer vielfältigen Verwendung in der bäuerlichen Wirtschaft.

Im keltischen Alphabet steht die Hasel an neunter Stelle für den Buchstaben C (Coll). Nach Ranke-Graves ist die Nuß in den keltischen Sagen ein Symbol für Weisheit.[220] In der Nähe von Tipperary (Irland) gab es einen Brunnen, über dem die neun Haselsträucher der Dichtkunst standen, die Blüten und Früchte (das heißt Schönheit und Weisheit) gleichzeitig hervorbrachten. Alles Wissen um die Künste und die Wissenschaften war mit dem Verzehr der Nüsse verbunden. Der Strauch war auch der »Weißen Göttin« geweiht, die unter anderem für Fruchtbarkeit zuständig war. Auch bei anderen nordischen Völkern wurde die Hasel im Zusammenhang mit der Fruchtbarkeit gebracht.

Milchzauber (1496)

Großes Ansehen erwarb sich die Hasel als zauberabwehrende Pflanze. Vor allem die Hexen, die den Kühen die Milch nahmen, mußten mit den Abwehrkräften der Hasel rechnen. Der Pfarrer von Thalemil berichtet:

**»So etwan einer Kuh der anken (Milch) wird entwandt,
da ist die gemeine weiss der sennen und viehbaweren,
dass sie drei haselschoss vor sonnenaufgang brächen,
darnach die newe milch zur fewerstatt wird gesetzt,
und mit dem haselholtz wird geschwungen und verletzt,
der hexin weh zu tun, dass sich der zauber löset« usw.**[221]

Vor Milchdiebstahl schützten auch zwei Haselruten, in die man die Namen Jesus, Maria und Johannes und die drei magischen Worte Tetragammaton, Adonai und Otheos einritzte. Die Stäbe band man kreuzweise und beträufelte sie anschließend mit dem Wachs der Osterkerzen. Über das Ganze breitete man ein weißes Tuch und legte etwas Stabwurz darauf. Die verzauberte Milch wurde durch dieses Tuch geseiht, und die Verhexung war aufgehoben.

Hexen konnte man auch dadurch ausschalten, daß man mit einem Besen aus Haselreiern den Dreck aus allen Ecken des Hauses zusammenkehrte, in einen Sack füllte und den ordentlich verdrosch. Die Hexe ließ sich nie wieder blicken. Das Gleiche wurde erreicht, wenn Haselzweige in den Misthaufen gesteckt wurden.

Große Wirkung traute man dem Spiritus zu, der aus Haselholz gebrannt wurde, und der vor allem gegen die Epilepsie, die von Hexen angezaubert war, helfen sollte. Das Holz zur Gewinnung dieses Spiritus mußte allerdings gesammelt werden, wenn die Sonne im Zeichen des Widders stand.

Die Hasel konnte auch dazu verhelfen, die Hexen zu erkennen. Dazu brauchte man nur am Heiligabend eine Haselgerte zu brechen und sie während der Christmette bei sich zu tragen. Diese Gerte trug man dann am Dreifaltigkeitstag bei der Prozession durch die Felder mit; so konnten die Hexen und auch der Bilwis (Korndämon) ausgemacht werden.

Auch die Kirche sah die wunderbaren Kräfte dieser Pflanze in den Kätzchen »konzentriert«. Die Haselzweige, die in den Palmbusch eingebunden waren, wurden vom Priester am Palmsonntag geweiht. Warf man nun bei Gewitter drei oder sieben von diesen Palmkätzchen ins Herdfeuer, so war das Haus vor Blitzschlag sicher.

Dem Haselstrauch selbst konnte der Blitz nichts anhaben, weil die heilige Familie auf der Flucht nach Ägypten bei Gewitter Schutz unter diesem Strauch gefunden haben soll. Eine andere Regel besagt, daß es an Margareten (20.7.) nicht regnen durfte, sonst holte der Wurm die Nüsse:

»Regnet's an Margareten,
so geh'n die Nüsse flöten.«

Oder:

»Auf Margareten Regen und Sturm
bringt der Haselnuß den Wurm.«

Es wurde schon erwähnt, daß der Schlag mit der Haselgerte gegen die Hexen einiges ausrichten konnten. Die besondere Kraft, die diesen Schlägen innewohnte, durfte aber nicht mißbraucht werden. Wenn man z.B. Kinder mit dieser Rute schlägt, verlieren sie ihren geraden Wuchs. Dafür haben diese Schläge aber Fernwirkung: Mit einer Haselgerte, die am Karfreitag geschnitten wurde, konnte man erreichen, daß sich jemand, den man strafen wollte, vor Schmerzen windet, wenn man auf seine Kleidungsstücke mit der Gerte einschlägt.

Dazu eine alte Geschichte: Ein Schäfer weidete seine Herde und lehnte sich auf seinen Stab aus Haselholz. Da kamen Soldaten vorbei; einer von ihnen schoß dem Schäfer den Stab weg, so daß er zu Boden stürzte. Als die Soldaten weitergezogen waren, zog der Hirt seinen Rock aus und prügelte mit dem Haselstock fürchterlich auf ihn ein. Die Schläge trafen den übermütigen Soldaten, dessen Geschrei weithin zu hören war.[222]

Nach einer alten Überlieferung kann man unter einem Haselstrauch, der älter als 35 Jahre alt ist und eine Mistel trägt, den Haselwurm mit der goldenen Krone finden (Schlangenkönigin). Wer es schafft, ihn auszugraben, hat ausgesorgt. Kein böser Geist kann ihm etwas anhaben, in alle Geheimnisse der Kräuter wird er eingeweiht, er kann sich unsichtbar machen und durch jede verschlossene Tür gehen. Lukas, der Sohn des Vogts von Galten (Schweiz) fand eine solche Haselmistel und erzählte einem Schwarzkünstler davon. Der bat den Lukas, ihm den Strauch zu zeigen. Er fand darunter allerdings nicht die Schlangenkönigin, sondern eine Alraune. Der Schwarzkünstler nahm die Alraune an sich, unternahm ausgedehnte Reisen damit und kehrte bald als gemachter Mann zurück.[223]

Die Hasel als Wünschelrute

Die spektakulärste Verwendungsmöglichkeit der Hasel ist aber die Wünschelrute. Ihr Gebrauch ist sehr alt und weitverbreitet. Schon Plinius nennt diejenigen, die mit Ruten nach verborgenen Quellen suchen »aquileges«. In den nordischen Sagen wird sie dem Wotan zugeordnet, die Edda spricht des öfteren von ihr. Die christliche Kirche verbot lange Zeit ihren Gebrauch, bis sie sie dann im 15. Jahrhundert für ihre eigenen Zwecke nutzte. Damals nannte der Benediktinermönch Basilius Valentius die Zauberrute »Caduceum, Heroldsstab, göttliche Rute, Jakobsstab, Weissagungsrute, Baguette«. Er gab auch genaue Anweisungen zu ihrer Verwendung, sie sollte nicht nur dazu dienen, verborgene Wasser- und Erzadern aufzufinden, auch verborgene Schätze, Diebe und Mörder, verirrtes Vieh, verschüttete Grenzsteine – ja sogar die Wahrheit konnte man mit ihr aufspüren. In der Erzsuche hat die Hasel besondere Affinität zu Gold und Silber, während die Esche zum Kupfer und die Fichte zum Blei hingezogen wird.

Die Rute war zumeist ein gegabelter Zweig der Hasel, aber auch der Weide, der Birke, der Linde oder anderer Bäume. Ihre Enden mußte man mit beiden Händen so halten, daß das lange Ende ausschlagen konnte.

Die Rute konnte nur unter besonderen Vorschriften und Beschwörungen geschnitten werden. Der Ast, dem sie entnommen wurde, mußte so gewachsen, daß die Morgen- und die Abendsonne durch sie scheinen konnte; oder er hatte so zu stehen, daß die beiden Enden genau nach Norden zeigten. »Beim

Aufsuchen des wunderbaren Zweiges durfte weder auf dem Hin- noch auf dem Rückwege ein Wort gesprochen werden, und mußte der Betreffende ganz nackt sein. Besonders der letztere Umstand erschwerte das Auffinden der Wünschelruthen sehr, denn sie sollten in der Christnacht um Mitternacht geschnitten werden.«[224]

Auch beim Schneiden der Rute mußten viele Dinge beachtet werden, vor allem aber mußte ein Spruch aufgesagt werden:
»Ich grüße dich, du edles Reis! Mit Gott dem Vater grüß' ich dich, mit Gott, dem Sohne find' ich dich, mit Gott des heiligen Geistes Kraft und Macht brech' ich dich, Ich beschwöre dich, Sommerlatte, bei der Kraft des Allerhöchsten, dass du mir wolltest zeigen, was ich dir gebiete und solches so gewißlich und wahr, als Maria, die Mutter unseres Herrn, eine reine Jungfrau war, da sie unseren Herrn Christum gebar. Im Namen usf.«[225]

Zur Wirksamkeit der Wünschelrute schreibt G.W. Gessman: »Dem Gebrauch der Wünschelrute liegt die Thatsache zugrunde, dass es Personen gibt, in deren Hand eine solche Ruthe, wenn man die Ruthengänger über verborgene Metallstücke, Erze usw. gehen läßt, thatsächlich zum Ausschlagen gebracht wird. Diese Fähigkeit des Erkennens solcher verborgener Gegenstände liegt aber natürlich nicht in der Ruthe, sondern in der Sensivität des betreffenden Menschen, der die Nähe des Metalls, Erzes, Wassers usw. fühlt und durch unwillkürliche und unbewußt bleibende Bewegungen der die Ruthe haltenden Hände diese zum Neigen bringt.«[226]

Wünschelrute als Anzeiger von Bodenschätzen.
Holzschnitt aus dem »Bergwerck-Buch« des Georg Agricola, 1580

Heute bringt man diese »Sensivität« bestimmter Menschen mit Erdstrahlen in Verbindung, deren physikalische Natur und deren Einfluß auf Menschen zwar umstritten sind, die aber die Reaktionen von Pendel und Wünschelrute erklären sollen. Ein erfahrener Rutengänger erklärt, warum gerade die Hasel sich zur Wünschelrute eignet: »Das Haselholz ist wie kein anderes ausgezeichneter Leiter für Energieströme. Es besitzt eine starke Durchlässigkeit und schwingt sich, als Wünschelrute verarbeitet, über den gesuchten Kraftfeldern leicht ein. Ein Haselstrauch neben einem Haus gepflanzt, wirkt wie ein ›Blitzableiter‹ für störende und krankmachende Strahlungen aus der Erde.«[227]

Die Hasel, die Ente, das Wetter und das Horoskop

Im landwirtschaftlichen Bereich war die Hasel ein beliebtes Voraussageinstrument. Viele Haselnüsse im Herbst kündigten einen strengen Winter an. Man glaubte auch, daß eine reiche Nußernte große Mengen an Eicheln erwarten lasse, allerdings werde dann die Kartoffel- und Haferernte nur bescheiden ausfallen, und wenn es in die dürren Haselstauden donnert, gibt's nur wenig Schweineschmalz. Die Blüten der Hasel geben Auskunft über die Fruchtbarkeit der Haustiere, die Milchleistung der Kühe kann man mit Hilfe der Haselblüten fördern; füttert man die Kühe mit solchen Blüten, die an drei Freitagen im März gesammelt wurden, so werden die Kühe die gewünschte Milchmenge erbringen. Aber: »Regnet's auf Johannistag, so verderben die Nüsse und geraten die Huren«, meint die Chemnitzer Rockenphilosophie.

Vor allem in Süddeutschland war die Auffassung verbreitet, daß die Hasel vor Unwetter schützen könne, vielleicht, weil sie dem Donar geweiht war, dem Donnergott, oder weil Maria mit dem Jesuskind unter einer Hasel Schutz vor Gewitter gefunden haben soll. Moderne Untersuchungen bestätigen, daß die Hasel kaum vom Blitz behelligt wird; wohl deshalb, weil sie keine Borke hat, die glatte Rinde leicht benetzbar ist und damit eine gute Ableitung für Elektrizität darstellt. Das gleiche trifft ja auch für die Buche zu, die als idealer Gewitterschutz gilt.

Im keltischen Horoskop steht die Hasel für das Außergewöhnliche; sie ist für die vom 22.-31.3. / 24.9.-3.10. Geborenen verantwortlich: »Die Haselnuß ist eher unauffällig als eindrucksvoll, doch übt sie immer einen eigentümlichen Einfluß auf ihre Umgebung aus. Ihre Genügsamkeit und ihr persönlicher Charme helfen ihr, die sich selbst gesteckten Ziele zu erreichen. Sie ist sehr verständnisvoll, und wenn sie Wert darauf legt, kann sie sehr gut die Menschen für sich gewinnen.

Ihre große Mitmenschlichkeit – sie ist oft eine aktive Kämpferin, meist für das Gemeinwohl, weniger für sich und ihre Familie – bringt ihr die Popularität und Wertschätzung, die sie mag. – In der Liebe ist sie manchmal launisch, aber trotzdem ein ehrlicher und toleranter Partner.

Ihre Haupteigenschaften sind große Intelligenz, Intuition und scharfe Urteilskraft. – Die Haselnüsse haben meist ein ungewöhnliches, aber oft kein leichtes Leben.«[228]

... verzehren die Rheumata und Hauptflüß

Wie andere Bäume und Sträucher auch war die Hasel in der Lage, Krankheiten zu »wenden«, also sie vom Menschen auf sich selbst abzuleiten. Bei der Hasel galt das vor allem für Warzen: wer davon belästigt wurde, ging zum Haselbusch, knickte so viele Zweige ab, wie Warzen vorhanden waren, und sie wurden ihm genommen. Oder man schnitt in einen Haselzweig, der auch »Warzenstecken« genannt wurde, so viel Kerben, wie man Warzen hatte und warf den Zweig, ohne sich umzusehen, nach rückwärts über einen Weg. Derjenige, der den Stecken aufhob, bekam die Warzen. Durch bloßes Berühren mit einem Haselzweig wurden Knochenbrüche und Überbeine geheilt. In Böhmen pinkelte der Schwindsüchtige in ein bis dahin unbenutztes Töpfchen, verschloß es gut und vergrub es anschließend unter einem Haselstrauch; dabei sprach er:

**»Ma Krankhat vergrob i,
An Herrgott, dean lob i.«**

Die Wundbehandlung war ein weiteres Einsatzgebiet der Hasel. In der Nacht auf Peter und Paul (29.6.) betupfte man einige von unten nach oben geschnittene Haselgerten mit dem Blut der Wunde und umwickelte sie mit einem Lappen von einem Männerhemd. Derjenige, der das Umwickeln besorgte, mußte die Gerten so lange auf dem Leib tragen, bis die Wunde völlig verheilt war.

Als eine Prävention gegen Wadenkrämpfe legte man sich Haselzweige ins Bett, an denen noch geschlossene Blütenkätzchen hingen.

Auch in der Veterinärmedizin wurde gewendet. Hatte sich ein Pferd verletzt, so schnitt man eine Haselgerte, dabei sagte man den Namen Gottes vor sich hin. Dann tauchte man sie ins Blut der Wunde und hängte sie über den Ofen oder in den Rauchfang. Sobald die Gerte trocken war, war auch die Wunde verheilt. Haselblüten verabreichte man dem Vieh als vorbeugendes Mittel gegen allerlei Seuchen mit dem Futter. Um die Pferde stark und mutig zu machen, genügte es vollauf, ihnen Haselkätzchen ins Futter zu streuen.

Die Kräuterkundigen hielten aber schon früh nicht allzu viel von den medizinischen Wirkungen der Hasel. O. Brunnfelß meinte lediglich: »... sind dem magen schädlich. So man aber haselnüß stoßet und trinckt sie mit honigwasser, so vertreiben sie den alten husten. Gebraten und mit ein wenig pfeffer getruncken, verzehren sie rheumata und den hauptfluß. Esche (Asche) von haselnuß gebrennt und mit schmeer vermischt, bringt das ausgefallen haar wieder.«[229] Andere warnen: »Es sagen etliche, so man die schelfen (Schalen) nehme und zu pulver stoße, mit Öl vermengt und an das vorderteil des haupts salbt, daß sie den Kindern die grauen Augen schwartz machen.«

Ansonsten spielte und spielt die Haselnuß in der Volksmedizin kaum eine Rolle. Die Kätzchen werden noch als Grippemittel empfohlen, sie sollen schweißtreibend wirken. Die Blätter werden wegen ihrer zusammenziehenden Wirkung bei Hämorrhoiden eingesetzt. Die Rinde soll wegen ihrer besonderen Inhaltsstoffe (ätherisches Öl, Gerbstoff) die Blutgerinnung beschleunigen. Das fette Öl der Nüsse wird lediglich als Speiseöl verwendet.

Seit neuestem wird die Haselnuß als Lebenselixier hochgelobt. »Nüsse halten uns geistig gesund!« – tönt es aus den modernen Zauberbüchern. Sie enthalten besonders leicht verdauliches Fett und Stoffe, die den Fettabbau beschleunigen; daneben sind sie reich an hochwertigen Eiweißen, Mineralien und Vitamin E. Wer also regelmäßig Haselnüsse kaut, bleibt lange geistig frisch – so einfach wäre das, wenn sie nicht mittlerweile radioaktiv wären.

Wenn einer nit minnen mag ...

Haselnüsse und Haselgerten galten, wie Grabfunde zeigen, seit jeher als Symbol des Lebens. Der fruchtreiche Haselstrauch war in Germanien dem Donar, dem Gott der ehelichen Liebe und der Fruchtbarkeit, geweiht. Erotisch gesehen verglich man die Nuß mit der Vulva und die Haselgerte mit dem Penis und die zwei zusammenstehenden Nüsse mit den Hoden.[230] Ein Schlag mit der Haselgerte als Lebensrute auf die weiblichen Geschlechtsteile brachte den Frauen Fruchtbarkeit.

Der Nußstrauch spendete Lebenskraft und sinnliche Freude. Deshalb mußte ihn Hildegard von Bingen verteufeln: »Der Haselbaum ist ein Symbol der Wollust, zu Heilzwecken taugt er kaum.« Immerhin gestand sie aber ein, daß er die Unfruchtbarkeit der Männer beheben könne: »... dieser Mann soll Haselkätzchen nehmen, davon den dritten Teil Mauerpfeffer und soviel, wie der vierte Teil Mauerpfeffer ist, Winde und etwas von dem anderen gebräuchlichen Pfeffer. Dies koche man mit der Leber eines jungen, bereits geschlechtsreifen Bocks zusammen, nachdem auch noch etwas frischgeschlachtetes, fettes Schweinefleisch zugefügt ist. Dann soll er, nachdem jene Kräuter entfernt sind, das Fleisch essen.«[231]

Viele Bräuche um die Hasel als Liebespflanze sind bis heute lebendig geblieben. Zur Zeit der Nußernte gingen die Mädchen und Knaben zusammen in den Wald und beim Sammeln der Nüsse ging es wohl nicht immer ehrbar zu. Die gleiche Erfahrung steckt in Sprüchen wie: »Heuer hab'n d' Haselnuß graden« für »Heuer gibt's viel schwangere Mädchen« oder »Wenn die Haselnüß g'rotind, so g'rotind d' Huere.«

»Nüsse knacken« war immer schon ein Synonym für »ein Weib beschlafen«. Daß der Haselstrauch etwas Anzügliches an sich hatte, zeigt dieses Lied aus Südmähren:

»Grüß dich Gott, du Haselstauden, warum bist du denn so grüne?
Schön Dank, schön Dank, du zarte Jungfrau, warum bist du denn so schöne?«

Nachdem dann das Mädchen gedroht hatte, seine Brüder würden den Strauch (Verführung) umhacken, heißt es weiter in dem Lied:

»Und hacken sie mich um, ich mach' mir nichts draus,
im Frühjahr, da grüne ich wieder.
Und wenn ein junges Mädchen die Ehre verliert,
zurück bekommt sie's nimmer.«[232]

Die einzelne Nuß gilt als Symbol für das weibliche Geschlechtsteil. Aigremont meinte, weil der Fruchtkern der Nuß geschützt in drei Hüllen liege, sehe man in ihm das Sinnbild des im Keime ruhenden Lebens. »Schon die von ihren Widersachern geraubte Iduna wird in eine Nuß verwandelt und nach Walhalla zurückgebracht. Als die zu öffnende Fruchtschale stellte man die Nuß dem zu öffnenden Geschlechtsteil des Weibes wie des Tieres gleich. Nuß nennt man noch heute das Geburtsglied der Wölfin und der Füchsin.«[233]

Die paarweise zusammenstehenden Nüsse werden mit den männlichen Hoden verglichen. In Hamburg heißt der Haselstrauch »Klöterbusch« (Klöter wird dann nicht von klappern, sondern von Hoden abgeleitet). In England vergleicht man die Hoden mit dem Fruchtknoten, der auf der Gerte sitzt. Und auch im Hexenglauben stand die Haselnuß für den Hoden: jede Hexe bekam von ihrem Buhlteufel eine Nuß überreicht; fortan war sie fest an ihn verkuppelt.

Ein Baum mit solch erotischem Symbolwert mußte auch aphrodisierend wirken. So galt das Nußöl als sexuelles Stärkungsmittel. »Wenn einer nit minnen mag«, soll er nach einem alten Rezept zu Pulver gebrannte Haselrinde schlucken.

Der impotente Mann ging zum Nußbaum, der zum ersten Male blühte, schlug mit seinem Penis an ihn und sprach: »Höre, du Nußbaum, so wie du voller Blüten bist, möge auch mein Zumpt sein.« Dann schlug er mit dem Hoden an den Baum und ging nach Hause. Die unfruchtbare Frau schüttelte den Haselstrauch, bepißte ihn und sagte: »So wie du geraten bist, so möge auch ich ein Kind gebären.«[234] Überhaupt, wer viele Nüsse ißt – ob nun Hasel oder andere Nüsse –, bleibt jung und potent bis ins hohe Alter.

Auch die Hasel half beim Liebesorakel. Beim Hochzeitsmahl bewarfen sich die Jungen und Mädchen mit Haselnüssen. Erwischte dabei jemand eine Nuß mit doppeltem Kern, so war eine weitere Hochzeit in Sicht. Um den künftigen Liebsten herauszufinden, gingen Mädchen und Burschen zum Gartenzaun, der aus Pfählen der Haselstauden errichtet war, und sprachen:

**»Gartenzaun, ich schüttle dich,
Feins Lieb, ich wittre ich.«**

Danach sahen sie den/die Zukünftige/n oder vernahmen zumindest seine/ihre Stimme. In der Bretagne hat noch heute die Haselnuß eine Aufgabe in der Liebeswerbung. Wenn dort ein Mädchen einen Heiratsantrag abweisen will, reicht es dem Liebhaber ohne ein Wort der Erklärung einen Teller mit Nüssen.

Nadelbäume

Die Nadelhölzer, auch Zapfenträger oder Coniferopsida genannt, bestehen aus nur etwa 50 Arten, die aber weite Flächen der gemäßigten Zonen mit ausgedehnten Wäldern bedecken. Die hier vorgestellten Gattungen, Ficht, Tanne und Lärche aus der Familie der Kieferngewächse haben als gemeinsame Merkmale die nadelförmigen Blätter und die charakteristischen Fruchtzapfen.

Außerdem gehören sie in die Abteilung der Nacktsamer (Gymnospermae), wie die Palmfarne und Gingkobäume, die Eiben und Mantelsamer. Ihre Samenanlagen liegen nackt auf den Schuppen, während sie bei den übrigen Blütenpflanzen, den Bedecktsamern (Angiospermae), von einem Fruchtknoten umschlossen sind. Die weiblichen Blüten der Nacktsamer bestehen somit aus einfachen Schuppen, auf denen die Eizellen unbedeckt liegen. Die männliche Blüte sitzt ebenfalls auf Schuppen. Männliche und weibliche Blüten sind räumlich von einander getrennt, sie befinden sich aber zumeist auf derselben Pflanze, die Nadelbäume sind also durchweg einhäusig.

Gemeinsam ist den Nadelbäumen auch ihr hohes geologisches Alter. Die ersten Nadelbäume, die allerdings längst ausgestorben sind, konnte man in den Erdformationen des Karbon und des Perm nachweisen, sie existierten also schon vor 300 Millionen Jahren. »In einem ›Pflanzengotha‹ wären die Nacktsamer die ältesten Geschlechter unter den höheren Pflanzen, sie waren die ersten Blütenpflanzen, die am Ende des Devons erschienen, also vor ungefähr 300 Millionen Jahren. Die jüngste Menschheitsgeschichte, die man auf ungefähr fünftausend Jahre berechnet, steht also 300 Millionen Jahren gegenüber; das ist wie ein Herzschlag einem ganzen Tag.«[235]

STECKBRIEF

Die Fichte, Rottanne *Picea abies*

»Ein Fichtenbaum steht einsam
Im Norden auf kalter Höh.
Ihn schläfert; mit weißer Decke
Umhüllen ihn Eis und Schnee.

Er träumt von einer Palme,
Die, fern im Morgenland,
Einsam und schweigend trauert
Auf brennender Felsenwand.« *(Heinrich Heine)*

Fichte

Tanne

Die Fichte gehört in die Familie der Kieferngewächse (Pinaceae), die außerdem noch die Gattungen Tanne, Douglasie, Lärche, Zeder und Kiefer umfaßt.

Die Fichte kann bis zu 40 Meter hoch werden und einen Stammumfang von zwei Meter erreichen. Im geschlossenen Bestand ist sie meist im Alter von 200 Jahren schlagreif, sie wird in Urwäldern aber auch 600 Jahre alt. Die Fichte bildet keine Pfahlwurzel, sondern flachstreichende Seitenwurzeln, die zahlreiche tiefgreifende Senker ausbilden.

Die Krone der Fichte ist zumeist pyramidenförmig, die Verzweigung der Äste kann stark variieren. Am häufigsten kommt die »Kammfichte« vor, deren Zweige vorhangähnlich herabhängen. Bei der »Bürstenfichte« sind die kürzeren Zweige wie bei einer Bürste angeordnet. Der kerzengerade Stamm verjüngt sich nach oben hin gleichmäßig. Die rotgraue Rinde fällt später in dünnen Schuppen ab.

Die immergrünen Blätter sind nagelförmig, vierkantig und laufen in einer Spitze aus; sie sind spiralig um den Zweig angeordnet. Die Nadeln erneuern sich alle sechs Jahre. Die männlichen Blütenstände bilden rote bis rot-gelbe Kätzchen, die sich beim Aufblühen aufrichten. Die weiblichen Zapfen sind purpurrot gefärbt, sie stehen zunächst aufrecht, später hängen sie herab. Zur Zeit der Samenreife bilden sie einen acht bis 15 cm langen, nach unten spitz zulaufenden Zylinder; sie hängen, wie bei allen Fichtenarten, nach unten und fallen als ganze Zapfen ab.

Zapfen

männlicher Blütenstand

weiblicher Blütenstand

HERKUNFT UND STANDORT

Die Fichte ist schon im Devon, also vor mehr als 300 Millionen Jahren, in unserem Raum nachzuweisen. In der Nacheiszeit erfolgte eine neue Besiedlung durch die Fichte in ost-westlicher Richtung, sie erreichte das Rheinland etwa um 5500 v.Chr. Heute wird die Fichte zumeist in Reinbeständen gezogen, sie wird aber auch gemischt mit anderen Nadel- und Laubhölzern angebaut.

Man findet sie auf gut mit Wasser versorgten, sauren Sandböden von den Alpen bis nach Skandinavien.

Willst du den Wald vernichten,
So pflanze nichts als Fichten.«

So reimte ein Forstmeister aus Breitental zu Beginn unseres Jahrhunderts, als nach schweren Stürmen große Teile der Fichtenwälder zerstört waren. Auf Standorten, die ihnen zusagen, haben die Fichten aber schon manchen Sturm überstanden. Richtig ist aber, daß dieser wertvolle, schnellwachsende Baum dort in Monokultur angebaut wurde, wo er nicht hingehörte, und dann kam's eben zu solchen Katastrophen. Diese Warnungen werden leicht in den Wind geschlagen, wenn man weiß, »daß der Wert der jährlichen Holzproduktion auf einem Hektar Buchenwald 500, auf einem hektar Fichtenwald 900 Mark beträgt. ... Dann ist man sich schnell sicher: es ist die Geldgier der Waldbesitzer, die sie naturfern wirtschaften, Holzzucht betreiben läßt, ohne Rücksicht auf eine sich mit Fichten verdüsternde Landschaft, degradierte Waldböden und abiotische Gefahren wie Feuer, Schneebruch, Sturm. Aber stimmt das?«[236] H. Stern beantwortet diese Frage mit der Feststellung, daß steigende Löhne und fallende Holzpreise unter den Waldbesitzern ohnehin keine Geldgier aufkommen lassen.

NAME

Die Fichte hieß im Althochdeutschen flohta und im Mittelhochdeutschen viehta. Dies bedeutet rot, hergeleitet von der rötlichen Rindenfarbe dieses Baumes (Rottanne). In anderen germanischen Sprachen ist diese Ableitung nicht zu finden; so heißt die Fichte im Englischen spruce, im Holländischen spar und im Dänischen gran.

In Bayern nennt man die Fichte Feuchten, in Schwaben Feicht. Im Niederdeutschen verwendet man den Namen Tanne vielfach auch für die Fichte und die Kiefer. Ansonsten sind die Bezeichnungen Pechtanne, Mastbaum, Mastbom oder Rotfichte gebräuchlich. Der lateinische Gattungsname picea ist von pix = Pech hergeleitet, damit »ist die Schwärze der abendlichen Fichten, ist ihre dunkle Schweigsamkeit angesprochen«.[237]

NUTZUNG

Das Fichtenholz weist eine gute Festigkeit auf, es ist ziemlich elastisch und leicht zu spalten, zu drechseln, zu schnitzen und zu schälen. Es gehört zu den am meisten verwendeten Holzarten und wird für alle Innen- und Außenzwecke gebraucht: als Bauholz, für den Innenausbau, als Sperrholz, Papier- und Grubenholz.

Vor allem die Alpenfichte (Picea alpestris) mit ihren dichten, regelmäßig angeordneten Jahresringen wird sehr gern als Resonanzboden für Klaviere und Violinen genommen. Von den berühmten Geigenbauern Amati und Stradivari wird erzählt, daß sie wochenlang durch die Graubündener Wälder streiften; mit ihren Äxten schlugen sie gegen die Fichtenstämme, legten ihr Ohr daran und lauschten auf ein ganz bestimmtes Geräusch. Sie mußten über viele Tage klopfen, ehe sie den richtigen Baum gefunden hatten. Der mußte sehr langsam gewachsen sein, um ein ideales Rohmaterial für ihre unvergleichlichen Geigen liefern zu können.

Die Tanne, Weißtanne *Abies alba*

Der schlanke, gerade Stamm erreicht eine Höhe von 35-40 Metern bei einem Umfang von zwei, seltener drei Metern. Die Pfahlwurzel der Tanne dringt tief in den Boden ein, außerdem bildet sie starke Seitenwurzeln aus. Der Stamm endet in einer kegelförmigen Krone. Die Tanne wirft frühzeitig bis hoch hinauf ihre Seitenäste ab; die verbleibenden Äste streben schwach aufwärts. Die glatte Rinde ist weißgrau, daher der Name Weißtanne.

Die Tannennadeln tragen auf der Unterseite zwei silberweiße Streifen, sind an der Spitze zweigeteilt und vorne stumpf; sie erneuern sich alle fünf bis sieben Jahre. Die männlichen Blütenstände werden bis zu 25 cm lang, es handelt sich um gelbliche, meist abwärts gerichtete Kätzchen. Die weiblichen Zapfen sind zur Zeit der Bestäubung 6 cm lang, sie stehen aufrecht und erreichen zur Zeit der Samenreife eine Länge von 8-18 cm. Wenn der Same ausgereift ist, zerfällt der Zapfen, die einzelnen Schuppen lösen sich ab und nur der Zapfenstiel bleibt stehen.

HERKUNFT UND STANDORT DER TANNE

Auch die Tanne kann in der geologischen Formation des Devon nachgewiesen werden. In der Nacheiszeit tauchte sie zunächst im Tessin auf, sie wandert dann ins Oberrheingebiet und von dort aus ins Allgäu. Später drang sie auch in die Ebene vor. Heute ist sie in den Mittelgebirgslagen ganz Europas verbreitet, meist vergesellschaftet mit der Fichte. An der Nordseeküste, in Dänemark und in der Normandie wurde sie auch mit Erfolg auf Standorten kultiviert, die ihr eigentlich fremd sind.

Die Tanne benötigt für ein gutes Gedeihen eine bessere Wärmeversorgung als die Fichte. Gegen starke Fröste ist sie empfindlich, darum fand sie auch im kontinentalen Klimabereich nur geringe Verbreitung. Die Tanne hat einen sehr hohen Wasserbedarf; ist der gesichert, stellt sie nur geringe Ansprüche an die Nährstoffversorgung.

Zapfen

männlicher Blütenstand

weiblicher Blütenstand

NAME

Die Herkunft des Namens Tanne ist ungewiß, im Althochdeutschen hieß sie tanna, und das könnte abgeleitet sein vom altindischen dhanvanna; ansonsten sind Ableitungen von diesem Begriff im germanischen Sprachraum nicht anzutreffen. Der Name Danne wird im Niederdeutschen und im Allemannischen für Tanne und Fichte gebraucht, das Wort »der Tann« steht oft für den Wald allgemein.

NUTZUNG

Die Tatsache, daß der bis zu 40 Meter hohe Tannenschaft gut geformt und bis zur Höhe von 20 Metern astfrei ist, macht das Holz dieses Baumes so wertvoll. Es wird zwar, genau so wie das Fichtenholz, leicht von Insekten angegriffen und ist auch nicht sehr witterungsbeständig; dem kann man aber durch Imprägnieren leicht abhelfen. Das Holz ist weich und leicht, läßt sich gut spalten und bearbeiten. Es wird für die gleichen Zwecke gebraucht wie das Holz der Fichte.

Fichte und Tanne in Mythos, Volksbrauch und Zauberglauben

Der Tannenbaum

»Tannenbaum, mit grünen Fingern,
pocht ans niedre Fensterlein,
Und der Mond, der stille Lauscher,
Wirft sein goldnes Licht herein.« *(Heinrich Heine)*

Fichte und Tanne wurden und werden, wenn es um Bräuche oder Magie geht, häufig in einem Atemzug genannt oder sogar verwechselt. Beide Bäume haben eine gewisse Würde und ihre breiten, tiefgesenkten Äste erinnern an Adlers Schwingen. So wird begreiflich, daß dort, wo es keine Eichen gab, die Tannen zur Wohnstatt der Götter erklärt wurden; »und diese Bäume waren dann wie die heiligen Eichen gefeit und gebannt, und strömten Blut aus, wenn sie verletzt wurden«.[238]

Fichte und Tanne sind die nordischen Lebensbäume, sie retten ihr grünes Nadelkleid ins nächste Frühjahr hinüber, und es ist deshalb kein Zufall, daß gerade sie in der Weihnachtszeit als Heilsbaum aufgestellt wurden.

Über Herkunft und Symbolgehalt des »Weihnachtsbaums« gibt's allerdings unterschiedliche Meinungen. Die meisten Forscher sind der Überzeugung, Tanne oder Fichte gehören, wie andere Bäume auch, zum Urbestand aller Feste. Schon immer habe man zur dunklen Winterzeit grüne Zweige und Kerzen als Zeichen der Hoffnung auf lichte Zeiten aufgestellt. Andere Volkskundler leiten den Weihnachtsbaum vom indogermanischen Kultbaum ab, der zur Wintersonnenwende verehrt wurde und setzen ihn in Beziehung zum germanischen Baumkult; ähnlich wie der Maibaum war er ein Vegetationssinnbild. Auch vom biblischen Paradiesbaum wird er hergeleitet.

Jedenfalls tauchte er – nachdem er lange Zeit in unserem Bereich von den Christen als heidnischer Schnickschnack verteufelt worden war – 1521 in Straßburg wieder auf, und aus dem Jahre 1605 ist ein Bericht überliefert, der einen Weihnachtsbaum beschreibt, wie er in den Bürgerhäusern aufgestellt wurde: »auff Weihnachten richtet man Dannenbaum zu Straßburg in den Stuben auff, daran häncket man Roßen aus vielfarbigem Papier geschnitten, Äpffel, Oblaten, Zischgold, Zucker etc.«[239] Das war übrigens derselbe Baumschmuck, der auch die Maibäume zierte.

All das paßte damals den Vertreter der Kirche keineswegs. Der Straßburger Domprediger Konrad Dannhauser wetterte gegen diese »Unsitte«: »Unter anderen Lapalien, damit man die alte Weihnachtszeit oft mehr als mit Gottes Wort begeht, ist auch der Weihnachts- und Tannenbaum, den man zu Hause aufrichtet, denselben mit Zucker und Puppen behängt und ihn hernach abschüttelt und abblümen läßt. Wo die Gewohnheit herkommt, weiß ich nicht. Es ist ein Kinderspiel, doch besser als andere Fantasey, ja Abgötterei, wo man mit dem Christkindlein pflegt zu treiben, und also des Satans Capell neben der Kirche bauet, den Kindern eine solche Opinion beybringet, daß sie inniglichen Gebätlein für dem (. . .) vermeynten Christkindleyn fast abgöttischer Weise ablegen. Viel besser wäre es, man weise auf den geistigen Cedernbaum, Jesum Christum.«[240]

Auch gegen den Widerstand der Kirche, die sehr wohl um einen Zusammenhang zwischen dem Weihnachtsbaum und alten heidnischen Mittwinterbräuchen wußte, breitet sich das Aufstellen des Tannenbaumes zu Weihnachten in ganz Deutschland aus. Goethe lernte ihn in Leipzig kennen und widmete ihm diese Zeilen:

»Bäume leuchtend, Bäume blendend,
Überall das Süße spendend,
In dem Glanze sich bewegend,
Alt und junges Herz erregend,
Solch ein Fest ist uns beschert;
Staunend schaun wir auf und nieder,
Hin und her und immer wieder.«

Zunächst stand dieser Baum wohl nur in den »besseren« Häusern und fand auch nur in den Städten Anhänger, auf dem Lande setzte er sich erst zum Ende des 19. Jahrhunderts durch. Und heute wird zu Weihnachten eine Lawine von Bäumchen in die Ballungsgebiete geschwemmt, unter denen man andächtig singt: »O Tannenbaum, o Tannenbaum«, obwohl es sich zumeist um Fichtenbäumchen handelt.

Unsere Ahnen sahen in den Tannen und Fichten Bäume, die dem Tod im Winter entgingen, ihnen mußte man Verehrung zollen, ihnen konnte man aber auch magische Kräfte zutrauen. An vielen Orten wurde deshalb nicht die Birke, sondern die Fichte oder Tanne als »Maien« in das Dorf geholt. Der Baum wurde geschält, nur der Wipfel blieb verschont; reich geschmückt wurde er dann auf dem Dorfplatz aufgerichtet. Mittlerweile ist diese Sitte vielfach zum bloßen Tanzvergnügen verkommen.

Unsere Altvorderen sahen in dem Baum noch das wiederkehrende Leben, das Erwachen neuer Naturkräfte, und der Tanz unter dem grünen Maibaum ließ sie dieser Kräfte teilhaftig werden. Wenn sie den Fichtenzweig an die Stalltür hefteten, diente das nicht nur als Schmuck, es war auch ein wirksames Abwehrmittel, das Unheil fernhielt. Es garantierte Fruchtbarkeit und Gesundheit im Stall, grundlegende Voraussetzungen für ein auskömmliches Leben.

Anklänge an diesen Brauch finden sich schon bei den Phrygiern. Attis, ein schöner Jüngling, wurde von Kybele, der Mater magna der Phrygier, innig geliebt. Doch als der ihr untreu wurde und eine Königstochter heiratete, wurde er in eine Tanne verwandelt. Die Römer übernahmen diese Sage, bei ihnen war es Rhea, die Göttin der Fruchtbarkeit, die Attis' Tod dadurch verhinderte, daß sie ihn in eine Tanne verwandelte; Jupiter gab diesem Baum ewiges Leben.

Beim großen Frühlingsfest zu Ehren der phrygischen Erdmutter Kybele wurde eine Tanne, das Sinnbild des verstorbenen Attis, gefällt, mit Bändern und Blumen bekränzt und in den Tempel gebracht. Die Priester, meist Eunuchen, suchten unter verzweifelten Klagen Attis im Gebirge, und wenn sie ihn gefunden hatten, feierte man ein wildes Fest. Die Priester fügten sich dabei Wunden zu, und es soll vorgekommen sein, daß Männer in Ekstase sich selbst kastrierten. Sie warfen ihre abgetrennten Genitalien gegen das Bild der Kybele und legten anschließend weibliche Kleider an, um der Göttin möglichst ähnlich zu sein.

Dieses Fest feierte »das ewige Stirb und Werde in der Natur, die Trauer über das große Sterben im Herbst, den Freudenjubel, über das Wiedererstehen im Frühjahr«.[241]

Nach einer korinthischen Sage versteckte sich Pentheus, der König von Theben, in einer Tanne, um die geheime Feier der Bacchantinnen zu belauschen; er wurde jedoch von den rasenden Frauen entdeckt. Die hielten ihn für ein wildes Tier, fällen den Baum und rissen den Voyeur in Stücke. Die Seherin Pythia befahl später den Bewohnern von Korinth die gefällte Tanne wie einen Gott zu verehren. Die heilige Tanne ging dann in den Kult des Dionysos ein.

Plinius berichtet, daß die Römer die Tanne bei Leichenfeiern verwendeten. Sie wurde als Zeichen der Trauer vor die Haustür der Verstorbenen gestellt und mit ihren grünen Zweigen schmückte man den Scheiterhaufen.

Ganz im Gegensatz zu manchem Laubbaum hatten Fichte und Tanne in deutschen Kulten nur geringe Bedeutung. Lediglich in Süddeutschland wurden sie schon früh zu Kulthandlungen herangezogen. Aber so, wie sie die Laubbäume von ihren Standorten verdrängten, vertrieben Fichte und Tanne auch Buche, Eiche und Birke aus den Bräuchen des Volkes.

In alten Erzählungen wurden Tanne und Fichte zu Herbergen der Geister und Feen: »Drei Handwerksburschen besahen sich die Trümmer der Neuenburg in Unterfranken, als eine schöne Frau zu ihnen trat, vor der sie sogleich ihre Hüte zogen und ihren Stromerspruch aufsagten:

›Wir sind unser zwanzig,
Reisen von Mainz nach Danzig;
Ach seid doch so gut
Und werft uns etwas in den Hut.‹

Da warf die schöne Frau jedem von ihnen einen Fichtenzweig in den Hut und deutete an, daß es Glückszweige seien und verschwand. Zwei der Burschen warfen die Zweige verächtlich weg, nur der dritte behielt ihn, er wurde zu Gold.«[242]

In Österreich erzählt man die Sage von der »Frau Fichte«, die in einem herrlichen Fichtenbaum wohnte. Um die Menschen auf die Probe zu stellen, setzte sie sich in Gestalt eines alten gebrechlichen Weibers unter ihren Baum, um zu betteln. Jeden Morgen kam ein Bauer, der ein rechter Geizkragen war, mit seiner jungen Dienstmagd an der Fichte vorbei, um sein Feld zu bearbeiten. Das Mädchen empfand Mitleid mit dem verhutzelten Weiblein und teilte sein bescheidenes Frühstück mit ihm. Der Bauer merkte das und gab der Magd bald überhaupt kein Brot mehr; sie mußte bitterlich weinen, wenn sie an der Alten vorüberging und ihr nichts geben konnte.

Eines Nachts kam der Bauer von einer Hochzeit heim und mußte an der Fichte vorbei. Er traute seinen Augen nicht, als er an Stelle des Baumes einen hell erleuchteten Palast erblickte, aus dem festliche Tanzmusik drang. Er schlich sich in den Palast und hoffte, dort nach Herzenslust essen und trinken zu können. Die Fee lud ihn auch wirklich ein, und der Bauer schob sich von den Köstlichkeiten so viel in die Taschen, daß sie wie Mehlsäcke von ihm abstanden.

Dann verließ er unauffällig den Palast. Was er aber zu Hause aus seinen Taschen zum Vorschein brachte, waren nichts als stinkende Roßäpfel! Zornig warf er sie dem Dienstmädchen vor die Füße mit den Worten: »Da hast du auch was, teile es meinetwegen mit dem Bettelweib unter der Fichte!«

Das Mädchen sammelte den Dreck auf und wollte ihn auf den Misthaufen werfen. Aber als es genauer hinsah, bemerkte es, daß sich der Unrat in blinkende Dukaten verwandelt hatte. Es lief hinaus, um der guten Fee zu danken, fand aber wieder nur das alte Weiblein unter der Fichte. Mit dem teilte es seinen Schatz. Da erschien endlich die Fee in ihrer wahren Gestalt, beschenkte das Mädchen reich und verlieh ihm große Schönheit. Bald fand sich auch ein schöner Jüngling ein, der es mit auf sein Schloß nahm. Den geizigen Bauern ärgerte das so sehr, daß er bald darauf an seiner Mißgunst starb.

Etliche Hinweise deuten darauf hin, daß Fichte und Tanne als apotropäisches Mittel gebraucht wurden. Im Erzgebirge schützte man das Vieh mit Fichtenzweigen vor Behexung, und wenn man sich einen Fichtenspan unters Bett legte, so schlug der Blitz nicht ein. Ihre spitzen Nadeln halfen der Fichte, Hexen abzuwehren. Deshalb steckte man zu Ostern Fichtenzweige an die Stallwand oder zu Walpurgis in den Misthaufen, um den Hexen den Zutritt zu Hof und Stall zu verwehren. Tannenzweige halfen gegen den Bilwis, den Korndämon, der mit Sicheln an den Füßen nachts Schneisen ins Kornfeld schnitt und so große Teile der Ernte vernichtete. Dieser Bilwis oder Bilmesschneider war noch bis in die 20er Jahre dieses Jahrhunderts in Franken aktiv.

Im keltische Orakel ist die Tanne die Geheimnivolle und kann denen etwas sagen, die vom 2.-11.1 und vom 5.-14.7. geboren sind:

»Die Anmut der Tanne ist herb und kühl, und sie hat einen außergewöhnlichen Geschmack. In Gesellschaft fällt sie durch Würde, Zurückhaltung und kultiviertes Auftreten auf. Sie liebt Schmuck, schöne Möbel – überhaupt alles Schöne in jeder Gestalt. Im allgemeinen ist die Tanne mit einem langen Leben gesegnet, aber es kommt vor, daß sie an einer chronischen Krankheit leidet.

Das Leben mit ihr ist nicht immer einfach, denn sie ist häufig launisch, eigensinnig und kann auch in großer Gesellschaft einsam bleiben. Ihre Neigung zum Egoismus ist ihr selbst nicht immer bewußt. Das muß aber nicht heißen, daß sie alle, die ihr nahestehen, schlecht behandelt. Im Gegenteil, sie identifiziert sich weitgehend mit ihrer Lebensgemeinschaft und ist dafür sogar zu großen Opfern bereit. Sie ist ausgesprochen ehrgeizig, begabt und von ungewöhnlichem Fleiß.

In der Liebe ist sie meist der unzufriedene Partner, denn sie verlangt viel, gibt selber aber weniger. Aber wenn sie dem richtigen Menschen begegnet, verliebt sie sich leidenschaftlich und ist treu. Die Tanne hat oft Feinde, aber auch treue Freunde, denn in der Not kann man sich immer auf sie stützen – sie ist ein zuverlässiger Mensch.«[243]

Für die Beurteilung der Wetteraussichten zog man gern die Tannenzapfen heran:

»Viel Mockele auf der Tanne,
Viel Roggen in der Wanne.«

Viele Tannenzapfen am Baum deuten aber auch auf einen strengen Winter hin. – Öffnen sich die Fichtenzapfen und spreizen die Samenschuppen weit auf, so wird in den nächsten Tagen trockenes Wetter herrschen.

... heilet den am Hinderen gelaufenen Wolff

Ein Gichtsegen aus dem Jahre 1810 erklärt, was beim »Wenden« der Gicht auf die Fichte zu beachten ist: Am ersten Mai vor Tagesanbruch muß der Gichtkranke sich im Walde einfinden, dort drei Tropfen seines Blutes in den Spalt einer jungen Fichte versenken und, nachdem die Öffnung mit Wachs von einem Jungfernbienenstock verschlossen ist, laut rufen: »Guten Morgen, Frau Fichte, da bring ich dir die Gichte: was ich getragen hab Jahr und Tag, das sollst du tragen dein Lebetag! Der erste Tau befeuchte dich, des Himmels Regen wässre dich, doch drücke dich nun ewiglich mit Gichteseuch auf mein Geheiß usw.«
Zur Tanne sagte man:

»Weich' zur Tanne, du Beuke! (Ziegenpeter)
Die Geschwulst zur Kienbaumwurzel.«[244]

Wer Angst vor dem Zahnarzt hatte, verkeilte seinen Zahnschmerz einfach in einen Tannenbaum: Er schnitt einen Span aus dem Baum, pulte damit so lange am kranken Zahn herum, bis er blutete und verkeilte dann den Span in den Baum.

Aus: H. Bock, Kräuterbuch, 1546

»Und wenn dich Hühneraugen plagen, dann gehe arschlings zur Fichte, knicke einen Zweig so, daß er gerade noch hängen bleibt, und schleiche dich dann weg, ohne dich umzuschauen.«[245]

Hildegard von Bingen schreibt in ihrer »Naturkunde« über die Tanne: »Geister hassen Tannenholz und meiden Orte, an denen sich solches befindet. – Und wenn jemand am Kopf leidet und von der Stärke dieses Leidens auch Herzbeschwerden bekommt, muß er sich zunächst über dem Herzen und dann auch, nach Abrasieren der Haare, auf dem Kopf zwei oder drei Tage lang mit einer Salbe einreiben, die so hergestellt wird: Man kocht in Wasser Rinde und Blätter und auch ganz kleine Stückchen vom Holz dieses Baumes und halb so viel Salbei, bis es dick wird. Die dick gekochte Masse coliert man dann mit im Mai bereiteter Butter durch und gewinnt so die genannte Salbe, die auch gegen Magen- und Milzbeschwerden hilft.«[246]

Bei O. Brunnfelß steht der »Dannenbaum« wohl für manch anderes Gewächs aus der Reihe der Nadelbäume. Er empfiehlt den Samen gegen das Blutspeien und als Durstlöscher; »... nehmen hinweg des magens druck, geben krafft den schwachen, seind sehr gut den nieren und der blasen – bringen aber ein husten und schaden dem rachen. Vertreiben die versaltzene melancholey, so umb die Galle liegt. Mit wachs und myrtenöl gebraucht, machen sie ein schön haut nach den geheilten geschwüren. Von unten auf beräuchert treibt aus die frucht und das bürdlin (Nachgeburt) von den frauen.«[247]

Auch das Tannenharz stand bei den Medizinern damals in hohem Kurs. O. Brunnfelß empfiehlt es gegen Schlangenbiss, Halsweh und Ohrenschmerzen. »Heilet schuppigte räude im Antlitz, öffnet den bauch zum stuhlgang und macht auswerfen, mit der Zunge aufgeleckt.« Es ist gut den Schwindsüchtigen, heilt harte Beulen, wenn es »mit eines Knaben harn gekocht«. Es folgen noch einige Ratschläge für die Frauen: »Den frauen sehr gebräuchlich zu allerley zufäll an ihren heimlichen orten, damit von unter auf beräucht. – So einer frau die brüst erhärten, soll man es mit wein und gemahlem Korn, so warm sie es erleiden mag, auflegen.«[248]

Nach A. Lonicerus sind die »Nüßlin und Scherfe des Pinbaums« (Fichte) gut gegen langwierigen Husten, »bei welchem man sich der Schwindsucht besorget. Ein Pulver von der Schalen oder Laub gemacht, heilet den am Hinderen gelaufenen Wolff«.[249] In später verfaßten Kräuterbüchern werden Fichte, Tanne und Kiefer zusammen abgehandelt. Ihre Sprossen haben stärkende, anregende und wassertreibende Kraft, sie helfen bei Flechten, Rheuma und Skorbut.

Kiefernnadelbäder sollen schwachen Kindern und zu Bleichsucht neigenden Mädchen helfen; die Zapfen aller Koniferenarten werden bei Gicht und Gelenkrheumatismus empfohlen, äußerlich angewandt als alkoholischer Auszug.

Auch in neueren Kräuterbüchern wird die Wirkung der Fichten- und Tannenauszüge gegen rheumatische Beschwerden gelobt. Tannenspitzenhonig wirkt lindernd bei Kehlkopfleiden und Schwindsucht. Und bei Asthma bringt schon eine Tanne, die man ins Zimmer stellt, Linderung.

Der berühmte Kräutersammler M. Mességué konzentriert sein Interesse an Nadelhölzern ganz auf das Harz: »Die Perlen, die aus den Wunden der Tanne und der Kiefer tropfen, regen nicht nur alle Sekretionen an und aktivieren die endokrinen Drüsen ..., sondern üben auch noch auf die meisten Organe eine günstige Wirkung aus. Was wunder, daß dieses Harz bei akuter Bronchitis, Lungenentzündung, Rippenfellentzündung, Nierenträgheit, Blasenkatarrh, Tripper und parasitären Würmern Hilfe bringen kann.«[250]

Die wissenschaftlich ausgerichtete moderne Phytotherapie empfiehlt lediglich das ätherische Öl der Nadeln und Zapfen von Fichte und Tanne bei rheumatischen Schmerzen.

Fichte und Tanne in der Volkserotik

Auch in der Volkserotik werden Fichte und Tanne »in einen Topf geworfen«. Aigremont, ein Experte der erotischen Pflanzenkunde, erwähnt sogar eine »Fichtentanne« mit dem botanischen Namen Pinus silvestris; damit meint man heute die Kiefer. Er behauptet, daß diese Fichtentanne sexuelle und erotische Mittel bereit halte, von denen früher ausgiebiger Gebrauch gemacht wurde. Die grünen Zirbeln dieses Baumes wurden zerstoßen und in Wasser gekocht. Tücher mit diesem Sud legte man auf die Brüste, die davon klein blieben und so dem damaligen Schönheitsideal entsprachen.[251]

Wenn man mit einem solchen Auszug das »heimliche Gemächt« der Frauen wusch, so wurde es enger und zur »Wollust empfindlicher«, meinte Matthiolus.[252] Ein altes Rezept aus Indien (aus dem Jahre 1500) bestätigt das: »Nimm Tannenrinde und Kukurma, dazu die Staubfäden der Lotosblume; die damit eingeriebenen Stellen werden sich verengen.«[253]

Auch als Aphrodisiakum zeigte die Fichte Wirkung. Man sollte Fichtenkerne an drei Tagen hintereinander essen, bevor man zu Bett geht, um dem Venuswerk zu frönen.

Die Lärche *Larix decidua oder L. europaea*

Die Lärche ist in unseren Wäldern und Parks recht häufig anzutreffen, aber im Flachland und im Mittelgebirge ist sie ein Fremdling; heimisch ist sie in den Hochtälern der Alpen. Fremd erscheint sie uns auch deshalb, weil sie als einziger Nadelbaum im Winter ihre Nadeln abwirft.

Günter Eich, »**Die Lärche**«:

**Die Lärche gilbt unter den Nadelgeschwistern,
sie birgt das lichte Haupt.
Die Schwermut hab ich in ihren Gezweige
wie einen Geist zu sehen geglaubt.**

**Keinen Flügel hebt der Herbstwind dem Samen,
die Schuppen hüten ihn winterlos jung.
Im Astwerk bewahrt sie verjährte Zapfen
wie ich die taube Erinnerung.**

**Welcher Geist mag das Gezweige bewohnen,
wenn es die Nacht mit Sternen belaubt?
Unter dem vollen und schwindenden Monde
berge ich wie die Lärche das Haupt.**

STECKBRIEF

Wie Fichte und Tanne gehört die Lärche in die Familie der Kieferngewächse. Diese Gattung umfaßt zehn Arten, von denen bei uns lediglich Larix decidua heimisch ist. Der Baum erreicht eine Höhe von 20-40 Metern bei einem Stammdurchmesser von zwei Metern; die Lärche kann 600 bis 800 Jahre alt werden. Der gerade, senkrecht aufstrebende Stamm mit einer grau-braunen Rinde trägt eine kegelförmige, dichtbeastete Krone. Er ruht auf einem weitverzweigten, tiefgreifenden Wurzelsystem, häufig wird auch eine Pfahlwurzel ausgebildet. Mit zunehmendem Alter bildet sich am Stamm eine Schuppenborke, die aufreißt und abblättert. Die sommergrünen schmalen, weichen Nadeln sind 2-3 cm lang, sie sind an den Langtrieben spiralig und an den Kreuztrieben büschelartig angeordnet, sie fallen im Winter ab.

Im Bestand blüht die Lärche nach 20-30 Jahren zum ersten Mal. die männlichen Blüten sind eiförmig-kugelige, gelbe Kätzchen von 5-10 cm Länge, die herabhängen. Die roten weiblichen Blütenstände sind am Grunde von Nadeln umgeben und stehen aufrecht. Die Samenzapfen hängen nach der Reife noch zwei bis drei Jahre am Baum und fallen dann ab.

HERKUNFT UND STANDORT

Die Lärche konnte für unser Gebiet bereits in der Würmeiszeit (32000-25000 v.Chr.) nachgewiesen werden. In der Nacheiszeit war sie schon in der ersten Wiederbewaldungsphase dabei; im Alpengebiet übernahm sie die Funktion einer Pionierpflanze, sie besiedelte als erste die von Gletschern freigelegten Rohböden. Rasch breitete sie sich in den höher gelegenen Regionen der Alpen aus und ist noch heute im Schweizer Wallis häufig anzutreffen. Sie ist in der Alpenregion bis zu einer Höhe von 2000 Metern zu Hause; auch in den Karpaten und Sudeten ist sie verbreitet. Es gibt zwar kaum reine Lärchenwälder, doch bildet sie mit anderen Baumarten – Zirbelkiefer, seltener Fichte und Bergkiefer – ausgedehnte Mischwälder. Die Lärche bevorzugt dabei nicht zu trockene, unsaure Böden auch im winterkalten Klima.

Die Japanische Lärche *Larix kaempferi,*

wurde 1862 von Japan nach Deutschland eingeführt, ist hier aber lediglich in Parks zu bewundern. In Italien wird sie in größerem Umfang bei Aufforstungen herangezogen. Diese Lärchenart hat grünlich-bläuliche Nadeln, die Zapfenschuppen sind nach außen gebogen. Das Holz der Japanischen Lärche ist wertvoller als das der Europäischen Lärche.

NAME

Im Mittelhochdeutschen hieß die Lärche larche, dieser Name wurde vom Lateinischen larix abgeleitet. In den deutschen Mundarten erfuhr dieser Name vielerlei Abwandlungen: Lork (Schleswig-Holstein), Lark (Mecklenburg), Lirche (Rheinland), Lärch (im Alemannischen), Lorichbaum (Lüneburg), Lerbaum (Österreich) und Lärchentanne (Oberharz).

NUTZUNG

Das Holz der Lärche trocknet rasch, wobei es sich jedoch verziehen kann. Es zählt zu unseren zähesten und härtesten Holzarten. Unter Wasser wird es steinhart und sehr alt. Dennoch ist es gut zu bearbeiten. Wegen seiner Beständigkeit und Festigkeit ist das Lärchenholz hervorragend für die Verwendung im Freien zu gebrauchen: für Bootsbeplankungen, Brücken, im Grubenbau und für Verschalungen. Da es säurefest ist, wird es vom Böttcher gern verwendet. Der Tischler verarbeitet es zu Türen, Fenstern und Treppen, und auch in der Möbelindustrie ist es sehr gefragt.

Zu Zeiten, als die chemische Industrie noch nicht Lieferant von Heilmitteln war, stellte die Lärche das berühmte Venetianische Terpentin, das zur Wundbehandlung und bei vielen anderen Leiden unentbehrlich war. Aus dieser Zeit schreibt der Naturwissenschaftler J.H. Helmuths über die Lärche: »Das beste Product, welches dieser Baum liefert, ist das Venetianische Terpentin, der durch Einschnitte in den Stamm abgezapft wird. Er fließt zwar auch von selbst aus dem Stamme, vorzüglich erhält man ihn aber in Menge, wenn der Stamm etliche Schuhe über der Erde angeboret wird. Dieser aus dem Lärchenbaum gewonnene Terpentin heißt aus der Ursach der Venetianische, weil die Venediger zuerst am stärksten damit handelten.«[254]

Die Lärche – Baum der Feen und Zauberer

Die Lärche wurde wahrscheinlich schon in der vorchristlichen Zeit in Kulthandlungen verehrt. Es gibt darüber zwar keine gesicherte Überlieferung, ihre spätere Verwendung als heilige Pflanze an christlichen Wallfahrtsorten und die vielen Legenden um diesen Baum lassen jedoch darauf schließen. Im Süddeutschen und im Österreichischen erinnern viele Gnadenbilder der Mutter Gottes an diesen Kult. Im 18. Jahrhundert soll eine Lärche das Hauptheiligtum des westsibirischen Volkes der Ostjaken gewesen sein.

Die Lärche ist ein lieblicher Baum, sie gibt dem »düsteren« Nadelwald die bunten Tupfer, denn sie hat nicht das ganze Jahr hindurch die gleichfarbigen

Nadeln; zum Herbst hin färben sie sich goldgelb, fallen bald darauf ab, und im Frühjahr bringen die jungen zart-grünen Nadeln Licht in den Wald. Unter diesem freundlichen Baum tummelten sich die Waldfeen, die den Menschen wohlgesonnen waren; die finsteren Waldgeister fühlten sich unter Tannen und Fichten wohler. Die lichten Feen führten den verirrten Wanderer auf den rechten Weg, gaben den Armen Geldbeutel, die niemals leer wurden, Brotkästen, die immer gefüllt blieben und Käselaibe, die nachwuchsen.

Den Frauen halfen sie bei den Wehen: Ein Weib in Hindelang lag in seiner schwersten Stunde und wartete auf die Hebamme. Aber sie kam nicht. Der Mann war verzweifelt, weil er so gar nicht helfen konnte. Da klopfte es ans Fenster. Eine Sälige (Waldfee) stand draußen und der Mann ließ sie herein. Sie machte sich ohne Worte der Begrüßung gleich an die Arbeit und tat für die Frau alles, was sein mußte.

Als der Bauer mit einer goldenen Münze bezahlen wollte, schüttelte das Fräulein den Kopf und öffnete nur seinen Umhang ein wenig. Da strahlte dem jungen Vater ein Gürtel aus purem Gold entgegen, womit die Sälige sagen wollte, daß sie das wenige Geld des Bauern nicht brauchte. Freundlich strich sie der Mutter über das Gesicht und dem Neugeborenen über sein Köpfchen. Dann ging sie ohne Gruß, wie sie gekommen war.

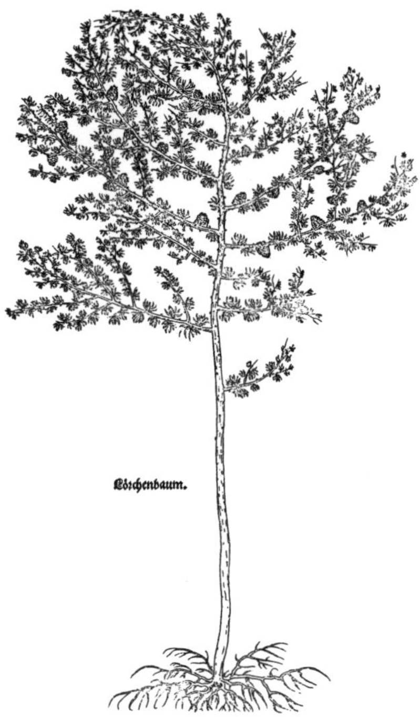

Bei Nauders in Tirol gab es eine uralte Lärche unter der einst zu den Göttern gebetet und von den Priestern Gericht gehalten wurde. Von dort holte man die Kinder, vor allem die Knaben; niemand nahm Holz von diesem Baum. In ihrer Nähe verspürte man ein ernstes Schweigen, Lärmen und Schreien galten als grober Unfug, Fluch und Zank als Frevel. Wurde der Baum verletzt, so blutete er, und wer ihn beschädigte, verletzte sich selbst; er wurde nicht eher gesund, als bis die Wunde der Lärche vernarbt war. Dennoch fand sich jemand, der den Baum fällte, nämlich der Prantner Alois, der diese Freveltat im Jahre 1855 ausführte; es ist nicht bekannt, ob die Lärche Rache nahm.[255]

Man glaubte fest daran, daß der Blitz niemals in eine Lärche einschlagen könne. Das hängt vielleicht mit der rötlichen Farbe des Lärchenholzes zusammen. Schon Plinius weist auf die feuerfeste Lärche hin; in seiner Naturgeschichte meint er, daß die Lärche weder brenne noch verkohle und durch das Feuer nicht anders angegriffen werde als ein Stein. Der Regensburger Domprediger Konrad von Megenberg sagt zu diesem Phänomen: »Wer aus des paums holtz tafeln macht und hängt die an die häuser, der wiedertreibent die flammen von den häusern, ob ein feuer auskommt nahe bei.«[256]

In Waldrast wird ein altes Gnadenbild aus Lärchenholz gegen Feuer angerufen. Im Laufe der Zeit wurde die Lärche allgemein zum Schutzbaum des Hauses, zumal man mit ihren Zweigen auch noch die Hexen vertreiben und die Kinder vor dem »Bösen Blick« schützen konnte. In verschiedenen Gegenden Deutschlands wurden am 30. April (Walpurgisnacht) Türen und Fenster mit Lärchenzweigen geschmückt; diese »Hexenrüttel« sollten die Hexen von den Häusern fernhalten und – wenn sie es dennoch geschafft hatten einzudringen – ihren Zauber zunichte machen.

... ist den Frauen gut, die Geburtsglieder zu rechtfertigen

Die Volksheilkunde setzte die Lärche in der Zahnmedizin ein. Sie empfahl, den schmerzenden Zahn zu ziehen und in der Lärche zu verbohren; befolgte man diesen Rat, war man das ganze Leben vor Zahnschmerzen geschützt. Wer einen Kropf sein eigen nannte, mußte einer jungen Lärche ringsum die Rinde abbeißen; starb das Bäumchen nach dieser Radikalkur, verschwand auch der Kropf.

Der Venetianische Terpentin aus der Lärche wurde schon erwähnt; er war vor allem in Gebirgsgegenden ein beliebtes Heilmittel, »es wärmet, erweichet, abstergieret; wird innerlich gebraucht in Reinigung der Lungen, Gonorrhöea (Tripper), treibet den Harn und laxieret«, kann man in einem Rezeptbuch aus dem 17. Jahrhundert nachlesen. L. Fuchs hatte mit der Lärche etwas ganz anderes im Sinn: »Seine rinde, zerstoßen und übergelegt, ist gut denen, so den Wolff geritten haben; ... heylet die schäden, so umb sich fressen. Von gedachter rinde ein rauch gemacht, treibt das bürdlin (Nachgeburt) aus von den frauen. Die bletter ... zerstoßen und in Essig gesotten und warm im mund gehalten, stillen das Zahnweh.« Das Harz der Lärche »verhütet auch, daß das haar an den augenbrauen nit ausfällt«.[257]

A. Lonicerus hält's mehr mit dem Lärchen-Terpentin: »... werden zu Pflastern und Salben vielfältig erwehlet. In summa, Harz und Terpentin reynigen die alte und neue Wunden, erweychet die harte Geschwär an allen Enden, heilen bösen Grind an Vieh und Menschen, wie das die tägliche Erfahrung gibt. Eingetruncken stopfts den Bauch. Den Dampf darvon zu sich gelassen, ist es den Frauen gut, die Geburtsglieder zu rechtfertigen.«[258]

Spätere »Kräutersegen« befassen sich nicht mehr mit der Lärche, sondern behandeln sie zusammen mit den anderen Koniferen. Erwähnt wird manchmal noch das Harz der Lärche, das man bei Nervenschmerzen oder Nierensteinen nehmen sollte. Lange Zeit wurde der Lärchenschwamm (Polyporus officinalis), ein Pilz, der am Stamm der Lärche wächst, als Lebenselixier gepriesen; zudem verabreichte man diesen Schwamm den Schwindsüchtigen und Infizierten, um sie von übermäßiger Schweißabsonderung zu befreien.

Die wissenschaftlich betriebene Drogenkunde erwähnt nur noch das den aus dem Lärchenharz gewonnene Venetianische Terpentin, das 60 Prozent Harzsäure, 20 Prozent ätherisches Öl (mit Pinenen, Terpentin und Phellandren), und Bitterstoff enthält. Er wird nach wie vor als Antiseptikum und Diuretikum empfohlen.

Die Mistel

Wenn zum Winter die Bäume ihre Blätter abwerfen, werden auf einigen bizarre immergrüne Gewächse sichtbar: die Misteln. Dieses Buch handelt von Bäumen; die Mistel ist kein Baum, sondern – in den Worten der Botanik – ein »Halbschmarotzer«, der auf Bäumen wächst. Dort bleibt sie den ganzen Winter hindurch als grüner Bote des Sommers bestehen.

Dieser merkwürdigen »Überpflanze« hat man schon früh starke magische Kräfte zugetraut.

Die Mistel schmarotzt vor allem auf Bäumen, die in diesem Buch besprochen werden: auf Pappel, Weide, Walnuß, Birke, auf Obstbäumen, Eichen, Buchen und auch auf einigen Nadelbäumen.

STECKBRIEF

Die Familie der Mistelgewächse (Loranthaceae) umfaßt im wesentlichen zwei Gattungen: Viscum mit gelbgrünen, überwinternden Blättern und Loranthus mit dunkelgrünen Blättern, die im Winter abgeworfen werden. Die Gattung Viscum hat etwa 50 Arten, die Gattung Loranthus 500 Arten, die alle in tropischen Ländern heimisch sind.

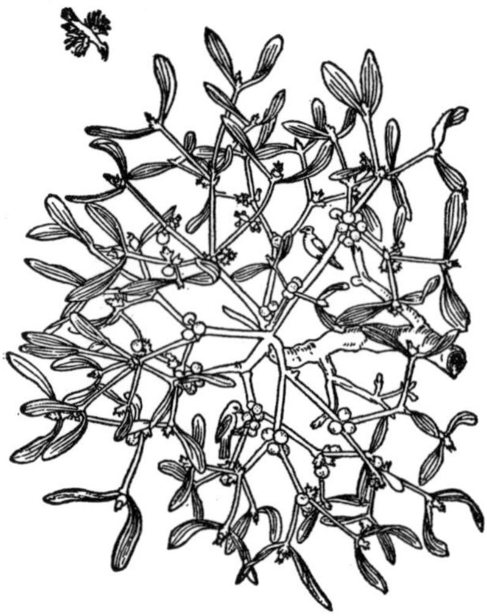

Aus: H. Bock, Kräuterbuch, 1546

Die Mistel *Viscum album*

Diese Mistel schmarotzt auf vielen unserer Laubbäume und auch auf einigen Nadelhölzern. Im Sommer ist sie kaum auszumachen, da sie von den Blättern der Bäume verdeckt wird. Im Winter wird sie als kugeliges Gebilde mit einem Durchmesser bis zu einem Meter sichtbar. Der »Stamm« ist kurz und gedrungen, die gelbgrünen Zweige sind eigenartig gegabelt, jeder Zweig mündet in einer blütentragenden Spitze, die an den »Gelenken« leicht abbrechen. Die gegenständigen Blätter sind ledrig, länglich-verkehrt-eiförmig und ganzrandig.

Die Mistel ist zweihäusig, es gibt also männliche und weibliche Pflanzen. Die Blüten sitzen zu drei bis fünf in einer Trugdolde zusammen. Die Bestäubung erfolgt durch Insekten, zumeist durch Fliegen. Die Früchte bilden sich aus einer Verdickung des Stielchens; die innere Schicht dieses Stielchens enthält eine klebrige Substanz, das Viscin, in die der Fruchtknoten eingebettet ist. Die Frucht, eine Scheinbeere, wird erbsengroß und enthält meistens einen Samen.

Diese Beeren werden durch Vögel, vornehmlich durch Amseln und Wilddrosseln, aufgenommen, sie legen die unverdauten Samen in den Astgabeln der Wirtsbäume mit ihrem Kot ab. Im nächten Frühjahr wächst aus dem Samen eine kleine Wurzel, die sich bald zu einer Scheibe verbreitet. Von der gehen senkrecht verlaufende Haustorien aus, die bis ins Innere des Holzes eindringen; dabei hilfe ihnen ein Enzym, das die Rinde und das darunter liegende Holz auflöst. Erst im darauf folgenden Jahr reiben die Haustorien mehrere Wurzelstränge, die die Mistel mit Wasser und Nährstoffen aus der Wirtspflanze versorgen. Den Rest, nämlich die Grundbausteine zur Bildung der Kohlenhydrate, Eiweiße und Fette, kann die Mistel sich mit ihren grünen, chlorophyllhaltigen Blätter auf dem Wege der Photosynthese selbst beschaffen. Die Mistel schadet der Wirtspflanze nur dann, wenn zu viele Exemplare auf ihr siedeln und zu üppig wuchern.

Mistel auf Holzunterlage

Dennoch waren die Obstbauern immer sehr besorgt, wenn sich auf ihren Bäumen Misteln zeigten. Als die Zusammenhänge zwischen Wirtspflanze und Mistel noch nicht bekannt waren, hielt man die Mistel nicht für eine selbständige Pflanze, sondern für einen krankhaften Auswuchs, der aus den »schlechten Säften« des Baumes kam.

Sie wurde als Schädling eingeordnet. So wurde in einer »Distriktpolizeilichen Vorschrift des königlichen Bezirksamts Neustadt a.d.A.« vom 2. Juni 1902 bestimmt: »Die Besitzer von Obstbäumen sind zur gründlichen Beseitigung der Mistelbüsche von den Obstbäumen verpflichtet. Die Beseitigung hat alljährlich bis zum 1. Januar zu erfolgen, soferne nicht im Einzelfalle eine frühere Beseitigung von der Polizeibehörde angeordnet wird. Die Mistelbüsche sind durch Entfernung des ganzen Astes, an welchen sie sich angesetzt haben, oder durch Entfernen der Wurzeln mittels eines scharfen Instrumentes zu beseitigen. Das bloße Abschneiden der Mistelbüsche ist verboten. Die von den Bäumen beseitigten Äste und Büsche sind zu verbrennen oder in sonstige Weise unschädlich zu machen.«[259]

Der griechische Naturphilosoph Theophrastus (371-286 v.Chr.) wußte bereits das Wesentliche über die Lebensweise der Mistel. Er fand heraus, daß die Mistelbeeren von Vögeln gefressen und ihre Samen unverdaut auf den Baumästen abgelegt wurden. Sie keimen nur dort, denn auf der Erde können sie es nicht. Sie entnehmen ihre »Nahrung« den Bäumen. Theophrastus vergleicht diesen Parasitismus mit dem Verhältnis des Pfropfreises zur Unterlage.

NAME

Die Mistel heißt im Althochdeutschen Mistil; der gleiche Wortstamm kehrt im englischen mistle oder in den skandinavischen Sprachen als misteltein und mistelten wieder. Die Italiener nennen sie visco, das vom lateinischen Gattungsnamen viscum abgeleitet ist. Bei den Franzosen heißt sie Gui de Druides, sie spielen damit auf die kultische Verwendung der Mistel durch die Gallier an.

In den deutschen Mundarten erfuhr die Mistel viele Abwandlungen. Im Rheinland wurde daraus Mestel oder Meistel, im Elsaß Muschel und im Alemannischen sogar Mispel. Die Mistel wurde auch mit dem Hexenbesen verwechselt, einem buschigen Gebilde auf bestimmten Bäumen, das durch einen Pilz hervorgerufen wird. In Anspielung auf die Verbindung der Mistel zu Teufeln, Hexen und Dämonen wird sie auch Teufelsbesen, Hexenfuß, Drudenfuß und Drudennest genannt.

Die Mistel – Baum der Götter, Allheilende

Es gibt keinen Zweifel daran, daß die Mistel im Volks- und Aberglauben deshalb einen so hohen Stellenwert hat, weil sie nicht, wie alle anderen Pflanzen, in der Erde wurzelt, sondern hoch oben in den Bäumen wächst; dort ist sie durch den ganzen Winter als grüner Bote des Sommers sichtbar. Auch ihre Morphologie weicht derart von der anderer Pflanzen ab, daß dahinter eine ganz besondere Absicht der Götter stecken mußte.

Schon bei der Weide wurde auf die Bedeutung der »Überpflanzen« (Epiphyten) hingewiesen. Auch die Mistel war eine solche Überpflanze mit außerordentlichen, magischen Kräften. Da sie den Winter als grüne Pflanze überdauerte, vermutete man in ihr die Seele des Wirtsbaumes. Beim Schneiden der Mistel mußte darauf geachtet werden, daß sie nicht mit dem Boden in Berührung kam, da sonst ihre »himmlischen« Kräfte verloren gingen (Plinius).

In den Mythen vieler Völker hat es die Mistel zu hohem Ansehen gebracht. Vergil berichtet in seiner »Aeneis« von einem »Goldenen Zweig«. Die Prophetin Sybille bat den Aeneas, ihr einen solchen Zweig zu beschaffen, der ihr erlaubte, in die Unterwelt herabzusteigen und unbeschadet wieder heraufzukommen. Nach Auffassung vieler Philologen handelte es sich bei dem »Goldenen Zweig« um die Mistel.

Am Nordufer des Mensees in der Nähe von Rom lag ein Eichenwald, der Diana, der Göttin der Wälder, geweiht war. Inmitten des dichten Bestandes soll ein Mistelbaum gestanden haben. Wenn es einem flüchtigen Sklaven gelang, bis zu diesem Baum vorzudringen und einen »Goldenen Zweig« abzureißen, so hatte er das Recht, sich mit dem Rex Nemorensis, dem König des Waldes, im Kampf zu messen. Besiegte der Sklave den König, so übernahm er dessen Reich. Allerdings konnte er nur so lange regieren, bis es einem anderen Sklaven gelang, den goldenen Zweig zu erwischen und ihn zu besiegen.

Bei dem »mistiltein« der Baldursage aus der Edda des Isländers Snorri Sturluson (um 1200 n.Chr.) handelt es sich um eine wirkliche Mistel, sie ist unverzichtbarer Bestandteil einer spannenden Geschichte:

»Balder, der gute, Odins und der Frigga Sohn, hat unheilvolle Träume. Frigga nimmt alle Dinge und Wesen in Eid, daß sie Balder nichts antun sollten. Nun treiben die Götter auf dem Dingfeld ihr Spiel mit Balder, indem sie ihn mit allerlei Gegenständen schlagen und bewerfen und sie frohlockten, daß auch Waffen und Steine ihm nichts anhaben konnten. Aber der böse Loki erkundete hinterlistig bei der arglosen Frigga, daß ein Ding unvereidigt geblieben ist, weil es ihr zu unbedeutend erschien: ein Misteltein westlich von Walhall.

Er geht und reißt diesen Zweig aus der Erde. Bei den Asen auf dem Ding steht der blinde Höd, auch ein Sohn Odins, beteiligt sich aber wegen seiner Blindheit nicht an der Bewerfung Balders. Ihm reicht Loki die Mistel und weist ihn an, sie wie einen Speer zu schleudern. Das Geschoß durchbohrt den Gott, so daß er tot zur Erde sinkt. Die Asen sind fassungslos.

Dann aber erwacht in Frigga eine Hoffnung, und sie sendet ihren Sohn Hermond, daß er auf Odins Roß zur Hel, der Göttin der Unterwelt, reite und versuche, Balder freizukaufen. Das hat keinen Erfolg. Balder muß in der Unterwelt bleiben. Die Asen hoffen weiter auf seine Rückkehr, aber sie werden sie nicht erleben. Erst am Ende der Zeiten, wenn die Götter im großen Schlußkampf den Riesen unterlegen sind, die Sonne verloschen und die Erde ins Meer gestürzt ist, dann wird mit einem neuen Göttergeschlecht auch Balder wieder einziehen in die neuerstandene Welt.«

Snorri hat bei dieser Erzählung durchaus die gleichen Vorstellungen, wie sei in der Edda vertreten werden – aber die Mistel wächst nicht in der Erde und kam auch im hohen Norden nicht vor. Der norwegische Germanist Sophus Bugge vermutet daher auch, daß die Baldersage mit dem Mistelschuß nicht in Island, sondern in England ihren Ursprung hat. Er meint, die Wikinger hätten christliche und jüdische Sagen vom Tode Christi zur Baldersage umgeformt; Balder sei ein »umgedichteter« nordischer Christus. Das klingt überzeugend, Ähnlichkeiten sind jedenfalls unverkennbar.

Besondere Verehrung genoß die Mittel auch bei den Kelten, vor allem dann, wenn sie auf einer Eiche wuchs, war aber nur sehr selten vorkam. Wenn die Eiche im Winter ohne Laub dastand, die Mistel aber weiterhin in ihr grünte, so mußte sie geradezu die Verkörperung der Eiche darstellen, und die Eiche galt den Kelten ohnehin schon als heiliger Baum. Eine Mistel als Überpflanze auf einem solchen Baum mußte besondere Zauberkräfte in sich bergen.

Plinius (23-79 n.Chr.) verdanken wir einen ausführlichen Bericht über den Mistelkult der Kelten (Gallier):

»Nicht zu vergessen ist die hohe Mistelverehrung bei den Galliern. Nichts haben die Druiden – so nennen sie ihre Priester – was ihnen heiliger wäre als die Mistel und der Baum, auf dem sie wächst. Wenn man sie findet, wird sie mit großer Feierlichkeit geholt. ... Sie nennen in ihrer Sprache die Mistel ›alles Heilende‹! Nachdem sie unter dem Baum die gehörigen Opfer und Mahlzeiten veranstaltet haben, führten sie zwei weiße Stiere herbei, deren Hörner dann zunächst bekränzt wurden. Der Priester, mit weißem Kleid angetan, besteigt nun den Baum, schneidet mit einer goldenen Sichel mit Mistel ab. In einem weißen Mantel wird sie aufgefangen. Dann schlachten sie die Opfertiere mit dem Gebet, die Gottheit möge ihre Gaben denen günstig werden lassen, welche sie beschenkt haben. In den Trank getan, sollte sie alle unfruchtbaren Tiere fruchtbar machen und ein Heilmittel gegen alle Gicht sein.«[260]

Die Zauberkräfte der Mistel richteten sich nicht nur gegen Krankheiten, im keltisch-germanischen Kulturkreis wurde sie auch als unheilabwehrendes Mittel gegen Hexen, böse Geister, Trolle und Druiden eingesetzt. Um sich all diese Unholde vom Leib zu halten, brauchte man lediglich einen Mistelzweig im Haus aufzubewahren. In der Normandie, wo besonders viele Misteln gedeihen, verjagte man mit ihrer Hilfe die Flöhe und Wanzen, von denen man annahm, daß sei angehext waren. Litt jemand unter nächtlichem Alpdrücken, so war nicht der überfüllte Magen Ursache dafür; vielmehr saß der Alp auf einem Baum und wartete darauf, den Schlafenden zu überfallen. Gegen den brauchte man nur die Mistel zu bemühen.

Auch die Menschen mit dem »Bösen Blick« hatten keine Chance, wenn man ständig ein Amulett aus Mistelholz bei sich hatte.
Hieronymus Bock wußte schon: »Etlich halten, wann man dem Viehe Mistel ins Futter gebe, es soll davon zunehmen und feist werden.«[261] In Hessen gab man den behexten Kühen einen Absud aus der Mistel vermischt mit Bier zu trinken. Schon im 1. Jahrhundert v.Chr. empfahl der Arzt Cornelius Celsus bei bestimmten Viehseuchen einen mit Mistelblättern versetzten Wein, den man den Tieren in die Nase gießen sollte.

Die Hilfe der Mistel und anderer zauberabwehrender Kräuter war dringend vonnöten, denn die Hexen verrichteten vornehmlich »Unthaten, die sich auf Vieh und Getraide ihrer Nachbarn bezogen, denen sie zu schaden trachteten«.[262] Sie melkten fremden Kühen die Euter leer, ohne ihnen nahe zu kommen: sie steckten ein Messer in einen Eichenpfahl, hängten einen Strick daran und ließen die Milch fließen. Oder sie schlugen eine Axt in den Türpfosten und melkten die Milch aus dem Axtstiel. Gute Milch verwandelten die Hexen in blaue und blutige.

Wenn sie in ein Haus traten und Lobsprüche sagten, brachten sie die Milch in Gefahr, sie verdarb oder ließ sich nicht verbuttern.

Mit ihren Besen schlugen sie in die Bäche, so daß das Wasser aufstieg; daraus entstanden Sturm und Hagel, die das Obst und das Getreide des Nachbarn vernichteten. Zum gleichen Zweck siedeten sie auch Eichenlaub in Töpfen, streuten die Asche auf die Felder der Nachbarn und vernichteten so seine Ernte. Man sagte ihnen nach, daß sie den Tau frühmorgens vor Sonnenaufgang vom Grase streiften, um dem Vieh damit zu schaden.

Erstaunlich dabei ist, daß die Hexen bei all ihren Zauberkünsten in Armut und Elend verblieben, »es kommt kein Beispiel vor, daß eine sich reich gezaubert und für den verlust himmlischer seeligkeit zum wenigsten weltliche freuden erworben habe, wie sonst in den sagen von den männern, die sich dem teufel verschreiben, wol erzählt wird. Diese krummnäsigen, schiefzähnigen, rauhfingrigen weiber stiften übel, ohne daß es ihnen nützt, höchstens können sie schadenfreude empfinden. Ihre buhlerei mit dem bösen, ihre teilnahme an seinen festen schafft ihnen immer nur halbes behagen.«[263]

Der antidämonische Einsatz der Mistel brachte im Lauf der Zeit wohl derartige Auswüchse, daß H. Bock sich bemüßigt fühlte, dagegen zu wettern: »Solche fantasey und aberglauben sein vil bei uns eingerissen. Denn viel meinen noch, es haben die Eichlen Misteln etwa krafft und gewalt für böse Gespenster, henckens auch den jungen Kinders an die hälss, der meinung, es soll denselben Kindern kein Zauberei und Gespenst schaden.«[264]

Und doch ist die Mistel bis heute eine dämonenvertreibende Pflanze geblieben, in den Weihnachtsbräuchen der Engländer noch immer lebendig. Dort werden Mistelbüsche an die Zimmerdecke oder an die Türen gehängt in der Hoffnung, daß sie Glück bringen und ungünstige Einflüsse ausschalten. In den Rauhnächten zwischen Heiligabend und Dreikönige treiben's die Briten ziemlich arg, jeder küßt jede nach dem Motto: »No mistle, no luck!« – In der Bretagne gibt die Mistel einen besonderen Brautstrauß ab, das »Bouquet des Baisers«, das Paar, das sich unter diesem Strauß küßt, wird glücklich sein und mit reichem Kindersegen beschenkt werden.

Will man in strahlender Schönheit unter den Mistelzweig treten, muß man zuvor die kosmetischen Wirkungen der Mistel nutzen. Mistelextrakte können in Kombination mit anderen Pflanzenauszügen in Cremes und Emulsionen zur Beruhigung empfindlicher, gereizter Haut verwendet werden. Diese Präparate haben neben ihren sedativen Eigenschaften auch noch Desinfektionskraft; sie unterbinden Entzündungen, Porenerweiterungen, stärkere Fettabsonderungen sowie übermäßige Zellabspaltungen auf der Oberhaut. In Shampoos haben sich solche Präparate gegen starke Schuppenbildung bewährt.

Es sollen die Misteln, so auf den Eichen wachsen, für alle Presten gut sein

Lange Zeit galt die Mistel als *das* hervorragendste Sympathie-Mittel gegen die Epilepsie; schon Plinius wußte das und Paracelsus konnte das nur bestätigen. In einer Schrift aus dem 15. Jahrhundert heißt es: »Welcher mensch aichin (Eichen) mistel an der rechten hand an einem fingerlin hätt, also daß die mistel rühret an die hand, dem käm der siechtag (Epilepsie) nymer an.«

Gegen Lebererkrankungen, Fieber, Eingeweidewürmer, bei der Geburtshilfe, als Abführmittel und gegen Gesichtsneuralgien wurde die Mistel von Hildegard von Bingen, Matthiolus, Lonicerus, Bock und anderen führenden Kräuterkundigen gepriesen. Lonicerus zitiert dazu noch Albertus Magnus: »Wer das Pulver von Eichenmisteln abends und morgens in warm Bier gebraucht, der sei sicher für der Pestilenz desselben Tags mit Gottes Hülff.« An eigener Erkenntnis gibt er noch zum besten: »So ein Weib in Kindsnöthen ist und nicht gebären kann, die nehm gestossen Eichenmistel und trincks in Wein oder Bier, so gebürt sie bald, Und das Kind, so sie geboren hat, ist vor der fallenden Krankheit sein Lebtag behütet.«[265]

Die österreichischen Kurpfuscher, die man Wender nannte, sahen in der Mistel ein probates Mittel für kinderlose Eheleute. Ohne das Wissen der Ehegatten, aber mit Zustimmung eines nahen Verwandten, der sich auch für eine angemessene Entlohnung verbürgte, versteckte der Wender einen Mistelzweig in der Nähe des Ehebettes. Der Erfolg ließ nicht lange auf sich waren, zumal dann nicht, wenn die Kinderlosigkeit angezaubert war.

Hieronymus Bock faßt die Heilwirkungen der Mistel so zusammen: »Denn etliche Magier hielten, es sollen die misteln, die auff Eichbeumen wachsen, für alle presten (Gebresten) gut sein; gaben ihm den Namen ›Omnia sanatem‹, zu Teutsch ›heilt allen schaden‹.«[266]

In einem Kräuterbuch aus dem 18. Jahrhundert kann man nachlesen: »Diese Scheiblein (am Fuß der Mistel) genutzt, verwahren den Menschen wunderlich vor dem Schlag, fallenden Sucht, Gicht und dergleichen, helfen dem Schwindel und nehmen die Blödigkeit des Hirns hinweg. Sie schärffen die Sinn und das Gedächtnis, erquicken die Lebensgeister und seyn trefflich gut vor studierende und gelehrte Leut.«

Inzwischen ist erwiesen, daß man mit der Mistel als Heilmittel kaum noch Staat machen kann. Man sagt ihr nach, sie könne in geeigneter Form verabreicht den Blutdruck senken, jedenfalls haben Tierversuche das ergeben.

Eine weitere Einsatzmöglichkeit ergibt sich aus bestimmten Beobachtungen an der Mistel. Sie muß als Halbschmarotzer die Stelle des Baumes, auf der sie sich ansiedeln will, offen halten, um der Wirtspflanze auf Dauer Wasser und Nährstoffe entnehmen zu können. Diese Aufgabe wird vom Viscotoxin übernommen, einem Zellgift, das die Zellen des Baumes abtötet, die die Wunde schließen sollen. Es lag nun nahe, diese Substanz auch gegen einen Schmarotzer des Menschen, den Krebs, einzusetzen. Beim Menschen konnte jedoch eine direkte zelltoxische Wirkung nicht festgestellt werden. Dennoch wird sie in der Krebstherapie eingesetzt, allerdings gegen den Widerstand der Schulmediziner.

Der erfahrene Praxisarzt P. Lüth schreibt dazu: »Iskador – ein Mistelpräparat – heilt nicht den Krebs. Aber keines der verschiedenen, hochwissenschaftlich legitimierten Krebsmittel, der Cytostatica, heilt wirklich Krebs! Sie alle haben ... erhebliche Nebenwirkungen, von welchen als schlimmste die ständige Übelkeit zu nennen ist, da ununterbrochene Katergefühl, abgesehen vom Haarausfall und vielen anderen Erscheinungen. Von alledem findet sich nichts beim Iskador.«[267] Nach Lüths Meinung kann dieses Mistelpräparat das Leben des Krebskranken verlängern, ohne die Lebensqualität zu beeinträchtigen. Die Cytostatica verlängern zwar auch das Leben des Kranken, doch geht dies zu Lasten der Lebensqualität.

Brauchbar waren die Misteln auch immer als Lieferanten von Leim, auf den die Vögel gingen. Siegfried Lenz bemerkt dazu in seinem Roman »Exerzierplatz«: »... die Vögel verbreiten das Zeug, mit dem sie gefangen werden, sie streifen den Rest des klebrigen Fruchtfleisches an den Zweigen ab, oder sie bekleckern die Äste und legen so die Samen für neue Misteln, vor allem die Drosseln. Es gibt einen alten Spruch: Die Drossel kackt sich ihr eigenes Unglück.«

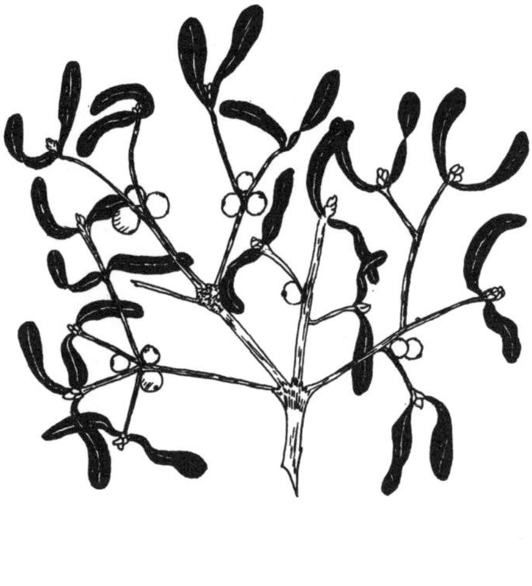

Literatur

1 In: H. Gerke, Der Baum in Biologie, Kunstgeschichte, Mythologie und Gegenwartskunst, Heidelberg 1985
2 A. Bernatzky, Baum und Mensch, Frankfurt 1973
3 A. Bernatzky, a.a.O.
4 C. Schulze, Süddeutsche Zeitung, 15. 10. 1983
5 G. Gollwitzer, Bäume, Herrsching 1984
6 W. Mannhardt, Wald- und Feldkulte, Berlin 1904
7 J. v.Zingerle, Sagen aus Tirol, Innsbruck 1891
8 H. Hilger, Geheimnis des Baumes, Freiburg 1956
9 M. Eliade, Das Heilige und das Profane, Frankfurt 1987
10 P. Rech, Inbild des Kosmos, München 1966
11 J. Halifax, Die andere Wirklichkeit des Schamanen, München 1984
12 M. Eliade, Schamanismus und archaische Extasetechnik, Frankfurt 1982
13 S. Selbmann, Der Baum, Symbol und Schicksal des Menschen, Karlsruhe 1984
14 H. Gerke, a.a.O.
15 H. Hilger, a.a.O.
16 Übersetzung H.Rahner, Griechische Mythen in Christlicher Bedeutung
17 A.Graf nach M.Eliade, in: A.Bernatzky, a.a.O.
18 W. Bauer u.a., Lexikon der Symbole, München 1987
19 R. Ulmer in: H. Gerke, a.a.O.
20 A. Bernatzky, a.a.O.
21 Zit. nach W. Mannhardt, a.a.O.
22 W. Mannhardt, a.a.O.
23 N. Davies, Weltgarten der Lüste, Düsseldorf 1986
24 M. Kronfeld, Donnerwurz und Mäuseaugen, Nachdruck der Ausgabe von 1898, Berlin 1981
25 Bächtold-Stäubli: Handwörterbuch des deutschen Aberglaubens, Berlin 1927-42
26 Zit. nach G. Höhler, Die Bäume des Lebens, Stuttgart 1985
27 Adolf von Doß, in: G. Höhler, a.a.O.
28 Zit. nach G. Höhler, a.a.O.
29 ebd.
30 ebd.
31 Aigremont, Volkserotik und Pflanzenwelt, Nachdruck der Ausgabe von 1907/08, Brensbach 1978
32 Friedberg, Das Recht der Eheschließung, 1872
33 Mannhardt, a.a.O.
34 Aigremont, a.a.O.
35 ebd.
36 Mannhardt, a.a.O.
37 ebd.
38 ebd.
39 ebd.
40 ebd.
41 ebd.
42 ebd.
43 H. Maas, Wörter erzählen Geschichten, München 1964
44 Zit. nach R. Ranke-Graves, Die weiße Göttin, Hamburg, 1985
45 R. Schüble, Natur 6/84

46 E.M. Zimmerer, Kräutersegen, Donauwörth 1896
47 Nach R. Ranke-Graves, a.a.O.
48 H. Bächtold-Stäubli, Handwörterbuch des deutschen Aberglaubens, Berlin 1927-1942
49 H. Bächtold-Stäubli, a.a.O.
50 L. Fuchs: New Kreutterbuch, Basel 1543
51 R. Allgeier, Die Heilkraft der Bäume, München 1986
52 M. Mességué, Das Heilkräuter Lexikon, Wien o.J.
53 E. Fuchs, Illustrierte Sittengeschichte, Bd. 2, Nachdruck der Ausgabe von 1909, Berlin o.J.
54 E. Fuchs, a.a.O.
55 ebd.
56 ebd.
57 ebd.
58 Aigremont, a.a.O.
59 M. Hirschfeld/R. Linsert, Liebesmittel, Berlin 1930
60 M. Hirschfeld, R. Linsert, a.a.O.
61 Bächtold-Stäubli, a.a.O.
62 A. Mütsch-Engel, Bäume lügen nicht, Göttingen 1987
63 Bächtold-Stäubli, a.a.O.
64 ebd.
65 P. Tompkins, C. Bird, Das geheime Leben der Pflanzen, Frankfurt 1981
66 A. Perger, Ritter v., Deutsche Pflanzensagen, Nachdruck der Ausgabe von 1864, Leipzig 1980
67 H. Wiemken, Gegen Viehpest und Feuersnot, Hamburg 1980
68 G. Höhler, a.a.O.
69 W. Mannhardt, a.a.O.
70 H. Bankhofer, Lebenselexiere, München 1985
71 Aigremont, a.a.O.
72 F.v. Rexhausen: Germania ohne Feigenblatt, München 1986
73 E.H. Fischer, a.a.O.
74 F.v. Rexhausen, a.a.O.
75 L.C. Hellwig: Teutsch medicinisch Recept-Buch vor die meisten Kranckheiten der Manns-Personen, Franckfurt 1715
76 M. Greif, 1839-1911
77 L.C.Hellwig, a.a.O.
78 Aigremont, a.a.O.
79 Bächtold-Stäubli, a.a.O.
80 ebd.
81 O. Brunnfelß, Kontrafayt Kreuterbuch, Straßburg 1532
82 L. Fuchs, a.a.O.
83 J. Silvers, Liebesrezepte, Genf 1975
84 Aigremont, a.a.O.
85 ebd.
86 ebd.
87 ebd.
88 F. Schnack, Der Wald, München 1956
89 Zit. nach A. Hürlimann, Waldungen, Berlin 1987
90 F.N. Julius/E.M. Krauch, Bäume und Planeten, Stuttgart 1985
91 Hieronymus Bock, New Kreutterbuch, Straßburg 1539
92 Zit. nach F.-M. Engel, Zauberpflanzen, Pflanzenzauber, Hannover 1978
93 G. Mitscherlich, Wald, Zauber und Wirklichkeit, Freiburg 1982
94 H. Bächtold-Stäubli, a.a.O.
95 R. Ranke-Graves, a.a.O.

96 A. Mütsch-Engel, a.a.O.
97 Zit. nach A. Hürlimann, a.a.O.
98 ebd.
99 A. Detering, Die Bedeutung der Eiche seit der Vorzeit, 1939
100 H. Bächtold-Stäubli, a.a.O.
101 W. Mannhardt, a.a.O.
102 A. Perger, a.a.O.
103 H. Goerss, Unsere Baumveteranen, Hannover 1981
104 H. Goerss, a.a.O.
105 ebd.
106 H. Bächtold-Stäubli, a.a.O.
107 G. Brunnfelß, a.a.O.
108 E.M. Zimmer, Kräutersegen, Donauwörth 1896
109 A. Grusche, R. Maemeke, Heilpflanzen, Minden 1978
110 Aigremont, a.a.O.
111 ebd.
112 L.C. Hellwig, a.a.O.
113 H. Marzell, Wörterbuch der deutschen Pflanzennamen, Leipzig 1937-1977
114 A. Lonicerus, Kreuterbuch, Ulm 1679
115 H.-P. Ebert, Mit Holz richtig heizen, Ravensburg 1985
116 A. Mütsch-Engel, a.a.O.
117 Mitteilung der Gemeinde Gütenbach
118 H. Reling, J. Bohnhorst, Unsere Pflanzen, Gotha 1889
119 W. Schrödter, Pflanzengeheimnisse, Warpke-Billerbeck 1957
120 A. Lonicerus, a.a.O.
121 A. Mütsch-Engel, a.a.O.
122 Aigremont, a.a.O.
123 Zit. nach F. Schnack, a.a.O.
124 A. Bernatzky, a.a.O.
125 Zit. nach Soldan-Heppe, Geschichte der Hexenprozesse, Hanau o.J.
126 A. Perger, Ritter v., a.a.O.
127 C. Liebers, Die schwarzen Führer, Freiburg 1986
128 A. Mütsch-Engel, a.a.O.
129 Nach Mitteilung der Stadt Staffelstein
130 Nach Mitteilung der Stadtverwaltung Neuenstadt
131 ebd.
132 H. Goerss, a.a.O.
133 Mitteilung der Stadt Lüdge
134 Mitteilung der Verwaltungsgemeinschaft Reichertshofen
135 H.Bächtold-Stäubli, a.a.O.
136 A. Bernatzky, a.a.O.
137 Nach H. Reling, J. Bohnhorst: Unsere Pflanzen, Gotha 1889
138 H. Bächtold-Stäubli, a.a.O.
139 K. Allgeier, a.a.O.
140 L. Fuchs, in W. Mannhardt, a.a.O.
141 H. von Bingen, a.a.O.
142 F. Bardeau, Die Apotheke Gottes, Frankfurt 1978
143 M. Mességué, a.a.O.
144 in: H. Hürlimann, a.a.O.
145 W. Mannhardt, a.a.O.
146 Aigremont, a.a.O.
147 Nachdichtung von W. Hertz

148 R. Ranke-Graves, a.a.O.
149 A. Mütsch-Engel, a.a.O.
150 A. Perger, Ritter v., a.a.O.
151 H. Bächtold-Stäubli, a.a.O.
152 A. Lonicerus, a.a.O.
153 E.H. Zimmerer, a.a.O.
154 F.-M. Engel, a.a.O.
155 H. Bächtold-Stäubli, a.a.O.
156 A. Lonicerus, a.a.O.
157 H. Grusche, R. Maemeke, a.a.O.
158 W. Schrödter, a.a.O.
159 M. Mességué, a.a.O.
160 J. Sprenger, H. Institoris, Der Hexenhammer, Überetzung von J.W.R. Schmidt, 1906
161 ebd.
162 L.C. Hellwig, a.a.O.
163 M.u.B. Boland, Was die Kräuterhexen sagen, München 1977
164 A. Perger, Ritter v., a.a.O.
165 J. Sprenger, H. Institoris, a.a.O.
166 M.u.B. Boland, a.a.O.
167 A. Mütsch-Engel, a.a.O.
168 H. Bächtold-Stäubli, a.a.O.
169 Dioscorides, Kreuterbuch, Frankfurt 1610
170 M. Mességué, a.a.O.
171 L.C. Hellwig, a.a.O.
172 M. Hirschfeld, H. Linsert, a.a.O.
173 ebd.
174 R. Ranke-Graves, a.a.O.
175 A. Mütsch-Engel, a.a.O.
176 Nach A. Perger, Ritter v., a.a.O.
177 R. Tompkins, C. Bird, a.a.O.
178 Dioscorides, a.a.O.
179 F. Bardeau, a.a.O.
180 Dioscorides, a.a.O.
181 Aigremont, a.a.O.
182 Nach J. Silvers, a.a.O.
183 J. Murr, Die Pflanzenwelt in der griechischen Mythologie, Nachdruck der Ausgabe von 1890, Groningen 1969
184 R. Ranke-Graves, a.a.O.
185 H. Bächtold-Stäubli, a.a.O.
186 A. Mütsch-Engel, a.a.O.
187 Zit. nach H. Marzell, Die heimische Pflanzenwelt, Leipzig 1922
188 H. Bock, a.a.O.
189 P.A. Matthiolus, New Kreuterbuch, Venedig 1562
190 H. Marzell, a.a.O.
191 H. Bächtold-Stäubli, a.a.O.
192 Jakob Grimm: Deutsche Mythologie, Berlin 1875-1878
193 H. Bächtold-Stäubli, a.a.O.
194 Zit. nach. A. Perger, Ritter v., a.a.O.
195 L. Fuchs, a.a.O.
196 A. Lonicerus, a.a.O.
197 Fuchs, a.a.O.
198 P.A. Matthiolus, a.a.O.

199 J. Sprenger, H. Institoris, a.a.O.
200 L.C. Hellwig, a.a.O.
201 Dioscorides, a.a.O.
202 P.A. Matthiolus, a.a.O.
203 H. Bock, a.a.O.
204 J. Grimm, a.a.O.
205 J.D. Godet, Bäume und Sträucher, Augsburg 1987
206 J. Murr, a.a.O.
207 Zit. nach H. Bächtold-Stäubli, a.a.O.
208 ebd.
209 ebd.
210 A. Mütsch-Engel, a.a.O.
211 Karl Heise, Okkultes Logentum, Leipzig 1921
212 Zit. nach Lonicerus, a.a.O.
213 ebd.
214 L. Fuchs, a.a.O.
215 Dioscorides, a.a.O.
216 H. Grusche, R. Maemeke, a.a.O.
217 Aigremont, a.a.O.
218 P.A. Matthiolus, a.a.O.
219 Aigremont, a.a.O.
220 R. Ranke-Graves, a.a.O.
221 Zit. nach A. Perger, Ritter v., a.a.O.
222 ebd.
223 ebd.
224 G.W. Gessman, Die Pflanze im Zauberglauben, Den Haag o.J.
225 ebd.
226 ebd.
227 Zit. nach S. Fischer, Blätter von Bäumen, Frankfurt 1984
228 A. Mütsch-Engel, a.a.O.
229 A. Brunnfelß, a.a.O.
230 Aigremont, a.a.O.
231 H. v. Bingen, a.a.O.
232 F. Jantzen, Amors Pflanzenkunde, Stuttgart 1980
233 Aigremont, a.a.O.
234 ebd.
235 W. Baumann, Das groß illustrierte Pflanzenbuch, Gütersloh 1974
236 H. Stern u.a., Rettet den Wald, München 1983
237 G. Hegi, Illustrierte Flora von Mitteleuropa, Berlin 1981
238 A. Perger, Ritter v., a.a.O.
239 H. Gerke, a.a.O.
240 ebd.
241 E. Nack, Götter, Helden, Dämonen, Wien 1980
242 A. Perger, Ritter v., a.a.O.
243 A. Mütsch-Engel, a.a.O.
244 H. Bächtold-Stäubli, a.a.O.
245 ebd.
246 H. v. Bingen, a.a.O.
247 O. Brunnfelß, a.a.O.
248 ebd.
249 A. Lonicerus, a.a.O.
250 M. Mességué, a.a.O.

251 Aigremont, a.a.O.
252 P.A. Matthiolus, a.a.O.
253 J. Silvers, a.a.O.
254 J.H. Helmuths, Gemeinnützige Naturgeschichte, Leipzig 1808
255 A. Perger, Ritter v., a.a.O.
256 H. Marzell, a.a.O.
257 L. Fuchs, a.a.O.
258 A. Lonicerus, a.a.O.
259 G. Hahn, Kleine Kulturgeschichte der Mistel, in: Berliner Ärzteblatt, 11/1976
260 K. v. Tubeuf, Monographie der Mistel, München 1923
261 H. Bock, a.a.O.
262 J. Grimm, a.a.O.
263 ebd.
264 H.Bock, a.a.O.
265 A. Lonicerus, a.a.O.
266 H. Bock, a.a.O.
267 P. Lüth, Das Medikamentenbuch, Hamburg 1980